ŞEMS-İ TEBRÎZİ'NİN EVRENSEL MESAJLARI

Kâzım ÖZTÜRK

**Genişletilmiş ve Gözden Geçirilmiş
2. Baskı**

Şems-i Tebrîzi'nin Evrensel Mesajları

© **nkm**kitap 155

İnceleme-Araştırma 119

2. Baskı, Haziran 2022

Genel Yayın Yönetmeni: **İsmail ÇALIŞKAN**

ISBN 978-605-337-264-6

T.C.
Kültür ve Turizm Bakanlığı
Yayıncı Sertifika No: **16195**

Kapak Tasarım:  DİZGİ**MIZANPAJ**.com
Baskı Öncesi Hazırlık: **Mehmet ATEŞ**
meh_ates@hotmail.com

Baskı & Cilt: **Şelale Ofset**
Fevzi Çakmak Mh. Hacı Bayram Cad. No. 22   Karatay/KONYA
Tel: +90.532.159 40 91 selalemat2012@hotmail.com
KTB S. No: **46806** - Basım Tarihi: **HAZİRAN 2022**

nkm kitap

„**nkm**kitap„ **Nüve Kültür Merkezi kuruluşudur.**

www.nkmkitap.com

M. Muzaffer Cad. Rampalı Çarşı Alt Kat No: 35-36-41 Meram / KONYA Tel: 0.332.352 23 03 Fax: 0.332.342 42 96	Ул. М. Музаффер, рынок Рампалы, нижний этаж № 35-36-41 Мерам, КОНЬЯ, тел.: +90 332 352 23 03, факс: +90 332 342 42 96
Dağıtım: **EMEK KİTAP** Akçaburgaz Mah. 3137. Sk. Ali Rıza Güvener İş Merkezi No: 28 Esenyurt / İSTANBUL www.emekkitap.com - Telefaks +90 212 671 68 10 Дистрибьютор: **EMEK KITAP** Район Акчабургаз, ул. Али Рыза 3137, бизнес центр «Гювенер» № 28, Эсеньюрт / СТАМБУЛ www.emekkitap.com – Телефакс: +90 212 671 68 10	**ORTA ASYA TEMSİLCİLİĞİ:** Mikrareyon Kok Jar/23 Bishkek / KYRGYSZTAN Tel: +996 700 13 50 00 - Telefaks: + 996 552 13 50 00 **ОФИС В ЦЕНТРАЛЬНОЙ АЗИИ:** Микрорайон Кок Жар/23 Бишкек / КЫРГЫЗСТАН Тел.: +996 700 13 50 00 – Телефакс: +996 552 13 50 00

ŞEMS-İ TEBRÎZİ'NİN EVRENSEL MESAJLARI

Kâzım ÖZTÜRK

Kâzım ÖZTÜRK

1949 yılında Konya'da doğdu. İlkokul ve İmam Hatip Lisesi'ni Konya'da bitirdi. İzmir Yüksek İslam Enstitüsü'nden 1974 yılında mezun oldu.

Yurdun çeşitli yerlerinde ve Yurt dışında; eğitimcilik ve yöneticilik yaptı.

Konya'da çeşitli günlük gazetelerde Köşe yazarlığı, muhtelif dergilerde yazarlık ve genel yayın yönetmenliği, yerel televizyonlarda programlar yaptı. Halen yeni Konya Gazetesi köşe yazarlığını sürdürmektedir.

Çeşitli Dernek ve Vakıflarda; Başkanlık, Başkan Yardımcılığı, Basın Danışmanlığı, Dost Eli Derneği kurucu Başkanlığını yürüttü.

Selçukya Kültür Sanat, İlesam, Aydınlar Ocağı ve Yazarlar Birliği Derneği üyesidir.

Söyleşi ve Konferanslar:

1. **AYDINLAR OCAĞI (SİLLE KÜLTÜR EVİ): "İbni Arabi" konferansı**
2. **"MEDENİYET OKULU"; Hüyük İlçesi (liselerde); "BAŞARI VE YOLLARI"** söyleşi,
3. **ZİNDANKALE SANAT GALERİSİ; "Kur'an ve İnsan"** söyleşi,
4. **ŞEHİR MEYDANI; KİTAP GÜNLERİ; "Kur'anca Hayat"** söyleşi,
5. TYB; **"YAZARLIK HİKÂYEM"** (Panel)
6. **KOYUNOĞLU "İKİNDİ SOHBETLERİ"; "SADREDDİN KONEVİ'NİN 741. YILI"** (Panel)
7. KON TV; "Büyüteç" Güncel Konular
8. **KANAL 42; "GEDAVET PROGRAMI"; "Kitaplarım ve Hayata Bakış"** röportaj
9. **KON TV. KÜLTÜR DÜNYAMIZ: (09 Mart 2014)**
10. **KON TV/ KÜLTÜR DÜNYAMIZ (21 Şubat 2016)**
11. **BUHARİ ANADOLU KIZ İMAM HATİP LİSESİ; "Hz. Peygamberin hayatından kesitler"** (Panel)

12. **MEVLANA KÜLTÜR MERKEZİ;** "Mankurtlaşmak" Konferans
13. **BEYŞEHİR- CAHİT ZARİFOĞLU ANADOLU LİSESİ; "OKUMAK VE DEĞERLERİMİZ"** söyleşi
14. **KOYUNOĞLU İKİNDİ SOHBETLERİ;** "Konya Şiirleri ve Konya Hatıraları" (Panel)
15. **TEMAD(Türkiye Emekli Astsubaylar Derneği);** "Şiirler ve Hatıralar
16. **KANAL 42/ Kitap Kafe:** Yazarlık Hayatım ve Kitaplarım
17. Aydınlar Ocağı Salı Sohbetleri; **"ŞİİR OKUMALARI"**
18. **KÜLTÜR-SANAT-FİKİR ADAMLARI DERNEĞİ;** "Şiir Akşamları"
19. **KİMDER;** Kırkikindi sohbetleri= NÜBÜVVET
20. **TÜRK BİRLİĞİ DERNEĞİ;** Yazarlık hatıralarım
21. **TEYAD:** Konyalı Şairlerden Şiirler
22. **HOCACİHAN ANADOLU İMAM HATİP LİSESİ;** "Başarı Yolları"
23. **BUHARİ KIZ ANADOLU İMAM HATİP LİSESİ;** "Kur'an'ca Düşünce"
24. **MİLLET KIRAATHANESİ;** "Şiirli Sohbet"
25. **AYDINLAR OCAĞI;** "70. YAŞ VE YAZARLIK HATIRALARI"
26. **AFGAN-ÖZBEK ÖĞRENCİLERLE;** "Kur'an ve hayat"
27. **MİLLET KIRAATHANESİ;** "Kur'an ve İnsan"
28. **BUHARİ KIZ ANADOLU İMAM HATİP LİSESİ;** Okul Marşı Ödül Töreni (07 Aralık 2021)
29. **YAZARIYLA KİTAP SÖYLEŞİLERİ;** ŞEB-İ ARUS 13 Aralık 2021 Selçuklu Müftülüğü Birgivi salonu
30. **ANADOLU İRFANI (**Yunus-Hacı Bektaş-ı Veli- Ahi evren); BUHARİ KIZ ANADOLU İMAM HATİP LİSESİ (Söyleşi)

YAYINLANMIŞ ESERLERİ

1. Çocuklarımıza Pratik Dini Bilgiler
2. Konya'da Dini Hayat
3. Mevlâna'nın Tefekkür Dünyası
4. İsrail İhaneti ve Gazze
5. Şemsi Tebrizi'nin Evrensel Mesajları

6. Hz. Mevlâna'nın Evrensel mesajları (Genişletilmiş 2. BASKI)
7. İbni Arabi'nin Evrensel mesajları
8. Hz. Mevlâna'da İlahi Aşk
9. Hz. Mevlâna'nın Yedi Sırrı
10. Sadreddin Konevi'nin Evrensel Mesajları
11. Sultan Veled'in Evrensel Mesajları
12. Hz. İbrahim'in Evrensel Mesajları
13. Muhammedü'l Emin (Hz. Peygamberin Evrensel Mesajları)
14. HUZUR KAPISI
15. ŞEB-İ ARUS (Ölümün Mevlânacası)
16. GÖNÜLLER SULTANI (Dünya, Mevlâna'ya koşuyor)

https://www.antoloji.com/ŞİİRLER
https://www.edebiyatdefteri.com/ (ŞİİRLER)
http://www.yenikonya.com.tr/yazar/kazim_ozturk
facebook/zümre-i muhabbet/
https://www.google.com/kazimöztürk'ün kitapları

Kâzım ÖZTÜRK
Eğitimci/Yazar

ÖNSÖZ

"Muhammed'den muhabbet oldu hâsıl,
Muhammed'siz muhabbetten ne hâsıl"

Sen ne Olacaksın?...

Ben aşıkım deyu laf etme gönül,
Dağlarda duman var sen ne olacaksın?
Çağlar hak diliyle, Hakk'ı çağırır.
Şat, Murat, Fırat var, sen ne olacaksın?

Yazıcıoğlu yanmış evrak elinde,
Mecnun Hakk'a yetmiş, Leyla dilinde;
Ferhad canı vermiş Şirin yolunda,
Fuzuli Sultan var, sen ne olacaksın?

Aşk ile kül olmuş, yanmış Niyazi,
Eşrefoğlu gezmiş Şam'ı, Şiraz'ı,
Yunus meleklerden almıştır razı,
Bekayı bulan var sen ne olacaksın?

Emrah göçün çekmiş dar-ı fenadan,
Mansuri bendini asmış semadan,
Arınmış Kuddusi hep masivadan,
Canına kıyan var sen ne olacaksın?

Aşık Garip asmış sazını duvara,
Kerem Baba yanıp dönmüş küllere,
Kusuri'nin gözü dönmüş fenere,
Enelhak diyen var sen ne olacaksın?

Aşık Ömer gelmiş çok yazmış ebyat,
Kamili dünyada almamış murat,
Nizamoğlu, Dertli çok kılmış feryat,
Belayı bulan var sen ne olacaksın?
....

Nic'aşıklar gelmiş, niceler göçmüş,
Nice sır saklamış, nice sır açmış,
Nicesi bu yolda serinden geçmiş,
Ummana dalan var sen ne olacaksın?

Bazı aşık vardır sever savurur,
Mahbubu aşkından dağlar devirir,
Altmış beş yaşında çalar çağırır,
Mesleki(-i) suzan var, sen ne olacaksın?

Ben değilim, Hakk söyletir dilimi,
Bade içtim kimse bilmez halimi,
Şu yalan dünyadan çektim elimi,
Meftuni(-i) nihan var sen ne olacaksın

Çoklar aşk yolunda verdi serini,
Dağlar çekemezdi an ü zarını,
Daha öldürmedin nefsin birini,
Ruhsati, külhan var sen ne olacaksın?

Ruhsatî

Raz   : Sır
Beka   : Sonsuzluk, ebedilik
Dar-ı fena   : Ölümlü dünya
Masiva   : Tasavvuf felsefesine göre Tanrıdan başka her
               şey,
Ebyat   : Beyitler
Külhan   : Hamamlarda ateş yakılan yer, burada: cehennem
An ü zarını : "ah ü zarını" olsa gerek

Türkistan'dan çıkıp, Horasan-İran-Irak ve Azerbaycan'dan geçerek bu toprakları fetheden Müslüman-Türkler, en kalabalık kitleyi oluşturmaktadır. Gazi-, Asker, Göçmen Oğuz boylarından Konya ve çevresine kalabalık yerleşmelerin olduğu muhakkaktır.

Anadolu'ya, Konya'ya gelenler sadece asker ve tüccarlar değildi. Nüfusu artıranlar içinde gönül erleri de vardı. Onlar da bir kitle teşkil ediyordu. Konya'ya gelen insanların sadece istihdamı söz konusu değildi. Bundan sonra sıra eğitilmesine, ruh yapısının dokunmasına geliyordu. Buna; " Mana Erleri" denir.

Bu anlamda, kültür birikimi milattan önceye dayanan Konya'da birçok veli ikamet etmiş ve manevi eğitimde bulunmuşlardır. Tarihi süreç içinde peygamberlerin de geldiği bir gerçektir. Konya'da; birçok peygamber, birçok veli mezarı bulunmaktadır. Bunun için Konya, "Belde-i Muhayyere" olarak bilinir. Mevlâna'nın Konya'ya rağbet etme sebeplerinin altında bu husus yatar.

Mevlâna denilince onunla birlikte Şems-i Tebrîzi'nin de anılmaması mümkün değildir. Bu ikili; sevgili peygamberimizin, "kişi sevdiğiyle beraberdir" hadisi doğrultusunda hareket etmiş ve evrensel mesajlarını birlikte vermişlerdir.

Şems'i anlamak için Mevlâna'yı anlamak yeterlidir. Zaten bu yüzden Mevlâna ile Şems samimi iki dost olmuşlardır. Dünya, bugün Mevlâna'yı ziyarete geliyorsa, bunda Şems'in payı çoktur.

Mevlâna'nın; "Hamdım, Piştim, Yandım" sözünün arkasında Şems vardır. Mevlâna'ya Sema'ı sevdiren de Şems'tir.

Mevlâna, Şems ile Konya'da buluştuğu zaman tamamıyla kemale ermiş bir şahsiyetti. Şems, Mevlâna'ya ayna oldu. Mevlâna, Şems'in aynasında gördüğü kendi eşsiz güzelliğine hayran oldu. Diğer bir ifadeyle Mevlâna, gönlündeki Allah aşkını Şems'te yaşattı. Mevlâna'nın Şems'e olan sevgisi, Allah'a olan aşkının ölçüsüdür. Çünkü Mevlâna, Şems'te Allah cemalinin parlak tecellilerini görüyordu. Mevlâna açılmak üzere olan bir güldü. Şems ona bir nesim oldu. Mevlâna bir aşk şarabı idi, Şems ona kadeh oldu. Mevlâna zaten büyüktü, Şems onda bir gidiş, bir neşve değişikliği yaptı. Mevlâna ile Şems üzerine söz tükenmez. Son söz olarak şöyle söyleyelim, Şems Mevlâna'yı ateşledi, ama karşısında öyle bir volkan tutuştu ki, alevleri içinde kendi de yandı.

Veliler ışığı; Peygamberlerden alır, peygamberler de Kur'an'dan... durum bu merkezde olunca bütün velilerin hayatları, peygamberlerin hayatı ve Kur'an hayatıdır. Yani yaşayan Kur'an olmak, hayatlarını Kur'an'a göre düzenlemek zorundadırlar.

Eğer bir veli veya Allah dostunun yolu Kur'an'dan geçmiyorsa ona tabi olmak, ona karşı sempati beslemek de abes olur.

Sevilen, sayılan, gönüllere taht kuran büyük insanların hayatları bizim için olmazsa olmazlardandır. Özellikle bu, Peygamberler ve de Hz. Muhammed (SAV) olursa işin yönü daha da değişir. Neden Hz. Peygamber olursa daha başka olur? Zira onun hayatı kadar inceden inceye tetkik edilen, onun hayat hikâyesi kadar bir başka insanın hayat hikayesi incelenmemiştir.

Bir insan düşünün, durmadan; barıştan, kardeşlikten, sevgiden, ilerlemeden, dostluktan dem vursun. Bir insan ki, bütün hayatı; Kuran, tamamen ömrünü İslâm'a adamış, etrafına yaşantısıyla örnek olmuş.

Bir insan tasavvur ediniz ki, her dinden, her ırktan, her milletten, her ülkeden, her coğrafyadan, her mezhep ve meşrepten insana kucak açsın.

Evet sözünü ettiğim insan Hz. Mevlâna ve onun hocası olan Şems'tir. Bu değerli insan, Kuran dostu, Peygamber âşığı, İslâm'ın bendesi olmuştur. Yıllarca yaydığı sevgi mesajları, kaynağını 1399 yıldır ortada olan ve bütün dünyaya varlığını kabul ettiren İslâm'dan alır.

"İmandır o cevher ki ilahi ne büyüktür,

İmansız paslı yürek sinede yüktür"

Mevlâna nasıl herkese hoşgörüyle yaklaşmış, hoşgörüyle bütün; kin, düşmanlık, nefret kapılarının kapanmasına sebep olmuştur. Aynı şekilde Şems-i Tebrîzi de Mevlâna gibi insanlığa Kur'anî mesajlar vermiştir.

Peygamberimizi sevdiren, dünyaya tanıtan, bütün insanların istisnasız saygı duyduğu özellik; evrensel ilkeleri benimsemesi, kâinatın peygamberi oluşu, güzel ahlakı tamamlamak için gelişi, dünyada barışı ikame edişi, "Yaratılanı hoş gördük, yaratandan ötürü" anlayışının sahibi olmasındandır.

Pekiyi bizim, böylesine değerli ve önemli bir insana karşı görevlerimiz nasıl? Nasıl bir hayat sürüyoruz? Acaba hayatımızın akışını peygamberimize arz edersek O'ndan nasıl bir cevap alırız? Her şeyimizle O'na layık mıyız? O'nun ümmeti olmayı hak ediyor muyuz? Birçok soru sorabiliriz. Soru sormak önemli değil, bu sorulara kalıcı, akıllı, çözüm bulucu cevaplar vermektir.

Geliniz hayatımızın bir grafiğini çıkaralım, kim hangi konumda? Kimin duruşu daha dik? Kimin duruşu uygun değil? Hangimizin hayat çizgisinde kırıklar var? Kim; sözü çok konuşuyor, işi az üretiyor? Kim; "Niçin yapmadığınızı söylersiniz?" ikazına muhatap? Her birimiz halimizi bu yüce insana arz ettiğimiz zaman nasıl bir tablo çıkıyor karşımıza? Söylenenler, konuşulanlar ne derece dediğimiz ilkelere uyuyor? Sözde mi Müslümanız? Özde mi? Samimiyetimizin ölçüsü ne? Kaç gram veya kaç kilo çekeriz dürüstlükte?

Bu soruyu, veliler için de sorabiliriz; her yıl "Mevlâna ihtifali" yaparız. Mevlâna ile ilgili sayısız; bildiri, konferans, açık oturum, panel, sempozyum tertip ederiz. Kaçımız bu insanın ve hocası Şems-i Tebrîzi'nin hayatını ilke ediniriz? Mevlâna ile ilgili eserlerde patlama var. Tabir yerindeyse enflasyon mevcut! Bu insanlar insanlığa neler anlatmışlar? Amaçları neymiş? Özellikle uzak diyarlardan gelerek, Konya gibi bir şehre yerleşip dünyaya seslenme ihtiyacı duymuşlar? Başka işleri mi yoktu? Niçin rahatlarını kaçırdılar?

İbrahim Ethem gibi bir insan neden tahtını, tacını bırakarak, "DERVİŞLİK" e soyundu? Para desen var, mal desen gani, şöhret almış başını gidiyorken ne oldu da birden Tasavvufu tercih etti?

Tasavvuf erenleri insanlık tarafından niçin seviliyor? Kitaplarda Şems'in niçin öldürüldüğü, Konya'yı niçin terk ettiği üzerinde duruluyor da; verdiği mesajlar, gönül dünyamıza aktardığı güzelliklerden söz edilmiyor. Veya edilmek istenmiyor. Acaba hangi roman yazarının referansı olurum? Yazdığım kitabı roman biçiminde kaleme alırsam iyi satar mı? Kaç baskı yapar? Çok para gelir mi? Hesaplarımız bunun üzerine!

Allah çalışmalarımızda; ihlâs ve "emir olunduğun gibi dosdoğru ol" ilkesi doğrultusunda olmayı nasip etsin. Riyadan, gösterişten, başkalarına yaranma hastalığından uzaklaştırsın.

Şems olsun Mevlâna olsun ve diğer tasavvuf erleri olsun, biz onların hayatlarını anlatmakla sadece insanlara bu kişileri tanıtmış oluyoruz. Bu insanların nerede doğdukları? Nasıl eğitim aldıkları? Kimlerle görüştükleri? Kerametleri, Allah'a karşı yerine getirmekle yükümlü oldukları, İslâmî hayat tarzları yazılır, okunur, anlatılır. Pekiyi bizim bu insanların hayatından alacağımız örnekler yok mu? Olmamalı mı? Bu değerli insanlar birçok evrensel söz söylemiş! Söylemiş de bize ne kadarı düşmüş? Kaç tanesini alıp kendimize rehber edinmişiz?

Kitap yazmak önemli değil. Çok kitap sahibi olmanın da bir anlamı yok. Yazdıklarımızdan biz ne kadar yararlanıyoruz? Okuyanlara bir şeyler verebiliyor muyuz? Suya ihtiyacı olanlara sunulan bir bardak su misali, bir yaraya merhem oluyorsa, o kitap yararlıdır. Kitaplar eğitim görevini yerine getirebiliyor mu?

Bir Avuç Sevgi

Çık dışarı, bak etrafa, neler var? ...
Gör insanları, kokla doğayı,
Dokun sevgiye, topla onları...
Gez, dolaş, seyret dünyayı,
İncele, düşün ince hesabı,
Nasıl olmuş, bu düzen ne?
Kim ayarlamış bunları?
Yaklaştıran, birleştiren onca olanları,
Hepsinin altında bir avuç sevgi...
Kendine bir bak, içe dön denetle..
Kol kola girenler, selamlaşanlar...
Güler yüzle kelamlaşanlar,
Bir adım, iki adım, koşar adım koşanlar...
Bunları iten güç; bir avuç sevgi...
Aile ortamı, kardeşlik duygusu...
İnsanlık kavramı, barış vurgusu,
Hepsinin içinde bir avuç sevgi...
Yaratanın ilkesi,
Dinin sözü,
Kelamın özü;
Bir avuç sevgi...[1]

Kâzım ÖZTÜRK
Konya

---

[1] www.antoloji.com/kazim_ozturk

İÇİNDEKİLER

HZ. ŞEMS'İN, MEVLANA'DAN AYRILIĞI İLE ZUHUR EDEN ŞİİRİ

ETME!

Duydum ki, bizi bırakmaya azmediyorsun,
Etme!
Başka bir yar, başka bir dosta meylediyorsun,
Etme!
Sen yadeller dünyasında ne arıyorsun yabancı?
Hangi hasta gönüllüyü kast ediyorsun?
Etme!
Çalma bizi, bizden bizi! Gitme o ellere doğru.
Çalınmış başkalarına nazar ediyorsun.
Etme!
Ey ay! Felek harap olmuş, altüst olmuş senin için.
Bizi öyle harap, öyle altüst ediyorsun.
Etme!
Ey makamı var ve yokun üzerinde olan kişi!
Sen varlık sahasını öyle terk ediyorsun.
Etme!
Sen, yüz çevirecek olsan ay kapkara olur gamdan!
Ayın da evini yıkmayı kastediyorsun.
Etme!
Bizim dudağımız kurur, sen kuruyacak olsan!
Gözlerimizi öyle yaş dolu ediyorsun.
Etme!

Âşıklarla başa çıkacak gücün yoksa eğer,
Aşka öyleyse ne diye hayret ediyorsun?
Etme!
Ey cennetin cehennemin elinde olduğu kişi!
Bize cenneti öyle cehennem ediyorsun.
Etme!
Şekerliğinin içinde zehir zarar vermez bize,
O zehiri o şekerle sen bir ediyorsun.
Etme!
Bizi sevindiriyorsun huzurumuz kaçar öyle,
Huzurumu bozuyorsun, sen mahvediyorsun.
Etme!
Harama bulaşan gözüm güzelliğinin hırsızı,
Ey hırsızlığa da değen hırsızlık ediyorsun.
Etme!
İsyan et ey arkadaşım, söz söyleyecek an değil,
Aşkın baygınlığıyla ne meşk ediyorsun?
Etme!
Seven sevilen arasında tek kalan hatıra aşklarından başka bir şey değildir.

Eğer bir gün seversen; Sevdiğin terk edince, ağıt yakacağın sana haber verilse,

ki öyledir, niye sevdiğini kendine sor. Sevdiğin, seni niye terk edecek diye.

Hakikatte vasıl olanların destanı hiç yok.

Mevlâna o hale gelmişti ki uzayında Şems'in güneşinin ışıkları artık sönen yıldızlara dönmüştü. Vefalı dostun tek yapacağı şey sönmüş yıldızın kaybolmasından başka bir şey olmayacağı idi.

Yanan da o, yandıranda o, hepsi Hz. Mevlâna olmuştu.[2]

---

[2] www.ismailhakkialtuntas.com

ŞEMS-İ TEBRÎZİ CAMİİ

Konya Karatay ilçesinde, Şerafeddin Camisi'nin kuzeyinde, eskiden mezarlık olan Şems Parkı'nın içerisinde bulunan Şems-i Tebrizi Camisi'nin kitabesi günümüze gelemediğinden ilk yapım tarihi bilinmemektedir. Yapının XIII. yüzyılda yapıldığı bilinmektedir. Bu cami Abdürrezzakoğlu Emir İshak Bey tarafından yanındaki mescit ile birlikte 1510 yılında genişletilmiş ve yeniden yapılmıştır.

Bugünkü cami moloz taştan, dikdörtgen planlıdır. Yanında camiye bitişik olan türbe eyvan şeklinde olup, üzeri sekizgen piramidal tuğladan bir külah ile örtülmüştür. İç mekânında bezemeye rastlanmamaktadır. Türbenin altında mumyalık kısmı bulunmaktadır.

Kâzım ÖZTÜRK

TASAVVUF

Allah Diye Diye

Gözyaşlarım sel oldu aktı,
Feryadım semâya çıktı,
İnlemelerim zalimi yaktı,
Ellerim duada Allah diye diye.

Dünyaya gelenler gülmek istiyor,
Önce Allah'ı bilmek istiyor,
Kuran etrafında dönmek istiyor,
Hakikati, gerçeği bulmak istiyor,
Zikir meclisinde Allah diye diye.[3]

Şems'in bilinmesi; tasavvufu bilmeye, tasavvuf konularına aşina olmaya bağlıdır. Tasavvufu bilmeden, tasavvufi terimleri anlamadan ne Mutasavvıflar bilinir, ne de onların anlattıkları hakkında doğru bilgiye varılır.

Mesela Şems; aşktan söz eder. Tasavvufu bilmeyenler bunu; bedensel aşka ve şehvete getirip dayarlar. Tabir yerindeyse aşk konusunu belden aşağı bir seviyeye indirirler.

Mevlâna da, Şems de; şaraptan dem vurur. Tasavvufi kavrayışı olmayanlar, insanı sarhoş eden ve aklı baştan alan, Allah'ın haram kıldığı şarabı ve içkiyi anlarlar.

Tasavvufu bilmeyenler; sema'ı rast gele bir dönüş ve danstan ibaret farz eder, bunu alelade oyuna, kadınlı erkekli hareketlere indirirler.

---

[3] www.antoloji.com/kazim_ozturk

O bakımdan Şems'in hayatına geçmeden, onu tanıtmadan önce tasavvuf hakkında açıklayıcı bilgi vermeyi yararlı gördüm. Tasavvuf hakkında kısa da olsa ön bilgi sahibi olunca Şems, Mevlâna ve diğer mutasavvıfları anlamak daha kolay olur.

Tasavvuf Nedir?

Tasavvuf, kalbi saf yapmak, kötülüklerden temizlemek demektir. İnsanın kalbini, Allahü Teâlâ'nın muhabbetine bağlamak, Resûlullah'ın söz, hareket ve ahlâkına uymak, yolundan gitmektir. Kalb ile yapılması ve sakınılması gerekli şeyleri ve kalbin, rûhun, kötülüklerden temizlenmesi yollarını öğreten ilme, tasavvuf ilmi denir. Îmânın yerleşmesini, fıkıh ilmi ile bildirilen ibâdetlerin severek, kolaylıkla yapılmasını ve Allahü Teâlâ'nın sevgisine kavuşmayı sağlar. Tasavvuf ilmine, **Ahlâk ilmi** de denir. Âlimler tasavvufu çeşitli şekillerde ta'rîf etmişlerdir. Bazıları şöyledir:

Tasavvuf, güzel ahlâktır. **(İ. Kettânî)**

Tasavvuf, kalbi temizlemektir. **(Ebû Ali Rodbârî)**

Tasavvuf, edebe riâyettir. **(Ebû Muhammed Cevîrî)**

Tasavvuf, i'tirâzı bırakıp, emredilene peki demektir. **(Ebû Sehl Sa'lûkî)**

Tasavvuf, nefsin kötü isteklerini terk etmektir. **(Ebû Hüseyn Nûrî)**

Tasavvuf, faydasız işleri terk etmektir. **(Ebû Saîd İbni Arabî)**

Tasavvuf, vakti değerlendirmek ve vaktin kıymetini bilmektir. **(İbni Osman Mekkî)**

Tasavvuf, Allahü teâlânın ahlâkı ile ahlâklanmaktır. **(Cüneyd-i Bağdâdî)**

Tasavvuf, kimseye ezâ ve cefâ vermemek, herkese lütûf ve ihsânda bulunmak, hastalık ve musîbetleri herkese izhâr etmemek, düşmanlarını affetmek, insanlık mertebesinin en yüksek derecesine kavuşmayı usûl ittihaz etmektir. **(Ahmed Şirbâhî)**

Güzel ve çirkin huylar

Kalbin, kötü huylardan temizlenmesi için, Allah için olmayan her şeyin sevgisini kalbden çıkarmak gerekir. Bu yolda ilerlemek Peygamberlerin ahlâkındandır.

Kötü sıfatlar, câhillik, öfke, riyâ, kin, hased, kibir, ucup cimrilik, mal ve makam sevgisi, övülmeyi sevmek, ayıplamaktan korkmamak, sû-i zan, övünmek gibi şeylerdir.

Güzel huylar, ilim, tefekkür, rızâ, hayâ, tevâzu, merhamet, mürüvvet, cömertlik gibi güzel işlerdir.

Hak yolunda ilerlemekten maksat, kötü sıfatlardan kurtulmak ve güzel huylarla süslenmektir.

Tasavvuf, Yahudi veya Yunan filozoflarının uydurması değildir. Tasavvuf bilgilerinin hepsi Resulullah'tan gelmektedir. Bunların isimleri sonradan konulmuştur. Resûlullah'ın, Peygamber olduğu bildirilmeden önce, kalble zikrettiği mu'teber eserlerde yazılıdır.

Zikir ve nefs muhasebesi, Resûlullah ve Eshâb-ı kirâm zamanında da vardı. Hicrî 2. asır sonlarında, Ehl-i sünnetten, kalblerini gafletten koruyanların ve nefislerini Allaha itâ'ate kavuşturanların bu hâllerine **Tasavvuf** ve kendilerine **Sofî** ismi verildi. Kendine ilk defa sofî denilen zât, Ebû Hâşim Sofî'dir.

Tasavvuf, İslâm ahlâkı ile ahlâklanmak için lâzım olan bilgileri öğreten bir ilimdir. Tıp ilmi, beden sağlığına âit bilgileri öğrettiği gibi, tasavvuf da kalbin, rûhun, kötü huylardan kurtulmasını öğretir, kalb hastalıklarının alâmetleri olan kötü işlerden uzaklaştırır, Allah rızâsı için güzel iş ve ibâdet yapmayı sağlar. Zaten dinimiz, önce ilim öğrenmeyi, sonra buna uygun iş ve ibâdetin Allah rızâsı için yapılmasını emreder. Kısaca din, ilim, amel ve ihlâstan ibârettir.

Huzûra kavuşmak için

Dünya ve âhıret iyiliklerine, rahat ve huzûra kavuşmak için **birinci** olarak doğru bir îmân sâhibi olmak gerekir. Doğru bir îmâna kavuşmak için, Ehl-i sünnet i'tikâdını öğrenmek ve inanmak gerekir.

İkincisi, insanların saâdeti için lâzım olan şey, dinin emîr ve yasaklarını öğrenmektir. Dînimizde bildirilen helâlı, harâmı ve diğer husûsları öğrenmek ve buna uygun hareket etmektir.

Üçüncüsü, kalbin kötülüklerden temizlenmesi ve nefsin terbiye edilmesidir. Nefs hep kötülük yapmak ister. Onun bu isteklerinden kurtulmak ve Allah sevgisini kalbe yerleştirmek için, tasavvuf âlimlerinin eserlerini okuyup amel etmek lâzımdır.

Bir kimse doğru îmâna kavuşur, dinin emîrlerini seve seve yerine getirirse enbiyâya, evliyâya ve melâikeye benzer ve onlara yaklaşır. Aynı cinsten olan şeyler, birbirini çektiği gibi onlar tarafından yanlarına çekilir. Çok büyük bir mıknatısın bir iğneyi çekmesi gibi onu yüksekliklere çekip Cennete kavuşmasına sebep olurlar.

Ma'nen yükselmek dünya ve âhıret saâdetine kavuşmak bir uçağın uçmasına benzetilirse, îmân ile ibâdet, bunun gövdesi ve motorları gibidir. Tasavvuf yolunda ilerlemek de, bunun enerji maddesi, ya'nî benzinidir. Tasavvufun iki gâyesi vardır: Birincisi, îmânın yerleşmesi ve şüphe getiren tesirlerle sarsılmaması içindir. Akıl ile, delil ve ispat ile kuvvetlendirilen îmân böyle sağlam olmaz. Allahü teâlâ buyurdu ki:

(Kalblere îmanın yerleşmesi ancak ve yalnız zikir ile olur.) [Ra'd 28]

Zikir, her işte, her harekette Allahü teâlâyı hatırlamak, O'nun rızasına uygun iş yapmak demektir.

İkinci gâyesi, ibâdetlerde kolaylık, lezzet hâsıl olması için, nefisten doğan sıkıntıların giderilmesidir. İbâdetleri kolaylıkla, seve seve yapmak ve günâh olan işlerden de nefret edip uzaklaşmak, ancak tasavvuf ilmini öğrenip, bu yolda ilerlemek ile mümkündür.

İmâm-ı Mâlik hazretleri buyurdu ki:

(Fıkhı öğrenmeden tasavvuf ile uğraşan dinden çıkar, zındık olur. Fıkhı öğrenip tasavvuftan haberi olmayan bid'at sahibi, sapık olur. Her ikisini edinen hakikate kavuşur.) [Merec-ül bahreyn]

Tasavvuf Güzel Ahlaktır

Öncelikle şunu belirtmek gerekir ki tasavvuf kal(söz) değil haldir(yaşamak). Tasavvuf ancak yaşanırsa tam manasıyla anlaşılır demektir. Bizler tasavvufu özüyle yaşayanların tasavvufa getirdikleri tarifleri sizinle paylaşıyoruz. Bu minval üzere tasavvuf yaşandıkça tadılan ve idrak edilen bir ilimdir. Dolayısıyla kelimelerle onu kâmilen ifade etmek zordur. Allah dostları her biri kendi tattıkları veya onlara açılan pencereden seyrettikleri şekliyle tasavvufu anlatmışlar böylelikle farklı tarifler yapmışlardır. Bununla birlikte getirdikleri tariflerde hepsi de haklıdırlar.

Biz bu tarifleri tümünü bir çatı altında toplamak istersek şöyle diyebiliriz; Tasavvuf nefsin kötü sıfatlardan, kalbin masivadan (Allah'ın (c.c) dışındakilerden)arındırılması, böylelikle Hak Teâlâ'ya güzel bir kul olma, onu tanıma ve ondan razı olmanın öğretildiği bir okuldur.

Allah dostlarının hak katında eriştikleri ulvi makamlara göre yaptıkları tariflerden bazıları şunlardır;

Rasulullah'ın ahlakı (a.s.m) bizzat Kur'an idi. Nitekim Hz. Aişe (r.anh) annemizin şu hadisi meşhurdur; Kendisine efendimizin ahlakı sorulduğunda, siz hiç kuran okumuyor musunuz? demiş ve onun ahlakı kurandı diye cevap vermiştir.

Kuran-ı Kerim'de şöyle ifade edilir:

"Andolsun ki, Rasûlullah, sizin için, Allah'a ve ahiret gününe kavuşmayı umanlar ve Allah'ı çok zikredenler için güzel bir örnektir. Allah (c.c) bizlere sunduğu bu ikramını Efendimizin (s.a.v) varisleriyle bizlere ulaştırmış bu vesile ile kıyamete kadar devam ettirecektir.

Peygamber Efendimiz (a.s.m):

"Müminlerin iman cihetinden en mükemmeli, ahlaken en güzel olanıdır. Şeklinde ifadesiyle ahlakın imanın meyvesi ve kemalatın nişanı olduğuna işaret etmiştir. Allah dostları da, işte bu Muhammedi ahlak ile ahlaklanan maneviyat önderidir.

Ebu Muhammet Ceriri:

"Tasavvuf, güzel ahlakı benimsemek ve kötü ahlaktan sıyrılmaktır" diyerek yine bu hakikate işaret etmiştir. Son olarak şair "edebi" ne güzel nazmetmiş:

Edep bir tac imiş nur-i Hüda'dan

Giy o tacı emin ol her beladan

Bütün bunlardan dolayı Tasavvuf yolunda, bütün menzil ve makamlarda insanın önüne tek levha çıkar:

"Edep Ya Hu!"[4]

---

[4] www.tasavvufnedir.com

ŞEMS'İN ESERİ MAKALAT

Şems-i Tebrîzi'nin önemli eseri olan ve "Konuşmalar" diye adlandırılan "MAKALAT"ın aslı; Farsça ve Arapça ile karışık, onüçüncü yüzyılda yazılmış çok çetin ve arkaik pasajlar ve deyimlerle dolu bir el yazmasıdır. Eser, çok önemli ve şaşırtıcı Tasavvuf konularını içine aldığı gibi, o çağın bellibaşlı şahsiyetlerini, zamanın kültür ve bilim hareketlerini yansıtması, hele Mevlâna Celaleddin'in karanlıkta kalmış olan bazı yönlerini aydınlatması bakımından da bir hazine değerindedir. Şems Konya'ya niçin gelmiştir? Mevlâna'nın normal hayatını birdenbire altüst ederek ona coşkun ve taşkın yepyeni bir ruh aşılayan bu adam kimdir? İşte bu noktaları bize açıkça gösterecek çok önemli bilgileri bu kitapta bulmaktayız.

Makalat'ın orijinal nüshası; bir el yazmasıdır. Bu metin, 27x21 ölçüsünde ve 326 sayfadır. Nesih kırması, nesih, sülüs ve ta'lik gibi çeşitli yazı örnekleriyle temiz ve okunaklı bir şekilde yazılmış, üzerinde yer yer ufak tefek nüsha farkları işaret edilmiştir. Metnin bazı kısımlarının kenarlarına bol haşiyeler, açıklamalar eklenmiştir. Tarihi ve yazarı belli olmayan bu nüshanın, merhum Mevlevi ârif meşahirinden (Meşhurlarından) Ayaşlı Şakir tarafından Dergah müzesindeki iki nüsha ile karşılaştırılarak orijinal bir metinden kopya edildiği, sayfa kenarlarındaki haşiyelerin de sonradan eklendiği anlaşılmaktadır.[5]

---

⁵ MAKALAT, s.7

"MAKALAT" kitabı, Şemseddin-i Tebrîzi'nin bazı meclislerdeki sohbetleri sırasında, Mevlâna ile konuşurken aralarında geçen bahislerden, müritler ve inkârcılar tarafından sorulan sorulara verdiği cevaplardan derlenmiş bir eserdir. Kitaptaki cümle ve pasajların kesik ve dağınık olması da gösteriyor ki bu eseri Şems kendisi kaleme almamış, belki o anılar her gün müritler tarafından kaydedilmiş ve son derece bir tertip bozukluğu ile de derlenmiştir. Ama inkâr edilemez ki, bize Mevlâna'nın özel yaşantısını, onun hayat hikâyesini kapsayan birçok gizli hataları da gün ışığına çıkarmaktadır.

Makalat, Mevlâna'nın, Şems'e nasıl kapıldığına da bir dereceye kadar ışık tutmakta ve açıklık getirmektedir. Kitap, herkesçe bilinenin aksine Şemseddin-i Tebrîzi'nin çok keskin görüşlü bir bilgin ve bir hakikat âşığı, mürşitlik mertebesine ermiş ârif bir yol gösterici olduğunu öğretmektedir.

Şems'in getirdiği yeni fikirler ve öğretim sistemi konusunda araştırma yapmak isteyenler, aradıklarını Makalat'ta bulacaklardır. Makalat ile Mesnevi arasında kuvvetli bir bağlantı vardır. Öyle ki, Mesnevi'de geçen birçok fıkra, hikâye ve nükteleri Makalat'tan almıştır. Makalat, ayrıca gönül çekici deyim ve terimlerdeki üslup güzelliği bakımından Fars Edebiyat ve Filolojisinin hazinesi değerindedir.[6]

Şems'e İsnat Edilen Eserler

Şems'in toplantılarda yaptığı sohbetlerden derlenmiş Makalat adlı bir kitabı vardır. Bu kitabı, kendisi yazmamıştır. Konuşmaları sırasında müridleri tarafından not edilmiştir. Çeşitli konuları ihtiva etmektedir. Türkçeye de Nuri Gençosman tarafından tercüme edilmiş bulunan bu kitap, son derece tertipsiz,

---

6   MAKALAT, s. 9

karışık, kesik cümlelerle yazılmış olmasına rağmen çok önemlidir. Çünkü bu kitap vasıtasıyla Şems'in kişiliği, ilmi, irfanı anlaşılmaktadır. Bu kitap bir ansiklopedi gibi her konuyu özlü olarak anlatmaktadır. Sohbet esnasında, ortaya atılan mevzularla, Şems'e sorulan suallere verilen cevaplarla, Şems'in Felsefeye, Kelam ilmine, Tarihe, Edebiyata, Şiire, Hadis ilmine, Tefsire ve her şeye vakıf olduğu görülmektedir. Bu kitapta sufiliğe, şeyhlere, mürşidlere, müridlere dair çok ince görüşler, güzel mutalaalar vardır. Yine bu kitapta, Şems'in Mevlâna'da gördüğü hakikat gün gibi açığa vurulmakta ve onun üstünlüğü, büyüklüğü belirtilmektedir. Nesir halinde yazılmış bu eserde Arapça ve Farsça bazı manalı şiirlere de rastlanmaktadır.

Mevlâna'nın Mesnevi'si ile, Şems'in Makalat'ı arasında çok kuvvetli bağlantılar olduğunu Profesör Firuzanfer Mevlâna Celaleddin eserinin 89. sayfasında ileri sürmektedir. Mevlâna'nın Makalat'ta geçen bazı hikayelerin konusunu Mesnevi'de açıkladığını yazmaktadır. Firuzanfer'e göre: "Eğer Şems'in sözleri not edenlerin hatalarından, noksan not etmelerinden ötürü Makalat'ın bazı kısımlarının eksikliği, irtibatsızlığı olmasaydı, bu eser sufiyane yazılmış nesirlerin en güzellerinden biri sayılırdı." Şems'e Esma-i Hüsna Şerhi, bir de Merğubu'l-kulub diye bir iki eser daha, isnad ederlerse de bu kitapların Şems'e aid olmadıkları yazıldıkları tarihlerden anlaşılmaktadır.

MAKALAT'TA GEÇEN TASAVVUFÎ TERİMLER

Tasavvufu ve tasavvufi terimleri bilmeye ihtiyacımızın olduğunu, bu terimleri bilmeden ne Şems'in eseri; "Makalat"ı, ne de Şems'i anlamamızın mümkün olmadığını idrak etmemiz gerekir. Her ilmin bazı söylemleri, bazı şifreleri vardır. Tasavvufun da aynı şekilde söylemleri bulunmaktadır. Zaten salt olarak makalat'ta geçen ifadeleri ele aldığımız zaman Şems'i başka gözle görürüz. Onun için tasavvuf hakkında bilgisi olmayan ve tasavvufi terimleri bilmeyenlere anlatılanlar ağır ve anlaşılmaz gelir. Buradan hareketle Makalat'ta geçen bazı tasavvufi terimleri bilmenin yararlı olacağını bilerek bu bölümde tasavvufi terimlere yer verilmiştir.

AKL: Arapça men', hacr ve nehy manasınadır, insandaki idrak kabiliyetine verilen addır. İslâm'da dinin emirlerine uymak, yasaklarından kaçınmak için insanda akıl ve ergenlik şarttır. Eskilerin tarifiyle akıl, zatında maddeden mücerred, fiilinde maddeye bitişen bir cevherdir. Akıl, nefs-i natıkadan ibaret olup, her ferd ona "ben" demekle işaret eder. Bir görüşe göre akıl, kalpte hak ile batılı ayırdeden bir nurdur. Diğer bir görüşe göre, insan bedenine yönetmek, tasarruf etmekle bağlı soyut bir cevherdir. Yine bir farklı görüşe göre akıl, nefs-i natıkanın bir kuvvetidir. Bir tarife göre, akıl başka, nefs-i natıka başkadır. Çünkü kuvvet, kuvvet sahibine göre, bir emr-i mugayirdir (başka bir şeydir). Gerçekte işi yapan nefs-i natıkadır. Akıl, kesme işi yapan kişinin elinde bıçak gibi bir âletten ibarettir. Bir görüşe göre de akıl, vesveselere kapılıp şehvetlere dalabilir. Fakat arif olan, yani "nefsini bilen Rabbini bilir" fehvasınca kendisini acz ile, noksan ile, isyan ve zaaf ile bilen, anlayan kişi, Rabbisine sığınarak aklını doğru yola yönlendirebilir. "Akıl attır, dizgini arif elinde" atasözü bunu dile getirir.

İnsan zayıf ve bencil yaratılmıştır, aklına güvenen çok defa yanılır. Hatta bu yüzden sufiler, ileriyi, ahireti düşünen akla "akl-ı ma'ad" sadece dünyayı düşünen akla da "akl-ı ma'aş" adını vermişlerdir. Daha doğrusu, akla, bu iki yönelişi açısından, bu iki ad verilmiştir.

Çeşitli ihtimaller karşısında, aklı olgun kişilerin hemen hepsi bir kararda birleşirler. Bu da "akıl için yol birdir" atasözüyle belirtilir.

"Akılla nefs birbirine düşmandır" atasözü de, aklın daima iyiyi, güzeli, hayrı seçeceğini; nefis denen ve insanı bencilliğe götüren, şehvete kaptıran, kötülüğe sevkeden isteğinse, ona zıt harekette bulunacağını anlatmaktadır.

"Akılla yol alınmaz", çünkü manevî yol, insanı yokluğa götüren, izafi ve geçici varlığı terkettiren, iradesini Allah'ın iradesine bıraktıran yol olup o yolun duraklarını akıl bilmez. Akıl, yaşadığımız şu sonlu varlık âlemini düzenlemeye çalışır. Onun sonsuz âlemden haberi yoktur. Akla uyan, mana yoluna ulaşamaz. Bu sebeple sufiler, "Akıl, erlerin ayak bağıdır" derler. Aynı mealde olmak üzere Mevlâna Celaleddin-i Rumi de

Aklı, Mustafa'nın önünde kurban et
Allah bana yeter de ki, Allahım yeter! der.
Mesnevi, c. IV.. beyt: 1408

Ancak, akılla kalbin bir manada kullanıldığı da görülür. Gazali idrak edici özelliğiyle aklı, kalble karşılar. Yine Gazali aklı, kalbde bulunan ilim olarak görür.

Bazı Mutasavvıflar, Cebrail'e, ruh-ı a'zama ve arş-ı mecide, akl-ı evvel adını verirler.[7]

ARİF: Arapça, irfan sahibi anlamındadır. Allah'ı gerçek yönüyle bilen kişi. Âlim gibi bilen manasına gelirse de ondan farklıdır. Âlim, ilmi bir tahsil ve çalışma sonucu elde eder. Arif ise, irfana, ilham ve hal ile ulaşır. Cenab-ı Hakk'ı keşf ve müşahade yoluyla bilen kişi. Bu bakımdan ümmi bir insana da arif denilir, ancak âlim denemez. Arifler için, ehl-i yakin, ehl-i din, veli, kutb ve genel olarak "arif-i billah" tabiri kullanılır.[8]

AŞK: Arapça, aşırı derecedeki sevgi. Bu da maddi ve manevi şekillerde olur. Bir kadın gözününde bulundurularak zevki ve cinsi cazibe ön planda tutulmak suretiyle oluşan aşk maddidir. Bunun platonik, hayali olanı da vardır (Platonik). Şairlerin aşkı böyledir. Bu aşk genelde mecazidir. Hakiki aşk ise, Allah aşkıdır. Cenab-ı Hak bir kudsi hadiste, "Ben gizli bir hazineydim, bilinmeyi arzu ettim, âlemi yarattım" buyurmaktadır ki ilâhî aşkın kaynağı budur.

Çünkü Allah'ı bilmek, tanımak ancak aşk ile olur. Allah'ı gerçekten seven kişi O'nun yarattıklarını da aynı şekilde sever. Yaratandan ötürü yaratılanı sever. Bu aşk güzele değil, güzelliğedir. Herkesi, herşeyi sevmektir. Varlıklarda tezahür eden Allah'ın sanatını, kudretini, rahmetini, lutfunu ibretle temaşa etmektir. Bu aşka bazen "mecazi aşk"la da ulaşılır. Bundan dolayı "mecazi aşk, gerçek aşkın köprüsüdür" denilmiştir. Gerçek aşka ulaşmak da ilimle olmaz. Nitekim Fuzuli bunu şu beytiyle çok güzel anlatmaktadır:

Aşk imiş her ne var âlemde İlim bir kil u kal imiş ancak.

Bazı yazarlar aşkı şiddetine göre şu şekilde sıralarlar:

---

[7] **www.tasavvufalemi.com/** Tasavvuf Terimleri Ve Deyimleri Sözlüğü, **Prof. Dr. Ethem Cebecioğlu**

[8] A. g. e.

1. İrade 2. Muhabbet 3. Hevâ 4. Sakabe 5. Tebettül 6. Alaka 7. Vülüğ 8. Kelef 9. Şağaf 10. Aşk 11. Ülfet 12. Garava 13. Hullet 14. Teyemmüm 15. Valeh 16. Tedellüh 17. Velâ[9]

BAŞ GÖZÜ-GÖNÜL GÖZÜ: Bu ifadedeki baş gözü ile kastedilen, insanda fizikî ve biyolojik olarak bulunan, bildiğimiz gözdür. Ancak bu göz, sadece eşyanın şeklini görmeyi sağlar, görülen şey üzerinde, anlama, yorumlama, istidlal yapma vs. gibi değerlendirmelerde bulunamaz. Buna kalb gözü, can gözü de denir. "Bu sözü can kulağıyla dinle", "sen ona can gözüyle bak da gör" gibi sözlerde kastedilen budur. Baş gözü diye bir tâbir bulunmasına rağmen, baş kulağı şeklinde bir deyim görülmemektedir.

Yunus, imdi sen Hakk'a er,
Dün ü gün gönlün Hakk' a ver
Gönül gözü görmeyince
Hiç baş gözü görmeyiser.

Yunus Emre[10]

CELÂL: Arapça; Ululuk, büyüklük, azamet. Bir şeyin celîl olması, onun büyümesidir. "Merhamet gözünde büyüdü", ifadesi, bu kabildendir. Allah'ın Celâli ise, O'nun ululuğudur. Kuşeyrî'ye göre, Celîl, yücelik ve ululukla ilgili sıfatlara hak kazanan demektir. Celâl, kahr sıfatıdır. Selbî sıfatlara da ıtlak olunur. Meselâ, Allah'ın cism, cismânî, cevher ve araz olmaması gibi. İşte Allah'ın, bunlar ve benzerleri noksan sıfatlardan yüce olması, Celâl'in manaları içinde yer alır. Abdülkerim Cîlî, Allah'ın sıfat ve isimlerinde ortaya çıkması suretiyle olan zâtından ibarettir, der. Bu icmal (özet) olanıdır. Tafsil üzere olan celâl ise, şeref, azamet, övme ve kibriya

---

9   A. g. e.
10   A. g. e.

sıfatından ibarettir. Cenab-ı Allah'ın lütuf ile tecellîsine "Cemal" dendiği gibi, bunun mukabili olarak kahr ile tecellîsine de "Celâl" denir. Celâl kelimesi bir insan için kullanıldığında, bir tür öfke manası taşır: "Mehmet celâllî bir zat idi, Allah ona rahmet etsin!". Bu cümledeki celalli kelimesi gazab ve öfkeliliği bildirir. Mutasavvıflara göre, "mutlak ve vahdet" olmadıkça, celâline nüfuzunun imkanı yoktur. Vahdet-i Mutlaka'da bütün esma ve sıfat, nisbetler ve itibârlar, "tevhîd, izafetlerin düşürülmesidir" gereğince mahvolacağı cihetle, "Hakk'ı Hak'tan başkası göremez" denmiştir. Celâl, Allah'ın mânevi kahrına da denir ki, bu şekilde "gayriyyet"i ortadan kaldıracağı için celâl, cemâlin aynıdır. Mehmed Akif Ersoy bu hususta şunları söyler:

Her an ediyorsun bizi makhûr-i Celâlin

Kurban olayım yok mu tecellî-i Cemâlin.

Celâlin ortaya çıkışı, mahv ve gaybeti gerektirir. Cemalin ortaya çıkışı da, sahv ve kurbü icâbettirir. Şeyh-i Ekber Muhyiddin Arabî, Celâl sahibinin ceberut sıfatlarından biriyle muttasıf olduğu ve Allah'ın da bu sıfat ile sıfatlandığı kanaatindedir. Celâl sahibi, yine ona göre, kahr ve galebe sahibidir.[11]

CEMÂL: Arapça. Güzel, güzellik, iç ve dış güzelliğini ifâde eder. İki türlü cemâl olduğu söylenir, birisi halkın bildiği güzellik, ikincisi hakiki güzellik. Bu da her uzvun, olması gerektiği karakter ve hey'etin en faziletlisi üzere bulunmasıdır. Cemâl, Allah'ın müşâhede-i ilmiyye olarak, kendi Zâtında ilk müşahede ettiği ezelî bir sıfatıdır. O, müşâhede-i ayniyye olarak yarattıklarında bu sıfatı görmek diledi, bunun üzerine ayna gibi kendi cemâlinin aynını gör-

---

11   A. g. e.

mek üzere âlemi yarattı. Cürcânî'ye göre cemâl, rıza ve lütfa taalluk eden sıfatlardandır. Kâşânî'ye göre de, el-Cemâl, Allah'ın lütf ve rahmetinin vasıflarıdır. Kâşânî konuyla ilgili olarak şöyle devam eder: Cemâl; Allah'ın, Zâtı için vechi ile tecellî etmesidir. Allah'ın mutlak cemâli için bir celal vardır ki, bu da, O'nun veçhiyle tecellî ettiği sırada herşeyi kahretmesidir. Bu şekilde O'nu görecek kimse kalmaz. O, cemâli yüce olandır. Cemali için bir yaklaşma vardır; işte o, bize bununla yaklaşır. O'nun herşeydeki zuhuru, şu beyitte zikrolunduğu gibidir:

Hakikatların hepsinde cemâlin seyreder

Celâlinden gayri yoktur onu setredecek

Cemâl için bir celâl vardır. Bu da, kainatın taayyünleri ile cemalin perdelenmesidir. Her celâlin ardında da, bir cemâl vardır. Allah celâl ve kahriyle bütün mevhum varlıkları ortadan kaldırır, böylece cemâlini ortaya çıkarır. Bu sebeple, celâl cemâlin aynıdır. Erzurumlu ibrahim Hakkı'nın "Kahrın da hoş, lütfün da hoş" diye terennüm etmesi, hakikatte cemal ve celalin aynılığına işaret etmek içindir. Bu konudaki bazı atasözleri şu şekildedir: "Celâli de hak, Cemâli de hak", "Celâlinden Cemâline sığın", "Cemâlin hakkı için".

Görmek ister isen yârin cemâlinden eser

Gayrîden saf eyleyip âyînene gel kıl nazar

D. Z. Mehmet B.[12]

ÇİLE: Farsça, kırk anlamına gelen çihil'den düzenlenmiş bir terim. Bir şeyh nezaretinde derviş, karanlık bir hücrede yalnız başına kırk gün süre ile az uyumak, az yemek, az içmek ve mümkün mertebe sürekli ibadetle meşgul olur ki bu

---

[12] A. g. e.

olaya, çile denir. Bu, nefsi eğitmek için belirli bir süre halktan uzak kalıp olgunlaşmayı elde etmek için yapılır. Tasavvuftaki çile, ömür boyu değildir, sadece kırk gündür. Zira tasavvufta esas olan, "el kârda, gönül yârda" yani "el günlük maişet teminiyle meşgul iken, kalb Allah ile beraber olmaktır". Nitekim, Nur Suresinin 37'nci âyetinde bu husus, şöyle desteklenir: "Ticaret ve alışverişin Allah (c.c)'ı zikirden alıkoymadığı erkekler..."

Çileye, Arapça olarak erbain de denir. Hemen hemen her tekkede, eskiden bu iş için bir veya birkaç hücre bulunurdu. Çile olayı şöyle cerayan ederdi: Şeyh, dervişi çile odasına güsul abdestli olarak dua ile sokar, Fatiha çeker, kapıyı kapayıp giderdi. Odada bir post, yahut seccade, bir mütteka (bkz. müttekâ) ve hücrenin rafında bir Kur'an-ı Kerim bulunurdu. Derviş, bu hücreden, sadece gerekli olduğu zaman çıkardı: Tuvalet, abdest, cuma namazı vs. gibi. Çıktığında kimseye bakmaz, kimseyle konuşmazdı. Yiyeceğini, içeceğini, belirli vakitte bir derviş getirip hücreye bırakıp, selamdan başka bir söz konuşmazdı. Geleneklere göre, çileye girene ilk gün kırk zeytin verilir, her gün bir eksilterek (39, 38, 37, 36, 15 ila...) kırkıncı gün sadece bir zeytin verilirdi. Yiyeceğin zeytin olması, Nur suresi'nin 35. ayetinde de ifade edildiği gibi (min şeceretin mübâreketin zeytûnetin), onun mübarekliğinden kaynaklanmaktadır. Derviş çileden çıkınca, kırk gün içindeki tefekkür ve rüyalarını şeyhine anlatırdı. Şayet Şeyh, gerek görürse onu hemen ikinci bir çileye sokardı. Birbiri ardınca üç çile çıkaran olurdu. Derviş çileyi bitirip hücreden çıkınca, şükür kurbanı kesilir, kesilen kurbanın et suyuyla hazırlanan tirid yemeği ona sunulur, diğer ihvanı da onu tebrik ederdi. Günümüz Türkiye'sinde, bu uygulama hemen hemen kalkmış gibidir. Bunun sebebini sorduğumuz mürşid-i kamiller, "devrimizde helal rızık kalmamıştır. Çileye giren, hem az, hem de şüpheli yiyecekle bu uygulamaya tâbi tutulursa, görme, işitme, konuşma gibi bazı özelliklerini kaybedebilir. Devrimiz zâten çile devri, değildir, dış âlemde gezip nefsini zaptetmek de yeterlidir" cevabını verdiler. Mevlevîlerin çilesinin mutfakta 1001 günlük hizmet ile olduğu kaydedilir.

ÇİLE ÇIKARMAK: Saliklerin, nefsin tezkiyesi (arınması), kalbin saflaşması için bir hücreye girip kırk gün süreyle ibadet, zikir ve fikir ile meşgul olması. Çile bazan, zelle (ufak kusur) karşılığında ceza şeklinde de uygulanırdı. Mevlevî dervişleri, çileyi mutfak hizmetleriyle çıkarırlardı. Yemekle beraber dervişler de pişerdi. Çilenin şeklini mürşid tayin ederdi. Diğer tasavvuf okullarında çileyi yolculuk yaparak çıkaranlar da vardı.

ÇİLE ÇEKMEK: Mihnet ve meşakkat çekmek demektir. Tasavvuf erbabının çile hücresine girmesi ve orada kırk gün kalması, külfetli bir iş olduğu için, o makamda kullanılırdı. Şiirde şeddelendirmek suretiyle kullanılırdı.

Ne çille çektiğimi bu riyay-ı gamda fakir.
Görünce nakşını göstermede imkan hasır.

ÇİLEHANE: Farsça, çile evi demektir. Tasavvuf erbabının çilelerini doldurdukları özel hücreye çilehane denirdi. Tekkelerin karanlık ve rutubetli odaları, çilehane olarak kullanıldığı gibi, bu hücre, bazen de, dağ başlarında ve tenha yerlerdeki mağaralarda inşa edilirdi.[13]

DERVİŞ: Farsça. Fakir, dilenci, dünyadan yüz çeviren, kendini Allah'a veren kişi. Tarikat mensublarının çoğu fakir olduğu için, bu isimle anıldığı ileri sürülür. Ancak, hakikî derviş, kimseden bir şey istemez ve istememesi tarikat kuralıdır.

---

[13] A. g. e.

Mevleviyye ve Rıfâiyye tarikatlarından öğrendiğimiz kadarıyla, bir derviş üst üste üç gün açlık, çekmeden, bir başka kimseden yiyecek isteyemez. Derviş kelimesi, kapı eşiği mânâsına da gelir. Dervişin, kapı eşiği gibi başkalarından gelen ezalara tahammülü olması gerekir. Bu espriden dolayıdır ki dervişler, herkesin ayak basıp ezdiği kapı eşiğine basmazlar, hattâ tekkeye veya türbeye girerken eşiğe saygı göstermek üzere, onu öper, sonradan üzerine basmadan atlayıp içeri girerler. Bu kelime iran'da ortaya çıkmasına, rağmen, Arapça'ya geçmiş, "derâviş" şeklinde çoğulu yapılmış, hattâ Arapça karşılığı "fakir" ve çoğulu "fukara" kullanılmıştır. Tasavvuftaki manâsıyla, bir şeyhin bey'ati ve terbiyesi altında bulunan kişi demektir. Hz. Peygamber (s) için de kullanılan şu tâbir "derviş-i sultan-ı dil", padişah gönüllü fakir anlamına gelir. Alçak gönüllü, arif, kanaatkar kimselere de, derviş meşreb denir. Akşemseddin, dervişi ikiye ayırır 1. Dervişe benzeyen 2. Derviş. Tasavvuf? olgunluk yolu (sülük) na giren kişi murakabe dersine ulaşana kadar geçirdiği sürede, kendini dervişe benzetmeye çalışan kişi olduğundan, müştebih diye anılır. Murakabeden itibaren o kişi artık derviş olmuştur. Murakabeye kadar ulaşamayan kişinin, hâl olarak tasavvufun içyüzünden haberdâr olması mümkün değildir, bu yüzden murakabeye ulaşamamış kişiler, hizmetin hakikatini anlayamazlar, gerçek hizmet ehli olmazlar. Tasavvufun esası, hedefi itibariyle ihsandır, bir başka ifade ile Allah'a vuslattır. Derviş kelimesiyle ilgili olarak ortaya çıkmış bazı atasözleri şu şekildedir: "Padişah nefsinin, hırslarının kulu iken, derviş nefis ve hırslarının sultanıdır." Bu yüzden, sultan, nefsine uyarak maddeye doymaz iken, nefsini yenen maddenin esaretinden kurtulan kişiler, aza kanaat ederler, onlara az da olsa yeter. "Sabreden derviş muradına ermiş": Derviş, Allah'a vuslat yolunda büyük cihada girmiştir ve her an o cihâdın mücâhidi olarak sabır etmek zorundadır. Bu sabır sayesinde, derviş hedefine ulaşır, muradına erer. "Deve hacı olmaz Mekke'ye gitmekle, eşek derviş olmaz tekkeye su taşımakla": Dervişlik bir takım şekil ve resmden ibaret bir şey değildir. Bir takım mücahede, çaba ve gayretlerle manevî planda mesafe kat etmekle dervişlik olabileceği bu atasözüyle dile getirilir. "Dervişin fikri neyse, zikri odur": Dervişe bir halden sual sorulduğunda, onun verdiği cevap kendi yaşadığı halden ibarettir. Yani derviş kendinde olanı anlatır, kendi tahkikini dile getirir.

Derviş gönülsüz gerekdir
Söğene dilsiz gerekdir
Döğene elsiz gerekdir
Halka beraber gerekmez
Yunus Emre[14]

EDEB: Arapça, iyi ahlak, güzel terbiye, utanma, zarafet, usluluk, insanlara kavlen, fi'len güzel davranışta bulunmaktan ibarettir. Cürcanî'ye göre, hatanın her çeşidinden sakınmayı bilmektir. Edeb'den, şeriat, hizmet ve Hakk'ın edebi anlaşılır, ilki, dinin zahirine, şekli unsurlarına tam anlamıyla riayet etmek, ikincisi hizmette ileri gitmekle birlikte yaptıklarını görmemek (yani kendine mal edip ucube düşmemek), üçüncüsü Allah'a ve kendine ait olanı bilmekdir. Mutasavvıflar, genelde iki türlü edeb kabul ederler: Birincisi şeklî, zahirî edeb ki; ameli riyadan, münafıklıktan, yağcılıktan korumaktır. İkincisi de batınî edebtir ki; kalpteki şehvet, itiraz, irâdede zayıflık vs. gibi olumsuz şeyleri temizlemekten ibarettir. Edebler sünnetleri güçlendirmek içindir. Sünnetler vacibleri, vacibler de farzları güçlendirir. Farzlar ise imanı korumak içindir.[15]

---

[14]   A. g. e.
[15]   A. g. e.

EDEB YA HÛ: Edeb, tasavvuf okulunda önemli bir husustur. Edeble davranma, canlıya, cansıza, insana, hayvana, her şeye, herkese yapılmalıdır. Mutasavvıflar cansız varlıklara, bir tür dirilik atfederler (pan-bioism). Bu sebeble, cansız varlıklara da edeb üzere davranırlar. Mesela kapı çarpılarak gürültü ile örtülmez, yavaşça örtmek gerek. "Kapıyı kapat veya kapattım" denmez, Allah kimsenin kapısını kapatmasın, "kapıyı ört" yahut "sırla" demek gerekir. Lamba, mum, elektrik söndürmek yerine "lambayı, elektriği dinlendirmek" veya "sırlamak" gibi tabirleri kullanmak, edebe daha uygundur. Sûfinin tabiata karşı olan bu tavrı, ona canlı bir insan varlığı gibi muamele etmesi, çağımızda ekolojik felaketlerin önlenmesi yolunda, bir anahtar rol, yahut kılavuzluk görevi üstlenemez mi? Uzayın bile kirlendiği böyle bir dönemde, tabiat varlığını korumakta, tasavvufun ekolojik açıdan olumlu tavır alışı, en azından üzerinde düşünülmesi gereken bir alternatiftir. Mesela, ses kirlenmesi ve bunun insan fizyonomosinde sebep olduğu rahatsızlıklar, ilim-teknik ve tıp dergilerinde sık sık gündeme gelir.Tasavvuf yolunda bir sûfinin başkasına hafif sesle hitab etmesi; yerin de canı vardır düşüncesiyle, yerde gürültü yapmadan yürümesi; sessiz hayatın tefekkürü arttırmadaki olumlu rolüne bağlı olmak üzere, az konuşmak gibi pratik öğeler; günümüzde, hafif bir hızla seyreden trafikte araçların klakson ve motor gürültüsünün azalması; sadece duyabilecek kadar az bir sesle radyonun, televizyonun dinlenmesi; homurtu yüklü fabrikaların, insanların yoğun olarak yaşadığı yerlerden uzaklara kurulması şeklinde, yeniden yorumlanabilir. Tasavvufî edebler cümlesinden olmak üzere şu uygulamalar zikrolunur: Kapıdan içeri girer çıkarken sırt çevrilmez, bunun için ayakkabılar hep içeri yönelik, hatta mümkünse burun kısmı Kabe'yi gösterecek şekilde yerleştirilir; uyuyan kimsenin uyarılması icab ederse, yastığına hafifçe vurularak hafif bir sesle "agâh ol erenler" denilir ve bu şekilde heyecanlandırmadan uyandırılır, yemek yerken ağız şapırdatılmaz, eşyalar canlı imiş gibi saygılı ifadeler kullanılır; çay, kahve, içerken höpürdeterek içilmez; bardak, tabak bir yere konulurken sert hareketlerle değil, yavaşça ve sessizce, bir nevi nezaket üslubu içerisinde konulur; gülmeler yine kahkaha şeklinde değildir. Tasavvuf yolunun yolcusu nazik ve kibar insandır. Onu bu şekilde davranmaya iten motiv, "Allah'ın her an her yerde beraberinde olduğu ve kendisini kesintisiz olarak gözetlediği (ihsan)" bilincidir. Bu husus, şüphesiz Kur'an'daki çeşitli âyetlere dayanmaktadır: "Her nerede olursanız olunuz, O, sizinle beraberdir" (Hadid-4) . işte bu âyet, bilinç olarak bir mü'minde yerleşirse, artık o hareketini, yüce bir Sultan'ın, bir Cumhurbaşkanının huzurunda imiş gibi düzeltmeye çalışır. Bunun tahakkuku için, bir insanda "Allah ile beraber olma"nın bilinci, mutlaka bulunmalıdır. Tasavvuf; bağlılarına, Allah'a vuslat dediğimiz "Allah ile beraber olma" bilincini verme iddiasında olan ve tatbikî yönü ağır basan, laf üretmekten hoşlanmayan bir disiplindir. Hedefi de, cennet veya cehennemin motive ettiği İslâmî bir hayattan ziyade, Allah'ı sevmek ve O'nun rızasını kazanmaktan kaynaklanan derûnî bir takva yaşantısıdır. İşte sözünü ettiğimiz bu bilinç, tekkelerde her yerde göze ilişecek şekilde, müridlere levhalar halinde yazılı olarak hatırlatılırdı: "Edeb yâ Hû".

> *Edebdir tâc-ı Rabbani*
> *Komazlar her başa âni*
> *Olagör Gaybî ruhanî*
> *Edeb gözle, edeb gözle.*
>
> Gaybî Sun'ullah[16]

---

16   A. g. e.

EHL-İ HÂL: Arapça. Hakikat ehli, bildiğini, inandığını tatbik eden, kendinden geçme sırrına eren kimseler. Bunlar İlâhî tecellîlere mazhariyet şerefine ermişlerdir.

Emrâhî cehd eyle kâli hâl eyle
Kal ehli olandan infisâl eyle

Emrah[17]

ENE'L-HAKK: "Ben Hakk'ım" anlamında bir ifade olup Hallâc-ı Mansur tarafından söylenmiştir. Erzurumlu İ. Hakkı'nın ifade ettiği gibi;

"Söyleyen Nasır (yani Allah) idi. Mansur Andan tercüman olur" şeklinde anlaşılmalıdır. O'nun, bu sözü Hakk'tan rivâyeten söylediği kaydedilmekle birlikte, fena halinde iken söylediği veya kendisinin bâtıl olmadığını ifade etmek için serdettiği de nakledilir. Kasas süresindeki ağaç kökünün "muhakkak, Ben alemlerin Rabbi olan Allah'ım" sözünü anlayan, Hallac'ın "ene'l-Hakk" sözünü anlar.[18]

FAKR: Arapça, fakirlik, yoksulluk, ihtiyaçlılık gibi mânâları ifade eder. Varlıktan kurtulup, Allah'da fani olmaktır. Fakr, şerefli bir makamdır. Mutasavvıflara, fukara adı verilir. Zira onlar, mülklerden kendilerini boşaltmışlar, yani içlerinde mal-mülk sevgisi bırakmamışlardır. Fakrın hakikati, kulun Allah'tan başka hiç bir şeye ihtiyaç duymamasıdır. Fakrın şekli, bütün sebeplerden uzaklaşmaktır. Fakirlerin en belirgin özelliği şudur: Onlar yoklukta feryâd etmez, sızlanmaz, sükûnetlerini korurlar, ellerine birşey geçince de, onu başkasına verirler, başkalarını kendi nefislerine tercih ederler. Cüneyd-i Bağdadi, fakirler hakkında şunları söyler: Bir fakire rastladığında, onunla söze, ilimle değil rıfk ile başla (yani ön-

---

17 A. g. e.
18 A. g. e.

ce tanış, arada sevgi hâsıl olsun, ondan sonra ilim ile resmiyetle konuş). Zira ilmin resmiyeti onu korkutur, rıfk ısındırır.

Fakra ıstılah olarak yüklenen genel mânâ şudur: Fakr, bizim bilegeldiğimiz yoksulluk değildir. Bu manevî ihtiyaçlılık hâlidir. Nazarî olan mevhum varlığını terkeden (ef'âl, sıfat ve zâtını)Hak'ta fânî kılan kimse, hakiki fakra ulaşmış kişidir. Böyle birinin ne kadar malı olursa olsun, hiç birine gönül bağlamaz. Böyle birinin malı cebindedir, gönlünde değildir. Yine buradaki kişiler, malın kölesi değiller bilakis mal onların kölesidir. Bu mânâda, en zengin insanlardan sayılan Hz. Süleyman, onca mal ve servetine rağmen fakirdir.

Hayalî fakr şalına çekmek cism-i üryanı
Anınla fahrederler atlas u dibayı bilmezler.

Hayalî

Eyleme fakra hakaretle nazar ey Nâbî
Fakr, âyinesidir sûret-i istiğnanın[19]

FENA: Arapça, fânî olmak, yok olmak mânâsına gelir. Nesnelerin, sufînin gözünden silinmesine fena denir. Zıddı bekâ'dır. Hind Nirvana'sı farklı bir muhtevaya sahiptir. Hind mistisizminde hiçlik, fenayı ifâde etmesine rağmen, islam tasavvufunda kul hiç olmaz, hiçin yerine Allah'ın sıfatları geçer. Bu, şu mânâdadır: Kul, insan olarak taşıdığı sıfatları ve huylan terkeder, fenaya ererek, tam hale gelir, olgunlaşır. Ancak, bu giden kötü sıfatların ve ahlâkın yerini, Allah'ta mükemmel olarak bulunan ilâhî sıfatlar veya ilâhî huylar alır. Yani Hind mistisizmindeki gibi, yokluğa gidiş, yokluk, hiçlik söz konusu değil, aksine mükemmel olan Al-

---

[19]   A. g. e.

lah'ın sıfat ve ahlâkında yenilenme, yükselme hususu gündemdedir. Kuşeyrî, fenayı üçe ayırır: 1. ilk fena, kulun kendinden ve kötü sıfatlarından fânî olması, 2. İkinci fena, Hakk'ı temaşa eden kulun, Hakk'm sıfatlarından da fânî olması, 3. Üçüncü fena, Hakk 'm varlığında yok olan kulun, kendi fenasını görmesinden de fânî olmasıdır. M. İbn Arabi, fena kelimesine tasavvufî olmaktan ziyade, felsefî mahiyyette yedi mana verir ve bu açıdan değerlendirme yapar. O'na göre; fena, kulu Allah'a ulaştırır. Bu durumda kul, bütün nefsî arzularını terkeder ve kendini Allah'ın irâdesine teslim eder.

Fena hali, kulun benliğinin kaybolması ile tevhidin gerçekleşmesi demektir. Bu hal, tevhidin en yüksek derecesidir. Kul, Allah tefekküründe o derece boğulur ki, benlik bilincini de kaybeder hale gelir. Buna fena fi't-tevhid denilir.

Fena halinde kulun niyetleri, davranışları, ahlâkî planda düzelme gösterir. Tefekkür planında görülen bu durum, fiillere de yansır.

Fena fillah tâbiri de şu şekilde açıklanır: Kulun zât ve sıfatının, Hakk'm zât ve sıfatında fânî olması. Kul, bu durumda bütün dünyevî ilgilerinden uzaklaşır, Allah'ın birlik dergâhına tam bir teveccühle yönelir.[20]

GAYB: Arapça, göz önünde olmayan, bilinmeyen, gizli olan, gâib vs. gibi manaları vardır. Senden Hakk'ın gizlediği her şeydir. Allah'ın pek çok âlemleri vardır. Allah'ın insan vasıtasıyla baktığı âleme, vücûdî şehâdet denir. Allah'ın, insan vasıtası olmaksızın baktığı âleme da gayb denir. Gayb da, ikiye ayrılmıştır. Allah gaybın birini, insanın ilminde mufassal kılmıştır. Yine bir gayb vardır ki, onu da insanın kabiliyetinde mücmel olarak yaratmıştır. Birinci gaybe vü-

---

[20]   A. g. e./ www.tasavvufalemi.com

cûdî denir, âlem-i melekût gibi. İkinciye de, gayb-ı ademî âlem denir ki, bu âlemi Allah bilir kullar bilmez. Bu ikinci âlem bize göre, adem mesabesindedir. İşte, ademî gaybın mânâsı budur.

Gayb-ı meknûn'a gelince, bu, korunmuş gayb olup, Zatî sırdan ibarettir, mâhiyetini Allah'tan başkası bilemez. Bundan dolayı da mâhiyeti korunmuş, akıllardan ve basiretlerden gizlenmiştir.[21]

HAK: Arapça'dır, gerçek anlamına gelir. Allah'ın güzel isimlerindendir (el-Hakk). Bununla ilgili bazı deyimler ve atasözleri şöyledir:

Hak erenler: Allah'a ulaşmış, vuslat ehli kişiler, gerçek erenler.

Hak etmek: Birşeye layık olmak. Veya dervişler arasında, yemeği tamamen bitirmek manasında kullanılan bir ifadedir: "Erenler, şu lokmayı hak et".

Hak ile Hak olmak: Sufinin varlığından, benliğinden sıyrılıp, irâdesini tamamiyle Allah'ın irâdesine bağlaması, demektir.

Hakkından gelmek: Bir işi hakkıyla becermek.

Onun hakkından Allah gelsin: Başedilemeyen kişiler hakkında kullanılır. Beddua.

Hakk'a kavuşmak-Hakk'a yürümek: Ölmek manasına. Haklamak: Birşeyi tümden yapmak.

Nutuk haklamak, nefes haklamak: Öğüdü tutmak, yerine getirmek.

Haklı hayırlı: Mürşidin duası ve gülbangi.

Haklı-hayırlı dilemek: Yapılan hizmet karşılığı himmet dilemektir.

---

[21] A. g. e.

Mesela, mumları uyandıran (yakan) derviş, dâr'da durarak "hizmetimin haklı hayırlısı dilerim, Allah, eyvallah" der, Mürşid de ona haklı-hayırlı bir gülbank çeker. "Gerçeğe Hû" der ve herkesin yerine niyaz eder. Derviş, bu şekilde himmetini almış olur.

Hak'ta Hak olmak, Hak vere, Hak vere olmak: Bir şeyin bittiğini ifâde etmek için kullanılır.

Ekmek Hakta, ekmek Hak vere: Bitmiş, yok olmuş demektir. Derviş yanılıp "yok" derse, mürşid "şeytan yok olsun" diyerek, onu edebe çağırır. Yok yerine, hak olmuş demek, dervişlik edebidir.

Hakkullah'a çıkmak: Bektaşî dervişleri, harman zamanı köylere çıkarak, dergâha ekin toplarlar. Verilen buğday, arpa, yulaf ve diğer ürünlere Hakkullah denir. Bu husus, daha ziyade Bektaşî tasavvuf geleneği için geçerlidir. Hasat zamanı, köylere giden dervişler "pîr hakkı", "kazan hakkı", "çelebi hakkı" adı altında tahıl toplarlardı. Dedelerin de "dâde hakkı" vardı.

Uğurun Hakk'a olsun: Uğurlar olsun, diyene verilen karşılıktır. Hakk'a giden.

Hak uğurum hakkı için: Bu bir yemin ifadesidir.

Hak'tan gelen Hak'tır, inanmayan ahmaktır: Yapılan işin manevî cezası veya mükâfatı gelip çatınca söylenir.

Hak deyince akan sular durur: Gerçeğe karşı konulamayacağını ifâde eder.

Hak diyen mahrum kalmaz: Allah'a dayanıp bir işe girişenin mahrum kalmayacağını, başarılı olacağını bildirmek için söylenir.

Tevhîd eden deli olmaz,
Allah diyen mahrum kalmaz.
Her seher açılır solmaz,
Bahara erer gülümüz.

Bezcizâde Muhyiddin (ö. 1611)

Hak doğrudadır: Gerçeğin gerçek işte olduğunu bildirir.

Hak, doğrunun yardımcısıdır: Allah'ın doğru kişilerin yardımcısı olduğunu ifade eder. Hakkı tanıyan bâtıla boyun eğmez: Gerçek inancın verdiği güveni, direnci, gücü ve kuvveti ifâde eder.

Konu ile ilgili atasözü haline gelmiş bir beyti de zikretmek gerek:

Hak, kulundan intikamın, gene kul ile alır,
Bilmeyen ilm-i ledünnî, ânı kul etti sanır.

"Hak söz acıdır", "Hak söz ağu (zehir)'dan da acıdır", "Doğru söyleyeni dokuz köyden kovarlar", "Hak inci bile olsa acıdır", hemen hemen aynı manayı ifâde eden deyim ve atasözleridir.

Hak veli olduğundan şüphe yok, ama lafı ters anlıyorsun: Velilik taslayan kişi için, alay maksadıyla söylenir.[22]

HALVET: Arapça, yalnız kalıp, tenha bir köşeye çekilmek demektir. Tasavufta ise, zihinsel konsantrasyonu ve bazı özel zikirlerle riyazetleri gerçekleştirmek üzere, şeyhin müridini, karanlık, dış dünyadan soyutlanmış bir yere, belirli bir süre için koyması. Allah ile gizlice konuşmak, kalbi yanlış inançlardan ve kötü huylardan temizlemek, kurtarmak da halvet olarak değerlendirilir. Kâşânî, bu anlamda kulun, kendini bütün varlığıyla Allah'a verip, O'ndan gayri her şeyden uzaklaştığını ifade eder.

---

[22] A. g. e.

Halvet; Hz. Peygamber (s)'in vahy gelmeden önce Hira'da uzlete çekilme uygulamasından doğmuştur. Hz. Musa'nın, Tûr'daki kırk günlük, Allah ile olan özel görüşmesinden esinlenilerek, halvet genelde kırk güne hasredilmiştir. Bu kırk güne bağlı kalınarak, halvet'e erbain ve çile (çihil) de denmiştir. Ancak halvetin ana espirisi; düşünceyi Allah'tan gayri herşeyden uzak tutmaktır. Bir kimse, bir ömür boyu halvette kalsa, kafası dünyevî düşüncelerle meşgul olsa, ona halvettedir denmez. İşte bundan hareketle, özel bir yere çekilmeden, halkın içinde, (halvet der-encümen) sürekli Allah tefekkürünü korumaya muvaffak olan kişilere de, halvet yapıyor, tabiri kullanılabilir. Nur süresindeki "ticaretin ve alışverişin, Allah'ı hatırlamaktan alıkoymadığı kişiler" (Nur/37) âyeti ile bu hususa işaret olunur. Halvet, bütün tarikatlarda bulunan ve kökü çok eskilere dayanan bir uygulamadır. Uygulama şekli, üç aşağı beş yukarı şu şekildedir: Halvet, genellikle dergâhtaki özel odalardan birinde yapılırdı. Şeyh, halvete koyacağı dervişi bu odaya götürür, içeri sokar, dua eder, dervişi orada bırakarak dışarı çıkar, bu şekilde uygulama başlamış olurdu. Yemek ve su hergün muntazam götürülür ve bugünden güne azaltılırdı. Bazı tarikatlar, zeytinyağlı mercimek çorbası verirken, bazıları da çeşitli tuzlu yemek yedirir su içirmezlerdi. Yiyeceğin çeşidi konusunda farklı uygulamalar görülmekle birlikte, hepsinde, genellikle vejetaryen diyet, hâkim unsur olarak dikkati çeker. Kırk gün süre ile, bu durum devam eder. Mürid; abdest, tuvalet, cuma, bayram namazı gibi zaruri çıkışların dışında bütün vaktini, bu dar ve karanlık hücrede az uyku, bol tefekkür ve zikir yaparak insanlarla teması kesmiş olarak geçirirdi. Hatta uykuyu engellemek için, oturdukları yerlerde, boyun ve dizlerini bir kayışa bağlarlar veya müttekâ (bir çeşit baston)'ya başlarını yaslayarak bir yere dayanmadan derin olmayan, yakaza türünden bir çeşit hafif tavşan uykusu ile yetinme cihetine giderlerdi. Şeyh arada bir gelir, müridin başından geçen özel durumlara göre, nefes eder ve ona yeni bazı zikirler verirdi. Bu süre içinde mürid, vücudundan tırnak ve kıl kesmezdi. Kırkıncı gün, şeyh odaya gelir, müridin bu sürede gördüğü rüyaları dinler, ardından şükür kurbanı kesilir ve bu şekilde mürid, halvetten çıkmış olurdu. Müridin yapacağı ilk iş, yıkanmak, tırnak ve kıl temizliği yapmak, elbise değiştirmek, kelle suyu ile pişmiş bir çorba içmek olurdu. O akşam, şükrâne olarak, fakir fukaranın karnı doyurulurdu. Ancak, günümüz Türkiye'sinde yaptığımız gözlemlere göre, bu uygulamanın pek kalmadığı söylenebilir. Allah'a vuslat, yani tefekkürde sürekliliği sağlayabilme özelliğine ulaşabilmek için, bu tür geçici süreli halvet uygulamaları, daima ön planda tutulmuştur. Hedef; zihnin Allah dışındaki her şeyden sıyrılması, zihnî saflığın elde edilmesidir. Bu durum, halvette sürdürülür. Her yerde Allah ile beraber olma bilinci, tasavvufta bu şekilde oluşturulmaya çalışılır. Ancak, halvet bu konuda yegâne metot değildir, bu iş için başka usuller de vardır.[23]

HEVA: Arapça, arzu istek gibi anlamları vardır. Kâşânî şöyle tanımlar: Nefsin, şeriatı dikkate almaksızın arzuladığı şeylere yönelmesi.[24]

HİLLET: Arapça, dostluk demektir. Kulun kendi sıfatlarını terkedip, Hakk'ın sıfatlarıyla süslenmesi. Tasavvufta hillet sembolü, Hz. ibrahim'dir. Bu yüzden ona, ibrahim Halilullah denir.[25]

HU: Arapça "O" anlamında munfasıl zamir olup, İlâhî isimlerdendir, yani Allah'ın güzel isimlerinden biridir. Allah'ın zâtını ifade eden, mutlak gayb olan hüviyeti. Zikr, önceleri

---

[23] A. g. e.
[24] A. g. e.
[25] A. g. e.

üç, yedi isimle icra edilirken, sonraları oniki isim ile yapıl-mıştır. Bazı âlimler "Hû, Hû" diye zikir çekmeyi caiz gör-memiş ise de, Muhakkıklar ve Sufilerin arifleri, Allah lafzı-nın, O'nun ulûhiyyet mertebesine delâlet ettiği gibi, "Hû" lafzının da "gaybet-i zât ve hüviyet-i batınî" ye delâlet ede-ceğine hükmetmişlerdir. "Hû" ile ilgili deyişlerden bazısı şunlardır: Bir işin bittiğini belirtmek için, "Ya Hû" veya "artık bu işe yâ Hû dedik" denir. Şeyh Galib'in şu beytinde, "ya Hû" bir işin bitmesi anlamında kullanılır:

Süzülüp o çeşm-i âhû dedi zevk-i vasla ya Hû

Bu değildi neyleyim, bu; yolum intizara düştü.

Birisi çağırılırken "Ya Hû" veya "Komşu, Hû" denilir.

Dervişlik edeplerinden biri de, eşine adıyla hitap etmek yerine "Hûcuğum" veya "Yâ Hûcuğum" inceliğiyle seslenilir.

Bazı gülbangler, gerçeğin Allah katında makbul olduğu-nu, onun niyaza layık olduğunu bildirmek üzere, "Gerçeğe Hû" sözüyle biter.

Mevlâna çoğu zikrini Allah veya Hû sözleriyle yaparmış:

Hû derim,

Her gece kudsiler üzerine gönülden Hû Hû derim.

Mevlâna.

Ey safa ehli sûfi, gönülden Allah Hû de

Ey vefalı âşık, candan Allah Hû de

Mevlâna.

Safha-i sadrından dâim âşığım efkârı Hû

Şâkirin şükrü Hû Allah'ı zâkirin ezkârı Hû

Ravza-i Hû'yu makam et ey Cemâl-i Halvetî

Tâ vücûdun mülküne keşfola bu esrar-ı Hû

Cemâlî-i Halvetî[26]

---

[26] A. g. e.

KENDİNİ BİLMEK: Kendini bilen Rabbini bilir, ilkesi tasavvufun ana kurallarından biri durumundadır. Bu sözün çok çeşitli şekillerde yorumu yapılmıştır. Bir tanesi şudur: Kulun kendini yokluk, acizlik, mahviyet, fakr, eksiklikle bilmesi, daha doğrusu bunun şuuruna ermesi, Allah'ın güç, kemal, istiğna sahibi mükemmel bir varlık olduğunu fark etmesidir. Diğer bir yorum da, şu şekildedir: Allah kulu yarattığı zaman, ona kendi ruhundan üfürmüştür. Bu ilâhî ruh, bütün insanlarda vardı. Eğer insan, kendinde bulunan bu yönü keşfeder, tanıyabilirse (arafe fiilinin ifâde ettiği mânâda olmak üzere), o derecede, kendisini yaratan Rabbini tanır ve bilir. Her insanda, kendini Allah'a ulaştıracak enfüsî âyetler vardır. Ancak bunu bilmek, keşfetmek gerek.

İlim ilim bilmektir
İlim kendin bilmektir
Sen kendini bilmezsin
Bu nice okumaktır.

Yunus Emre

Bilmek istersen seni
Can içre ara canı
Geç canından bul Anı,
Sen seni bil sen seni.
Kim bildi ef'âlini
O bildi sıfatını
Anda gördü zâtını.
Bayram özünü bildi
Bileni anda buldu,
Bulan ol kendi oldu.
Sen seni bil sen seni.

Hacı Bayram Velî

Tasavvuf erbabı "kendini bilene babasının kanı helal, kendini bilmeyene anasının sütü haram" sözüyle, kendini bilen kişinin çiğ iş yapmayacağını, her şeyinin yerli yerince olacağını bildirmek üzere kullanırlar. Yine, vezinli olarak söylenmiş bu konu ile ilgili şu sözde de, aynı espiri bulunmaktadır: Sen seni bil sen seni, bilmez isen sen seni, patlatırlar enseni.[27]

KERAMET: Azizlik, şeref, küp veya desti kapağı, itibar, kerim, cömertlik, gibi anlamları içeren Arapça bir kelime. Peygamberlerden ortaya çıkan olağanüstü olaylara mucize denirken, benzeri, durum veliler için söz konusu olunca, buna da keramet denir. Keramet, kevnî (surî) ve manevî (hakiki) olmak üzere ikiye ayrılır, ilki, hayz-ı rical olarak değerlendirilir, zira bunda, tabiat olaylarındaki deterministik sebeb-sonuç ilişkilerini, yani adetullahı aşan bir durum söz konusudur. Manevî keramet, hakiki keramet olup istikametten ibarettir.

İlk çeşitten kerametlere düşkün olan mübtedilere, şu öğüt verilir: Su üstünde gidersen saman çöpü olursun, havada uçarsan sinek kesilirsin, bir gönül elde et de adam ol. Bazı kimseler, kendi kerametlerini kendileri anlatarak, insanlar üzerinde etkili olmak isterler, böyleleri için "kerameti kendinden menkûl" denir.

"Keramet, hayz-ı ricaldir", sözü de, keramet göstermenin, erbabınca hoş birşey olmadığını göstermek üzere söylenmiştir. Mevlâna bu hususda, mürşidin gönüle tasarruf etmesinin daha önemli olduğunu, bir anda Kâ'be'ye gitmenin, buna göre pek fazla bir kıymeti bulunmadığını, kaydeder.[28]

---

[27] A. g. e.
[28] A. g. e.

MAHABBET: Arapça, sevgi, aşk demektir. Tasavvufta mahabbetin hakikati, herşeyini sevdiğine bağışlaman, kendine de sende olan hiçbirşeyi bırakmamandır. Mahabbet ehli üç haldedir: Âmmenin mahabbeti: Bu fiilî bir sevgidir ve Allah'ın kendilerine ihsan etmesinden kaynaklanır. Hz. Peygamber (s) bu konuda şöyle der: "Kalplerin, kendilerine ihsan edeni sevme özelliği vardır", ikincisi; sıfatî aşkın hâlidir. Kalbin Allah'ın gınasına, celaline, azametine, kudretine ve ilmine bakmasından kaynaklanır. Bu havassın, sadıkların veya tahkik ehlinin mahabbetidir. Bu konuda Hüseyn en-Nurî şöyle der: "Mahabbet, perdelerin yırtılması, sırların ortaya çıkmasıdır." Üçüncüsü; zatî mahabbetin hâlidir. Bu, illetsiz olarak, Allah'ı sevmenin kadîm olduğunu bilmekten ve anlamaktan doğar, işte bu şekilde Allah'ı bir sebebe bağlı olmaksızın, seviniz. Bu şekildeki sevgi sıddîkler ve âriflerinkidir."

Mahabbetin, başlangıçları ve gayeleri itibariyle on kısma ayrıldığı söylenir. Bunlardan beşi, sâlik ve muhiblerin makamlarıdır. Bunlar sırayla; ülfet, hevâ, hülle, şağf ve vecddir. Aşıkların makamlarına gelince, onlar da şunlardır: Garaim, iftitân, veleh, dehş ve fenadır.

Mahabbetten Muhammed (s) oldu hâsıl
Mahabbetsiz Muhammed'den (s) ne hâsıl.

Pir Sultan Abdal'ın, mahabbet konusundaki bir dörtlüğü şu şekildedir:
Dîdâr ile mahabbete doyulmaz,
Mahabbetten kaçan insan sayılmaz.
Münkir üflemekle çerağ söyünmez.
Tutuşunca yanar aşkın çırası.

Konu ile ilgili bazı sözler ise şunlardır:

Mahabbet şirket (ortak) kabul etmez: Allah'tan başka hiçbir şeyi sevmemeyi ifade eder. Casiye/23'te diğer istekler yerilerek "nefsinin hevasını kendisine ilah edineni görmedin mi?" denir. Bu ayet Furkan/43'te de aynen geçmektedir.

Kuru muhabbet: Sevmenin karşılıksız olduğunu ifade etmek için kullanılan bir sözdür. Son devir ünlü Halvetî şeyhlerinden Fatih türbedârı Hacı Ahmed Amiş Efendi (ö. 1920) "bu yolun sermayesi kuru mahabbet" sözünü söyledikten sonra, bunu şöyle açıklarmış:

Mahabbetin yaşı olur mu? Olur ya! Görmüyor musun, babam ölse de, yerine geçsem, diyen şeyh oğullarını."

Mahabbet meclisi: Sohbet meclisine bu isim verilir. Bu meclis, irfan ve edeb meclisi olduğu için, katılanların bilgisi artar.

Mahabbetten kaçan insan sayılmaz: Sevginin insan için kaçınılmaz ruhî bir öğe olduğunu anlatmak için kullanılır.[29]

MEY: Farsça, şarap demektir. Kuvvetli aşk ve bunun verdiği şevk. Sûfiler bu durumda iken amellerinde kusur yapmazlar. Dilber, sevgili, cevher-i can

Meydir mihek'k-i aşıkân, âşûb-ı dil ârâm-ı can,

Sermaye-i pir-i mugan pirâye-i bezm-i sanem.

Nef'î

Görüldüğü gibi, "mey" mecazi bir kullanıma sahiptir. Yoksa bildiğimiz içki değildir.[30]

MURAKABE: Arapça gözetlemek, korumak, kontrol etmek demektir. Allah'ı kalp ile düşünmek.

Allah'ın, her zaman, her yerde hâzır ve nazır olup kendini görüp, işittiğini bilinç olarak yaşamak. Tasavvuf okullarında

---

[29] A. g. e.

[30] A. g. e.

murakabe, bir ders olup, gece yarısı dizüstü oturularak, vücudun hiçbir uzvunu kımıldatmadan, gözleri yummak suretiyle yapılır. Sadece Allah düşünülür, 15 dakikadan 3 saate kadar bu durumda devam edilir. Bu durumda, dervişe manevî âlemden çeşitli feyzler gelir. Bir kanaate göre, murakabenin hakikati, Allah'ı görür gibi ibadet etmektir. Avammın murakabesi, Allah'tan korkmak (havf) iken, havassınki Allah'tan ümit etmektir (reca). ibn Atâ'ya en faziletli taâtın ne olduğu sorulunca, "her zaman Hakk'a murakabeye devam etmektir" karşılığını vermiştir. Yine murakabenin alametinin, Allah'ın tercih ettiğini tercih etmek, O'nun yücelttiğini yüceltmek, küçülttüğünü küçültmek olduğu, kaydedilir. Gizli ve açıkta Allah için ihlaslı olmak da, havassın murakabesi sayılmıştır.[31]

MÜRİD: Arapça, isteyen demektir. Allah'a vuslatı arzu eden, bir başka deyişle, Allah'ın ahlakıyla ahlâklanmak isteyen ve bu olgunluğun eğitimini verecek bir şeyhe (veya mürşide) bağlanan (öğrenci olarak kaydını yaptıran, bey'at eden) kişiye mürid denir. Tasavvufi anlamdaki olgunlaşmada 4 merhale vardır. 1- Talib, 2- Mürid, 3-Mutasavvıf, 4- Sûfi. Mürid, bir tekamülî oluşumda ikinci sırayı işgal etmektedir. Son sırada bulunan sûfiye, vâsıl denir. Müridi üç gruba ayırırlar:

1- Mutlak mürid: Şeyhine "niçin?" sorusu sorarak dili ve kalbiyle itirazda bulunmayan, şeyhinin sözlerine karşı delil istemeyen müride, mutlak mürid denir.

2- Mücâz mürîd: iç ve dışa ait her hususta şeyhinin rey ve iradesi altında bulunan dervişe denir.

3- Mürted mürid: Şeyhine emrettiği, yasakladığı konularda karşı çıkan müriddir ki, zamanımızda bu türden olanlar çoktur. İlk iki grub makbuldür. Müridin herşeyden önce şe-

---

[31] A. g. e.

riate sımsıkı yapışması (takva), edeb ve sıdk (doğruluk) üzere olması gerekir.

Müridi ol ânın dilden muradın terkedip cümle İradetsiz murad olan, nefes tutmak itaattir.

Sarı Abdullah Efendi

Kendi isteğini şeyhinin isteğinde eriten, fanî kılan kişiye, mürid denir ki, bu eğitim, kulu Allah'ın iradesine teslim olmaya götürür.

MÜRŞİD: Arapça, doğru yolu gösteren, uyaran, irşad eden demektir. Gerçek mürşid Hz. Muhammed (s.)'dir. Diğer mürşidler, O'nun manevî mirasını elde etmeğe muvaffak olmuş kişilerdir. Cürcânî, mürşidi, doğru yolu gösteren, sapıklıktan önce Hak yola ileten kişi, olarak tanımlar. Tasavvufî terim olarak, tarikat lideri anlamına da gelir. Aynı anlamda olmak üzere postnişin, şeyh, seccâdenişin, ifadeleri de kullanılır. Mürşid olan kişinin, Allah'ın ahlâkını tahakkuk ettirmiş olması, yani, en azından fena makamına ulaşması şarttır.

Her mürşid, kâmil olmayabilir. Bu yüzden mürşidin kâmil olmayanları da bulunabilir.

Mürşidin en makbulü, hem "kâmil" (kendi olgun), hem de mükemmil (başkasını olgunlaştıran) olanıdır.

Rü'yet-i dîdar-ı Hak'tan "len terânî" remzini,

Çeşm-i zarım aşk ile "tur" olmayınca bilmedim,

Kisve-i âl-i aba Enver hakikat sırrını,

Vuslat-ı mürşidle mesrur olmayınca bilmedim. 'o-

Enverî[32]

---

[32] A. g. e.

NEFS-İ EMMARE: Emredici nefs anlamına Arapça bir tamlama. Kâşânî, bu nefsin, bedenî tabiata meylettiğini, lezzet ve hissî şehvetleri körüklediğini söyler. Yani kalbi, ulvî değil, süflî (aşağılık, alçak) şeylere celbeden şeye nefs-i emmâre denir.Yusuf suresinin 53. âyeti kerimesinde bu nefse işaret edilmiştir: "Ben nefsimi temize çıkarmıyorum, zira nefis, kötülükle emredicidir..." Nefs-i emmâre, şer yuvası, kötü fiillerin, yerilmiş ahlâkın kaynağıdır.

Nefs-i emmâreye uymak ne hatâ.

Heb ânındır bu emmârât-ı hevâ.

Sünbülzâde Vehbî

NEFS-İ KUDSİYYE: Kutsallaşmış nefis anlamında Arapça bir söz. Buna ilâhî nefis de denir. Yakinî bir şekilde, kemâlâtın tamamını veya büyük bir kısmını hâiz olma melekesini elde etmiş yüce nefse, kudsî nefis denir.

NEFS-İ KAMİLE: Arapça, olgun nefis demektir. Tasavvufî olarak, bütün olgunluk özelliklerini elde etmiş, irşâd durumuna geçmiş nefse, nefs-i kâmile denir. Buna, bir bakıma, nefs-i kudsiyye, nefs-i sâfiyye ve nefs-i zekiyye de denebilir.

NEFS-İ LEVVÂME: Kınayıcı nefis anlamına Arapça bir ifâde. Tasavvufî olarak, bir parça kalbin nuru ile nurlanmış, o nur ölçüsünde uyanıklık kazanmış nefistir. Levvâme sıfatını alan nefis, yaptığı kötü işlerin farkındadır, yani, gafletten bir parça sıyrılmıştır. Bu yüzden kendisini kınar, onları yapmak istemez. Ancak yeterince olgunlaşmadığı için onları yapmaya devam eder. Bununla birlikte, bir takım iyileşmeler mevcuttur. Yüce Allah'a doğru seyreden (ilallâh) nefsin yeri, Berzah âlemidir. Sevgi halinde bulunur, Hz. Peygamber (s)'in davranışlarını örnek alır. Levvâme'de, nefsin bazı sıfatları aynen bulunur, iyileşme, kötü olan yönün eleştirilmeye başlanmasıdır. Bu durumda, Kur'ânî emirlere saygı ve bağlılık artmıştır. Namaz, oruç, sadaka vermek gibi salih amellerde fazlalaşma görülür. Amellerini Allah için yapar, ancak bunun böyle olduğunu, halkın da bilmesini ister. Artık nefis bu vasfıyla tevbekârdır.

NEFS-İ MARDIYYE: Arapça, hoşnut olunan nefis, kendisinden razı olunan nefis anlamına gelir. Allah bu nefisten razıdır. Nefsin altıncı makamıdır. Bu vasfa kavuşan nefis; beşerî istekleri terk etmiş, güzel huylu olmuştur. Kusurları affeden, güzel düşünen, şefkatli, eli açık, insanları sırf Allah için seven, hassas, ince düşünceli, nefis muhasebesini en iyi şekilde yapan, herkeste bulunmayan güzel meziyetlere sahiptir. Bu nefis, Allah'ın izin verdiği kadarıyla, Allah tarafından bazı gayb sırlarına vâkıf olur. Bunlar, Allah'ın ona ihsanıdır". Ben onun işiten kulağı, gören gözü, söyleyen dili, tutan eli olurum..." kudsî hadisinde anlatılan kişi, budur. Allah'ın izniyle başka şahıslara tesir edebilir. Bkz.: Fecr/28.

NEFS-İ MUTMAİNNE: Doyuma, huzura, rahata kavuşmuş nefis anlamına Arapça bir ifâde. Bu nefis; kötü sıfatlardan sıyrılmış, güzel ahlâk ile ahlâklanmıştır. Kaşanî bunu, kalbin nuru ile aydınlanıp, kötü huyları silinmiş nefis, diye tanımlar. Bu nefis, ibâdetlere devam ile kudsiyyet âlemine yönelmiştir. Fecr suresinin son âyetlerinde bildirilen ve "Cennetime gir" hitabına mazhar olan nefis budur. Bu vasfa sahip nefsi, bazı kaynaklar şu şekilde tarif ederler: "Nefis, İlâhî emirler altında sakin ve şehvetlere karşı çıkarak ızdıraptan kurtulursa mutmainne olur".

Bu nefsin dördüncü makamıdır. Bu makamda nefsin üzüntüleri "yâ eyyetühe'n-nefsü'l-mutmainneh" hitabı ile son bulmuş, kalp her şeyden emin olmuştur. Allah'a doğru giden bu nefis sahibinin kalbi, tam ve gerçek bir inanışa sahiptir. Şeriatın bazı sırlarını elde etmiş, cömertlik, doğruluk, yumuşak gönüllülük, güler yüzlülük, tatlı dillilik gibi güzel sıfatları kazanmıştır. Daima tevekkül, tefvîz, teslim, sabır, rızâ halleri içindedir. Kalbi, her an huzur ve sükûn içinde, şükür ve sena eder, kusurları örter, hataları bağışlar, islâm'ın emirlerinden zerre kadar ayrılmaz. Hz. Peygamberin ahlâkını güzel bir şekilde yaşar ve bundan zevk alır. Allah'ın izniyle, bir takım keşif ve ilhamlara sahiptir (Bkz. Fecr/27).[33]

NAZ-NİYAZ: Naz aşıklara, niyaz ariflere mahsustur. Niyaz Farsça, yalvarmak, dilemek, gönül alçaklığında, bulunmak, dua etmek, selam etmek, hürmet etmek anlamlarına gelen bir kelimedir. Naz ehlinin Allah'a nâzı geçer. Bunlardan sık sık şatah ifâdeler (dikişsiz sözler, sümüklü manalar) zuhur eder. Naz ehlinde, alışıla gelen edeb tavrına rastlanmaz. Niyaz ehli olanlar da ise; edeb, islam'ın kurallarına uyma, esastır. Aşk u niyaz etmek ve niyaz etmek, selâm karşılığında kullanılır.

Lezzet-i nâza gerçi söz yokdur,
Liyk zevk-i niyaza aşk olsun.

Nâbî

Burada niyaz üstün tutulmuştur.[34]

NEY: Farsça, kamış anlamına gelir. Ney, Nay'ın hafifletilmiş şeklidir. Kamıştan mamul, üflenerek çalınan bir musiki âletidir. Tasavvufî olarak ney'in hikâyesi şöyle anlatılır: Ney, bir zamanlar, kendi asıl vatanı sazlık, kamışlık bir bölgede hemcinsleriyle birlikte yaşamaktadır. Onu oradan keserler, pissin olgunlaşsın, içi boşalsın diye, gübre yığınının

---

[33] A. g. e.
[34] A. g. e.

içine sokarlar, o karanlık ve pis yerde kalır. Çile çeker, sabır ve tahammül gösterir. Sonunda, içi bomboş hale gelir, rengi sapsarı olur. Oradan çıkarırlar, üzerine delikler açarlar. Ağız kısmından üfürülünce, kalpleri yakan bir ses ile feryada başlar. Bu feryadı, asıl vatanın (Neyistan, kamışlık)dan olan ayrılığının doğurduğu hasretten kaynaklanmaktadır. O, nameleri ile ötelerin mükemmelliğini, ötelerin güzelliğini terennüm etmektedir. Kamış, içi boşalmadan yani fena halini, yokluk, hiçlik makamını elde etmeden, ötelerin ruhanî soluklarını haykıramaz. Ney sesi, aşk çığlığıdır. Rahmetli Sami Efendi (k), alem-i menâmde, cennette Tuba Ağacı ile müşerref olduğunu, bu ağacın dallarının, Ney sesi gibi bir sesle inlemekte olduğunu ve bu hali ile, Allah'ı zikrettiğini nakletmiştir. Varoluşdaki "yabancılaşma" nın kozmik dilini, en güzel konuşan, en iyi ifade eden aracın Ney olduğu şüphesizdir. Mevlâna, "içteki İlâhî cezbeyi harekete geçiren bir ilham kaynağı olduğu için, Ney'e âşıktır. Bu yüzden, o, ney'i insan-ı kamil'e benzetir. Ve Mesnevi'sine ney metaforu (istiaresi) ile başlar:

Dinle Ney (insan-ı Kamil) den hikâye etmekte
Ayrılıklardan şikayet etmekde.

"Allah'a aitiz, sonunda, yine O'na döneceğiz" (Bakara/156) âyetinde, insanın bu dünyaya ötelerden geldiği ve sonunda yine, asla döneceği kaydedilir. Ruhlar, İlâhî âlemde Allah ile beraber mutlu iken, bu huzursuz ve sıkıntı dolu âleme inmiştir, işte olgun insanlar, bu ayrılığı, varoluşa fiilen katılarak yaşayan ve ney'de bu ayrılığın feryadını duyan kişilerdir. Ney çalana Ney-zen veya Nâyi denir.

Nâyi gibi geç bakma gürûh-ı fukaraya,
O seki ile Hak anları ahfalara saldı.

Ney tasavvuf! bir terim olarak; mürşid-i kâmil, sevgiliden haber, sevgilinin sunduğu kadeh vs. gibi manaları da ifade eder.[35]

ÖLMEDEN ÖNCE ÖLMEK: Kalpte, Allah'tan gayri bütün istekleri yok etmek. Bu, isteğe bağlı ölümdür, mecburî ölüm (son nefesle ölüm) değildir. Bu şekilde, kendi iradesiyle ölenler, manâ âleminde yeni bir yaşantıya kavuşurlar. Ab-ı hayat denilen ölümsüzlük suyu da işte budur.[36]

SEKR: Arapça, sarhoşluk demektir. Kalbe gelen varidin etkisiyle, sâlikin ihsastan sıyrılıp, gaybete düşmesidir. Zıddı, ayıklığı ifade eden sahv hâlidir. Sekr mükemmel olmaz da, hisler tam kaybolmazsa, bu sâlik, mütesâkirdir. İki türlü sekr vardır: Sekr-i tabiî, sekr-i İlâhî. Sekr durumundaki kişinin, şeriata aykırı sözlerine itibar olunmaz, zira o, sekr durumunda, akıl tavrından ayrılmıştır, üzerindeki varidin etkisi ve yönetimi altındadır. Bu durumdaki dayanaksız sözlere, dikişsiz şatahat veya doğrudan şatahat denir.

Benim sekrim ikidir, halk-ı âlemde bir olur sekr,
Bana mahsus bir halettir bu hâle yüzbin şükr.

Lâ-edrî[37]

SEMÂ': Arapça, dinleme, işitme, anlamına bir kelime. Dinlenen ilahinin veya bir müziğin etkisiyle coşup dönme. Semâ'ın pek çok çeşidi vardır. Genel anlamıyla semâ, Hak'tan gelen ve insanları Hakk'a çağıran bir mesajdır. Onu iyi niyetle dinleyen, hedefine ulaşır. Sesin etkisini dile getiren bazı hadisler, semâ konusunda serdedilir: "Kur'ân-ı Kerim'i seslerinizle güzelleşiriniz, zira güzel ses, Kur'an-ı Ke-

---

[35] A. g. e.
[36] A. g. e.
[37] A. g. e.

rim'i güzelleştirir", "her şeyin bir süsü vardır, Kur'ân-ı Kerim'in süsü, güzel sestir". (Buharî, Tevhîd. 52). Dakkâk, semâ'nın nefislerini terbiye etmemiş olmaları münasebetiyle avam tabakasına haram; mücâhede ile uğraşan zâhidler için mubah; (sufî) arkadaşlarının manevî hayatı elde etmeleri sebebiyle onlara müstehab olduğunu savunur. Cüneyd de semâ'ı, kalbi Allah'a çeken bir vârid, olarak değerlendirir. Semâ, zaman, mekân ve hallere bağlı olarak vuku bulur, denilmiştir. Şiblî, "semâ'ın dışı fitne, içi ibrettir. işaretten anlayan kişiye, ibretin istimâ'ı helâl olur" demiştir, ilk zamanlar, dinlenen gazelin etkisiyle, bir kurala bağlı olmaksızın kalkıp dönülmesi söz konusu iken, sonradan bu, şeklî bazı kaidelerle düzen altına alınmıştır. Mevlevîlerdeki gibi.

SEMÂ'A GİRMEK: Mevlevîlikte, ayakta yapılan deverana iştirak etmek için kullanılan bir tâbirdir.

Alem-i ma'nî ki hurşîd-i cihanârâ gibi,
Devreder girmiş, semâ'a anda ruh-ı mevlevî.

Nef'î

SEMÂ ÇIKARMAK: Mevlevîlik tâbiri. Semazenbaşı, yeni dervişe (can) nasıl semâ yapılacağını öğretir ki, buna semâ çıkartmak denir. Semâ'a, meşk tahtası denilen ve ortasında çivi bulunan dört köşe bir tahta üzerinde başlanırdı.

SEMÂ DEDESİ: Yeni müridlere semâ'ı öğretecek tecrübeli, kıdemli kişiye, "semâ dedesi" denirdi. Semâ dedesi, semâ öğretmeniydi.

SEMAHANE: Semâ yapılan yere semahane denir. Burası daire şeklindedir. Döşemesi, ayağı incitmeyecek düz tahtalarla döşelidir. Semâ'ı izlemek üzere gelen seyircilere mahsus (züvvâr), parmaklıkla ayrılmış bir yer vardı. Bu kısım semahaneden ayrıdır. Semahaneye girilen kapının tam karşısında, ziyaretçilere ait yerin sonunda, mihrab vardır. Sol kısımda, türbe bulunur ve burası duvarla ayrılmamıştır. Çok defa, mihrab istikâmetinin sağında minber, asıl semahanenin sağ tarafında Mesnevî'nin şerh edilip anlatıldığı bir kürsü bulunur.

SÛFÎ: Arapça, yünlü, yün giyen anlamına gelen bir kelime. Hakk'a vâsıl olan kişiye, sûfî, yolda süluka devam edene de, mutasavvıf denir; sûfî, vusul; mutasavvıf usûl ehlidir. Sûfî kendi nefsinde fanî, Allah ile bakîdir. Sûfî, nefsin alışkanlıklarından kurtulmuş, hakikatlerin hakikatine ulaşmıştır. Cüneyd, sûfîlerin, sadece Allah'ın bildiği tarzda, Allah ile beraberliğe sahip olduklarını söyler. Bişr ise sûfî'yi, "kalbini Allah için saflaştıran kişi" olarak değerlendirir. Onlara sûfiyye denilmesi, onların Allah huzurunda, ilk safta bulunmalarından kaynaklanmaktadır. Ki bu, onların himmetlerinin Allah'a yükselmesiyle, yani, kalpleriyle O'na yönelmesiyle olur. Bir başka görüşe göre, özellikleri ehl-i suffe'ye benzediği için, bu topluluğa sûfiyye denilmiştir. Bir kanaata göre de, sûf, yani yün giydikleri için, sûfiyye adını almışlardır.[38]

ŞARAB: Arapça, içecek şey, anlamında bir kelime. Aşk ve mahabbet anlamına kullanılır. Coşkun aşk halleri ki, bu durumdaki kişi aşkta sadakat imtihanından geçer. Kemale erenlerin hali budur. Bu kelimeyle ilgili bazı deyimler şunlardır:

Şaraphane: Melekût âlemi, kâmil arifin iç dünyası.

Şarab-ı Puhte: Yıllanmış, kıvamını bulmuş şarap. Her türlü kayıttan, sınırlamadan kurtulmuş saf ve mücerred zevk.

Şarab-ı ham: Çiğ şarap. Dünyevî zevk ile karışık hayat.

Şarap-ı Tevhîd: Allah'ın zâtında mahvolup, her türlü maddî bağdan kurtulma.

---

[38] A. g. e.

İki türlü şarap vardır: Biri maddî, dünyevi, alkol ihtiva eden içilmesi haram olan içki, ki bu insanı içince sarhoş eder. Diğer şarap ise, aşk şarabıdır. Allah'ı sevmekten kaynaklanan zevkin sonucu olarak ortaya çıkan bir tür mestlik, melankoli hâli. Sûfîler bu bakımdan, içmeden sarhoş olanlardır, diye tanımlanır. Marifet, içmeden, manâ sarhoşu olmaktadır. Her iki sarhoşta ortak bazı özellikler vardır. Bunlardan biri, her ikisi için dış âlemin bir anlamı yoktur; sarhoşluk, her iki grubu dış dünya ile alakalı bir takım ilgilerden kesmiştir, ikisi arasındaki pek çok farktan bir diğeri de, şudur: Mânâ sarhoşunda, karaciğerden kaynaklandığı söylenen bir tür iç hararet, maddî şarab içende bulunmaz.[39]

ŞEGAF: Arapça, gönlünü çekmek anlamında bir kelime. Kalbin üzerini kaplayan ince zar. Sevginin, kalbin zarına ulaşması durumuna şegaf denir. Kalp gerçekte, hayvanlarda da bulunan bu maddî kalp değildir. O insanın sırrı ve cisimlerin kuşatamadığı Rabbi anlama yeridir. Kalbin zarındaki sevgiden, sevginin şuura iyice yerleşmesi anlaşılmalıdır.[40]

VAHDET: Arapça, birlik demektir. Gerçek mânâda bir olan Cenab-ı Hak'tır. Sûfiler, uykuya vahdet derler. Bu sebeple uyuyan için, vahdette, vahdet ediyor, vahdete çekildi gibi ifâdeler kullanılır.

Kesrette vahdet: Çoklukta birlik, yani halkın içinde, kalabalığın ortasında, tek ve bir olan Allah'ı unutmamak, Onu hatırlamak ve zikretmek demektir.

Vahdetler aşkolsun: Tasavvuf erbabı uykudan uyanan, ab-dest alıp, kardeşleri arasına katılan kişi için bu tâbiri kullanırlar. Bu ifade özellikle Mevlevi ve Bektaşîler arasında yaygındır.

---

[39] A. g. e.
[40] A. g. e.

VAHDET-İ KUSÛD: Murat ve kasıtarın birliği demektir. Kulun kendi irade, düşünce ve arzusunu Allah'ınkiyle birleştirmesi, O'na bağlaması, iki iradenin birleşip tek irade haline gelmesi. Bu durumda, kulun üzerinde Hakk'ın iradesi caridir.

VAHDET-İ ŞUHÛD: Arapça, görmenin birliği demektir. Kulun cem ve vecd durumunda, masivanın yokolması ile, her yerde sadece Bir'i görmesi. Bu durumda kul, her yerde Allah'ın tecellîsini görür, müşahede eder. Bu şekilde müşahedesinde birliğe ulaşır. Ancak vecd hali geçtikten sonra, kendisinin farkına varan kul, Hak ile halkı ayrı görür. Kendinden geçme halinde kuldan bir takım şatahat ifadeleri zuhur edebilir.

VAHDET-İ VÜCÛD: Arapça, varlığın birliği demektir. Allah'tan başka varlık olmadığının idrak ve şuuruna sahip olmak, bilmek. Şuhudî tevhiddeki sâlikin her şeyi görmesi geçicidir, birlik bilgide değil, görmededir. Vahdet-i vücûdda ise, bu birlik bilgidedir. Vahdet-i vucûd zevkle elde edilir, yaşanarak bilinir. Kitap okunarak öğrenilen bir felsefe sistemi değildir. Vahdet-i vücudu zevken elde eden sâlik, gerçek varlığın bir olduğunu, bunun da Hakk'ın varlığından ibaret bulunduğunu, Hak ve O'nun tecellîlerinden başka hiç bir şeyin bulunmadığını bilir. Her şey, o Bir'in çeşitli şe'nlerinden görünüşlerinden, tecellîlerinden ibarettir. Vahdet-i Vücûd ile Vahdet-i şuhûd arasında bir olan noktalar şunlardır:

1. Her ikisinde de ta'ayyün ve la ta'ayyün âlemleri ayrıdır.

2. ilâhî varlık mutlak varlıktır. Şu mânâda ki, âlemin varlığı izafî varlıktır, fakat yok değildir.

3. Küçük ve büyük âlem, emir ve halk, âlem-i misâl, yeni eflâtuncu urûç, tecellî, ruhun mücerred olması gibi telâkkiler aynıdır.

Vahdet-i Şuhûd ve Vahdet-i Vücûd'un ayrıldıkları noktalar şunlardır:

1. Vahdet-i vücûdda zât ve vücûd aynıdır, vahdet-i şuhûdda ayrıdır ve ilk yaratılan şey odur.

2. Vahdet-i vücûda göre sıfatlar, zâtın aynıdır, vahdet-i şuhûda göre, sıfatlar zâttan ayrıdır ve katılmış vücûd ile dışta mevcutturlar. Sıfatlar, zâtın gölgeleridirler.

3. Vahdet-i vücuda göre, âlem, sıfatların beliriş (ta'ayyün) ve çıkışından ibarettir. Vahdet-i şuhûda göre âlem, sıfatların beliriş ve meydana çıkışından değil, ancak sıfatların gölgelerinin belirişinden ibarettir.

4. Vahdet-i vücuda göre, âlem, hayâldir, ancak Allah vardır. Vahdet-i şuhûda göre, âlem hayâl değildir. Çünkü böyle kabul etmek, âlemin objektif realitesini, aynı zamanda da Allah'ın ibda sıfatını inkâr etmek olur. Sonra eğer âlem hayalden ibaretse, o yok, tasavvurlarımız var demektir. Bu takdirde de tasavvurlarımız kaldırıldığında, onun da yok olması lâzım gelir. Daha sonra, âleme, Allah'ın varlığına kıyasla hayaldir, deniyorsa, o zaman da âlem Allah olamaz. Çünkü Allah, mutlak ve zorunlu, âlem ise mümkün ve geçicidir.

5. Vahdet-i vücûda göre, âlem gölgedir. Fakat aslın, yani Allah'ın kendisidir. Vahdet-i şuhûda göre, âlem gölgedir, ama bu gölge, aslın kendisi değil, aslından başka bir şeydir. Ve aslın kendisine bahşettiği vücud ile, dışta kendi nefsinde mevcuttur.

6. Vahdet-i vücûd'a göre, âyân-ı sabite, vücudla ilgilenmemiştir. Binaenaleyh âlem yok, ancak Allah vardır. Vahdet-i şuhûda görc, bu doğru değildir. Zira bu takdirde hayalden ibaret olan bir varlık, hakikî varlığı nasıl sınırlandırabilir?

7. Vahdet-i vücûd'a göre, Allah bir bakımdan da, âlemin ötesinde ve üstündedir. Bu itibarla hakikat, tenzîh ve teşbîh arasını birleştirmektedir. Vahdet-i şuhûda göre, Allah âlem-

lerden ganîdir. Bu itibarla, onu her hal ve surette tenzîh etmek gerekir.

8. Vahdet-i vücûda göre, Allah'ın âlemde ve onun objelerinde tecellîsi, ândadır. Bu, vahdet-i şuhûdda bir ânda değil, süreklidir.

9. Vahdet-i vücûda göre, vücûd bir, ve o da sırf hayır olduğu için, âlemde kötülük ve iyilik denen şeyler, mutlak ve hakîkî değil, nisbîdir. Vahdet-i şuhûda göre, vücud-adem terkibinden meydana gelmiş olan bu âlemin mâhiyeti, yokluk olduğundan ve kendi nefsinde de mevcut olması bakımından, bütün kötülüklerin köküdür. Kötülük ve noksanlıklar da hakîkîdir.[41]

VECD: Arapça, bulmak anlamındadır. Sâlikin zorlaması, istemesi olmadan kalbe gelen hâle vecd denir. Hakk'ın sırrına muttali olduğu zaman, ruhun ulaştığı huşûya denir. Bir başka tanıma göre vecd; zikrin tatlılığı hissedildiğinde, ruhun şevkin galebesine tahammülden âciz kalmasıdır. Yine vecd; iç (batın) in Allah tarafından bir varide tesadüf edip, o vârid sebebiyle kendisinde huzur ve sürürün ortaya çıkması veya durumunun değişmesi olarak da tarif edilir. Cüneyd, duyulan sevinçle zatın belirmesi esnasında, vasıflardan soyulmayı vecd olarak görür. İbn Ata da, hüznle zat ortaya çıkarken vasıflardan sıyrılmaya vecd demiştir. Vecd başlangıçlarda vuku bulur. Zira vecd, kaybetmekten sonra gelir ki, fakdı (kaybetmesi) olmayanın vecdi de yoktur. Vecd sahibi telvin ehli olup, bazı kere nefsin sıfatlarının gayreti (yok olmasıyla) ile, bazı kere de bulması ile vecde ulaşır. Vecd ehlinin bir kısmı, sema sebebiyle rakseder ki, bu bir noksanlık değildir. Vecddeki mevcud ile değil de, sırf vecd ile raksederek rahata eren kişinin hali noksandır. Vecd gelmeden vecd

---

[41] A. g. e.

varmış gibi göstermek, sıdk (doğruluk) dan sayılmaz. Tam vecde gelen kişi kendinden öyle bir geçer ki, yüzüne kılıçla vurulsa, bir şey hissetmez, iki çeşit vecd vardır: 1. Vecd-i mülk: sâliki (bulanı) etkisi altına alan vecd, 2. Vecd-i lika: Sâlikin bulduğu vecd.

Vermiş ona şevk-i ebedi nağme-i bişnev
Begâyet olan vecdine bâis o nevadır.
Takadizâde Şekib[42]

Koşa Koşa Gel

Sevgi dünyasına, rahmet deryasına,
Bilgi ummanına, inanç fermanına;
Koşa koşa gel.

Bu yol insanlık yolu, barış yolu,
Hale hale sevgi dolu, muştu dolu,
Huzur iklimine; koşa koşa gel.
Herkes aradığını bulur,
Hak arayan hakkı görür,
Hakka doğru koşa koşa gel.

Bu kapıda umutsuzluk yok,
Arınmak, sevmek çok,
Sevmek için koşa koşa gel.

Kalpler zikirle huzur bulur,
Tövbe eden temiz kalır,
Temizlenmek için koşa koşa gel.[43]

---

42   A. g. e.
43   www.antoloji.com/kazim_ozturk

ŞEMS-İ TEBRÎZİ KİMDİR?

Şems'in Mevlâna'ya Yazdığı Şiir

Bırakmıyorum ki;
Gönülden düşünce olasın,
istemiyorum ki; gözlerde değersiz kalasın
Seni canımda saklıyorum;
gözümde gönlümde değil.
Ta ki son nefesime kadar
bana yar olasın.
Elimde olsa Cenneti ateşe verir,
Cehennemide bir kova suyla söndürürüm ki
geriye Aşk baki kalsın
Ey seher yeli!
Bir semtten haberin var mı?
Bir ay yüzlünün yanağından ne haber getirdin
Çalıp çağırdığın,
Hay huy ettiğin günler var mı?
Ey Rüzgâr!
Daha yavaş es,
Çünkü güzel kokuyorsun.
Bu Gönül işidir Kafa işi değil.
Sana dilsiz, dudaksız sözler söyleyeceğim
Bütün kulaklardan gizli sırlardan bahsedeceğim
Bu sözleri sana, herkesin içinde söyleyeceğim,
Ama senden başka kimse duymayacak,

Kimse anlamayacak.
Şimdi sorarım sana,
Hangi aşk daha büyüktür?
Anlatılarak dile düşen mi,
Anlatılmayıp yürek deşen mi?
Bana güneşin adı verildi;
Şems
işte böyle başladı,
Benim hikâyem
Aşktan mutluluk,
Güvenlik beklerler,
Halbuki aşk son zerresine
kadar kendini vermektir.
Ruhundaki son zerreye kadar,
Sevdiğin olmak istemektir
Onun için eriyecek kadar sevmek,
Kendinden kopmak demektir
İşte ben aşk derken
Böyle bir aşktan bahsediyorum
Var mı onun aşkıyla
Ölmeye cesareti olan
Kalp mi insana sev diyen
Yoksa yalnızlık mı körükleyen?
Sahi nedir sevmek;
Bir muma ateş olmak mı
Yoksa yanan ateşe dokunmak mı?
Ya tam açacaksın yüreğini
Ya da hiç yeltenmeyecek sin
Grisi yoktur aşkın

Ya siyahı Ya beyazı seçeceksin
Hüzün ki en çok yakışandır âşıklara
Yandık, Yakıldık;
Ama hüzünden yana asla yakınmadık
Ne de olsa biz mahzun
Bir Peygamberin ümmeti değil miyiz?
Hüzün taze tutar aşk yarısını
Yaramdan da hoşum, yârimden de
Heyhat!
Mum gibi erimiyorsa insan,
" Yanıyorum " dememeli;
Yanmaktan korkuyorsa kişi,
" Aşk kapısından girmemeli
Ya " Kor Yürekli " olmalı insan
Ya da kor barındıracak " Yürekli"
Ey Sevgili!
Bir geceliğine değiş tokuş etseydik yüreğimizi
Taşıyabilir miydin acaba bendeki seni
Güvendiğiniz dağlara karlar yağdığında,
En güzel çare,
Dağ İle Karı baş başa bırakmaktır.
Gün gelip kar eridiğinde;
Dağ yolunuzu gözleyince
En güzel cevap,
Başka bir dağdan selam yollamaktır
Kır kalemin ucunu,
Bundan sonra ki yolculuğumuz,
Aşk yoludur
Aşkı kalemler yazmaz ki

Kitaplarda bulasın.
Yalnız kalırsan yalnız olmadığını bil,
Dertli isen Dermanın olduğunu bil
Hiç bir şeyin sahibiyim deme
Emanetçi olduğunu bil.
Ey Celalleddin,
Talipsen Yüreğime,
Yalnızlığını adayacaksın bana..
Gel bakalım ateşle nasıl oynanır göstereyim,
Gör bakalım, ateş mi seni yakar sen mi ateşi
El alem şarap içer sarhoş olur
Biz aşk ehliyiz içmeden sarhoş olmuşuz.
ALLAH (c.c) senin kapından
Aşk sarayına birini alacaksa
O insana sen nasıl
Ben Seni Sevmiyorum dersin
İnsanlar maşuk aramıyor,
Bencil duygularına köle arıyor,
Köle buluyor ama aşkı bulamıyor.
Ey Aşk,
Sen Öyle bir kişisin ki
Dünya tokları,
Senin vuslatının acılarıdır.
Şeytanda insani özelliklerin birisi hariç hepsi vardır,
Şeytanda eksik olan tek nimet AşK...
Şeytanın insanı çekememesi
"Aşksızlığındandır"

582 (1186) yılı civarında Tebriz'de doğdu. Adı Muhammed'tir. Daha çok Şemseddin, Şemsü'l Hak ve'd-din, Şems, Şems-i Tebrîzî lakaplarıyla anılır. Babası Ali bin Melikdad (Melik Davud), ticaret maksadıyla Horasan'ın Bezer vilayetinden Tebriz'e gelip yerleşen bir kumaş tüccarıdır. Devletşah, Şems'in İsmaili daisi ve Hasan Sabbah'ın halefi olan Kiya Büzürgümmid'in neslinden Alamut valiliği yapmış Havend Celaleddin Nevmüselman adlı bir zatın oğlu olduğuna dair bir rivayeti aktarır. [44]

Makalat-ı Şems-i Tebrîzi'de ve ondan naklen Menakıbü'l Ârifin'de Şems'in çocukluk ve gençlik yıllarında gizemli bir hayat sürdüğü, yüksek manevi kabiliyetlere sahip olduğu, çokça riyazatta bulunduğu, sema yaptığı, çeşitli müşahedelere mazhar kılındığı, medrese eğitiminden uzak durduğu zikredilir.[45]

Şemseddin (Şems), yaratılışta üstün vasıflarla bezenmiş, Allah vergisi yüksek bir istidat ve kabiliyetle doğmuş Allah Âşıklarından, ilahi aşk şarabıyla başı dönmüş hakikat ve mana ehli erenlerdendir. Coşkun, hareketli, duygu ve düşünce bakımından daima ileriye bakan ve zamanının değer ölçülerini aşan bu harika çocuk, bize kendini şöyle anlatır;

"Henüz erginlik çağına girmemiştim. Aşk deryasına daldım mı, 30-40 gün hiçbir şey yiyemezdim, istekten kesilirdim, günlerce açlığa, susuzluğa katlanırdım. [46]

Ali ibni Melikdad oğlu Şems al-Din Muhammed, tahminen 1180 veya daha önce Tebriz'de doğdu. Çocukluk çağını nasıl ve nerede geçirdiği hakkında fazla bilgi mevcut değil-

---

44   CEYHAN Semih, TDV, İslâm Ansiklopedisi, İstanbul 2010, c. 38, s. 511

45   CEYHAN, a. g. e.

46   MAKALAT, Şems-i Tebrîzi, çeviren: Mehmet Nuri Gençosman, İstanbul 2009, s. 10

dir. Ancak Makalat isimli eserinde ipuçları bulunmaktadır. Şems henüz çocuk iken bazı olağanüstü hallere sahipti. Öyle ki babası bile onu anlayamazdı. Şems bu durumu Makalat'ında şöyle anlatır; "bu duacı, küçüklükten beri acayip olaylarla karşılaşıyordu. Kimse bu halimi bilemezdi. Babam bile bu durumumu bilmezdi. Bana bir gün dedi ki, "sen yoksa deli misin? Hangi yoldasın bilmem? Nefsi terbiye edecek riyazetin falan yok" diye sitemde bulunurdu. Ben kendisine şunu söylerdim; "senin ile olan ilişkim, bir ördek yumurtasını tavuk altına koyup kuluçkaya yatırmaya benzer. Kuluçka devresi bitince civciv çıkar. Büyüyünce ırmağın kenarına gider gitmez, suya atlar fakat annesi tavuk olduğu için bunu yapamaz, ırmağın kenarında kalakalır. Şimdi babacığım ben, deniz ile haşir neşir oldum. Bu su, benim vatanım ve halimdir. Eğer sen de benim gibi isen, o zaman gel gir bu suya. Yoksa git tavukların yanına." Babam dedi ki; "eğer senin dostlarına davranışın bu ise, düşmanlara neler yapmazsın".[47]

Yine Şems'in Makalatı'ndan şu olayı öğrenmekteyiz; "sırlardan bahseden bir deli vardı. Onu sınamak amacıyla bir eve kapatırlardı fakat o yine de dışarı çıkardı. Bir gün babam bana darılmıştı ve öfkelenerek benim hakkımda bazı kimselerle konuşuyordu. Tam bu sırada o deli geldi ve yumruklarını havaya kaldırarak babama ikazda bulundu. Beni işaret ederek şöyle dedi; "Yoksa bu çocukla mı uğraşıyorsun? Seni kaldırıp su akan suya atarım." Nehir bir fili bile götürecek güçteydi. Sonra adam bana dönerek; "Hoşça kal" dedi ve bana saygı ile eğilip selam verdikten sonra oradan uzaklaştı.[48]

---

[47] TÜRKMEN Erkan, "Şems-i Tebrîzi'nin Öğretileri", NKM Konya 2009, s. 17
[48] TÜRKMEN, a. g. e. s. 18

Ben babama nafile olan ibadetlerimi gösteremezdim. Batıni halimi ve dünyamı nasıl gösterebilirdim? Babam iyi huylu ve asalet sahibiydi. İki söz söylerdi, sakalına kadar gözyaşları akardı fakat âşık değildi. İyi huylu olmak başka, âşık olmak başkadır.

Şems, çocukluğundan beri Allah'a içten âşıktı ve aşkından dolayı yemeye içmeye pek rağbet etmezdi. Bu halini Makalatı'nda şöyle anlatır; "henüz büluğ çağına erişmemiştim ki otuz veya kırk gün aşkımdan dolayı yemek yemezdim ve eğer yemekten bahis açılsa reddeder, yüzümü çevirirdim. Bazen de bana verilen yiyeceği kibarlık olsun diye reddetmeyip yenime saklardım. Bendeki bu nazlanma ayıbı, babam ve annemden dolayı idi. Mesela bir gün kedi sütü döktü ve tası da kırdı. Babam yanımda kediye bir şey demedi ve bana da kızmadı. Sadece gülerek, "yine ne yaptın? Hayırdır? Böyle olmasaydı, ya bana, ya annene, ya da sana bir şey olurdu. Allah bize acıdı da bu kadarla atlattık" dedi. [49]

Şems, ciddi bir eğitim görmüş, Arap ve fars dili ve edebiyatına vakıftı. Ayrıca, Simya, Astronomi, Astroloji, Mantık, Fıkıh ve kelam ile felsefeye tam hakimdi ancak bu bilgileri kendine saklardı.

Bağdat, Şam, Halep, belh, Kayseri, Sivas, Aksaray, Erzurum ve Erzincan'a giderek Allah dostu ve ilim adamlarının sohbetlerine katıldı. Onlarla ilginç yorumlar yaptı. Çok gezdiği için, "Şems-i Pervane" (Uçan Şems) denilmiştir.

Sipehsalar'ın ifadesine göre şems, tüccar kıyafeti giyer, kervansaraylarda ikamet ederdi. İçinde hasırdan başka bir şey olmayan hücreye içinde çok kıymetli eşya varmış gibi büyük bir kilit asardı. Hayatının büyük bir kısmını ibadet ederek ve

---

[49] TÜRKMEN, a. g. e.

yer yer gezerek geçirirdi. Kim zaman okullarda hocalık yapar, bazen de şalvar uçkur örerek geçimini temin ederdi. Onun kutsal ve gizemli bir kişiliği vardı. Onu ancak Mevlâna keşfedebildi. Ondan sonra da onu kimse tanıyamadı.[50]

Ahmet Eflaki'nin, Âriflerin Menkıbeleri isimli eserine göre Tebriz şehrinde Şemseddin'e; "Şems-i Perende yani uçan Şems" derlermiş. Bu lakabın ona, çok gezmesinden ve sık sık zamane âriflerini ziyaret için şehirlerarasında dolaşmasından dolayı verildiği anlaşılmaktadır. [51]

Ayrıca ona manevi mertebesi ve ergin âriflerden sayılması dolayısıyla; "Kâmil-i Tebrîzi" de denilirmiş. Ama bunun, hem büyük ârif Şemseddin Muhammed'in, hem de başka bir Şemseddin'in lakabı olduğu anlaşılmaktadır.

Şems-i tebrizi, bazı yanlış görüşlü tetkikçilerin sandığı ve bize tanıttıkları gibi, basit bir Batıni dervişi değildir. O yüzyılların yetiştirdiği büyük mürşitler arasında üstün vasıflarla yaratılımış eşsiz bir âriftir. Böyle olmasaydı, Mevlâna gibi zahir ve batın ilimlerinde yüksek derecelere ermiş, zamanında müedrrislik ve müftilik mertebelerine yükselmiş seçkin bir insanı, tanrısal bir aşk ve iştiyak ateşiyle tutuşturabilir miydi? Mevlâna'ya, bütün normal hayatını bir tarafa iterek, işini, gücünü, medresesini ihmal ettirerek, ona mana âleminin pencerelerini açan bu Tebriz güneşi, bu Türk velisi olmuştur. Şu halde, bu nitelikte ve bu yetenekte olan ulu bir ârifin; bayağı bir Batıni dervişi olamayacağı, onun, gönlü yüce hakikatlerle dolu bir irfan ve irşat kaynağı olduğu şüphesizdir.

Makalat'tan anlaşıldığına göre, Tebrizli Şemseddin'in (Şems-i Tebrîzi); zamanında en yüksek İslâmi bilgilerden;

---

50 TÜRKMEN, a. g. e. s. 20
51 MAKALAT, s.11

tefsir, Hadis, Felsefe ve kelam bilimlerinde de yeter derecede ilerlemiş olduğunu ve dört mezhebin fıkıh esaslarına da âşina bulunduğunu, bu cümleden olarak Şafiilerin meşhur beş kitabından "Tenbih" adlı eseri de incelediğini gösteriyor. Şems'in; Arap edebiyatı ve Filolojisinde de üstün bir bilgiye sahip olduğunu anlıyoruz. [52]

Şems, Tebriz'de Ebubekir Sellebaf (Sepetçi Ebubekir) adında bir mürşitten ders almıştır. Bütün velilik niteliklerini onda bulmuştur ama kendisinde, şeyhinin göremediği ve hiç kimsenin farkında olamadığı bir şey vardı ki onu ancak Mevlâna Celaleddin görebilmişti.

Şems çocukluk günlerinde; Allah'ı, melekleri, yerlerde ve göklerde birçok olayları görür, herkesi de kendisi gibi sanırmış. Ama sonradan anlamıştır ki bunları başkaları göremiyor. Şeyh Ebubekir de bunları herkese söylemesini yasaklamıştır.

Şems-i Tebrîzi, uzun süre Tebriz'de şeyh Ebubekir Sellebaf'ın hizmetinde bulundu. Büyük bir olgunluk ve erginlik mertebesine erdi ama onu daha fazla olgunlaştırmak, şeyhinin takati üstüne çıkınca Ebubekir, insaf ve takdir yoluyla ona artık bu olgunlaşmanın daha ileri mertebesini başka yerde aramasını tavsiye etti. Seyahate çıkmasına izin verdi. Şems, önce Kirmanlı Şeyh Evhadüddin'in piri Secaslı Şeyh Rukneddin'e, sonra da Tebrizli Şeyh Sahabeddin Mahmud'a gitti. Zamanın büyük mürşidlerinden de çok feyiz aldı. Daha sonra zamane şeyhlerinin önderi sayılan Centli baba Kemal'e başvurdu. Ondan da faydalandı. Mevlâna ile buluşuncaya kadar, ilk üstadı Ebubekir Sellebaf'ın hatırasını daima saygıyla andı. Onu hiç unutamadı.

---

[52] MAKALAT, s. 13

"Cennet Bahçeleri"nin yazarı Kerbelalı Hafız Hüseyin, Şems'in şeyhi Ebubekir Sellebaf hakkında şöyle der; "eli vergili (Cömert) ve çok üstün yaratılışlı, seçkin bir zattır."[53]

Şems, derin bir vecd içinde, pervasız yaşayan ve ancak kendi ruh keşfine karşı mesuliyet duyan; harikulâde tesir gücü olan bir şahsiyettir.

Nasreddin Vezirin tekkesinde posta oturma merasimi vardı ve ulu bir kişiye şeyhlik rütbesi verilecekti. Bütün âlimler, arifler, filozoflar, emirler ve ileri gelenler o toplantıda hazırdılar. Her biri, muhtelif ilim ve fenlerde sözler söylüyorlar ve tatlı sohbetlerde bulunuyorlardı. Şems bir köşede, bir hazine gibi, murakabeye (manevî âleme) dalmıştı. Birdenbire kalktı ve onlara şöyle seslendi:

"Ne zamana kadar, şundan bundan rivayet edip övünerek ve atsız eyere binip erlerin meydanına koşacaksınız? İçinizden: "Kalbim bana Rabbimden bu haberi veriyor, diyecek yok mu? Ve ne zamana kadar başkalarının asasıyla yürüyeceksiniz?"

Şems'in Hz. Peygambere ruhî ve fiilî yakınlık derecesi, kemâlin zirvesindedir.

Şems; Mevlâna'nın Selâhaddin Zerkûbi'nin ve diğer büyüklerin huzurunda Hazret-i Peygamber'in **"Namaz ancak okumakla ve kalp huzuru ile olur"** hadisini rivayet etti ve buyurdu ki:

"Bazı insanlar, kalp huzuru bulunca namaz kılmaktan müstağnî olduklarını sanırlar ve maksat hasıl olduktan sonra ona ulaşmak için vesile aramak çirkindir" derler. Farz edelim ki; onlar, velâyeti ve gönül huzurunu tamamıyla elde etmişler. Fakat onların bütün bu olgunluklarına

---

rağmen, zahirî namazı terk etmeleri, onlar için bir noksanlıktır. Biz böyle bir kimseye:

"Sende hasıl olan bu olgunluk Peygamber (SAV)'de hasıl oldu mu, olmadı mı?" diye sorarız. Eğer: **"Hasıl olmuştur"** derse, bu takdirde biz o kimseye:

"Nur veren bir kandil ve eşi benzeri olmayan, bir müjdeci olan, Kerîm Allah'ın Kerîm Elçisine niçin uymuyorsunuz?" deriz.

Şems-i Tebrizî buyurdu ki:

"Allah velilerinden birinin velâyeti tamam ve diğerinin velâyeti zahir olmamış olsa ve velâyeti zahir olan veli, zahirî namazını terk ve öteki de buna devam etse, ben bu velâyeti zahir olmayan, fakat namazına devamlı veliye uyarım."

İşte manevî veçhesi böyle olan Şems-i Tebrizî yana yakıla, kendisine muhatap olabilecek, sohbetine dayanabilecek bir dost arıyordu. Bir gece kararı elden gitti, vecd halindeydi. Allah'ın tecellilerine gömülüp mest olduğu bir andaki münacatında:

"Ey Allah'ım! Kendi örtülü olan, sevgililerinden birini bana göstermeni istiyorum." diye yalvardı.

Allah tarafından, istediğinin, Anadolu ülkesinde bulunan, Belhli Sultânü'l-Ulemâ oğlu Muhammed Celalettin olduğu ilham edildi.

Bu ilham ile Şems, 29 Kasım 1244 (26 Cemâziye'l-âhir 642) cumartesi sabahı Konya'ya geldi.

Şems ile Mevlâna Buluşuyor

Mevlâna ile Şems ilk defa Dımaşk'ta karşılaşmıştır. Eflâkî'ye göre babasının vefatından sonra mürşidi Seyyid Burhâneddin'in emriyle ilim tahsili için Dımaşk'a giden Mevlâna, bir gün halkın arasında iken başında külâhı, sırtında siyah elbisesiyle Şems'i görmüş, elinden tutup ona;

"Ey dünya sarrafı beni anla!" demiş, Şems bu sözün etkisiyle istiğrak haline girmiş, kendine geldiğinde Mevlâna oradan gitmiştir. Mevlâna'nın Seyyid Burhâneddin, İbnü'l-Arabî ve Necmeddîn-i Kübrâ, halifeleri Bahâeddin Veled ve Baba Kemâl-i Cendî, Evhadüddîn-i Kirmânî gibi yakın ve uzak çevresinin Şems'in de tanıdığı kimseler olduğu için, onun Konya'ya gelmeden önce Mevlâna ile bir şekilde irtibatlı olduğunu düşündürür.[54]

Mevlâna ile Şems, bu iki kabiliyet, bu iki nur, bu iki ruh, nihayet buluştu, görüştüler.

Bu iki İlâhî âşık, bir müddet yalnızca bir köşeye çekilerek kendilerini tamamıyla Hak Teâlâ'ya verdiler ve gönüllerine gelen Rahmanî ilhamlarla sohbetlere koyuldular.

Sultan Veled diyor ki:

"Ansızın Şemseddin gelip ona ulaştı; nurunun ışığında da gölge yok olup gitti.

Aşk dünyasının ardından tefsiz, sazsız aşk sesi erişti.

Ona maşukluk hallerini anlattı, açıkladı; böylece de sırrı yücelerden de yüceye vardı.

Dedi ki: Sen bâtına rehin olmuşsun, ama şunu bil ki ben bâtının da bâtınıyım.

Ben sırların sırrıyım, nurların nuruyum; erenler benim sırlarıma erişemez.

Aşk da benim yolumda perdedir; diri olan aşk bile benim önümde ölüdür.

Tamamen maşuk olan dostlar, Allah'ın rızasını kazanmış erlerden de üstündürler, gerçekle batılı ayırt edenlerden de.

---

[54] İslam Ansiklopedisi / Semih Ceyhan

Onların hali söze gelmez; söyle bakalım, onların şarabını kim içer?

Ebedîlik saltanatı âşıklarındır, ama maşukun saltanatı ondan da yücedir.

Zahir ehli Mansur'u kınadı; çünkü onlar, onun âleminden uzaktılar.

Hepsi de bilgisizlikle ona düşman oldular; çünkü onun sırrından bir koku bile alamamışlardı.

Mansur bu çağda olsaydı, onların hâli (Şems ile Mevlâna'nın hâli) ona da örtülü kalırdı.

O da onlara düşman olur, onlara kast eder, onları cezalandırmak için dara çekerdi.

Şems, Mevlâna'yı şaşılacak bir âleme çağırdı; öyle bir âleme ki ne Türk gördü o âlemi, ne Arap.

Üstat Şeyh, yeni bilgi beller bir hâle geldi; her gün onun huzurunda ders okumaya başladı.

Sona varmıştı, yeni baştan ders başladı; kendisine uyulurken o, ona uydu.

Bilgide tek olgun erdi, ama onun gösterdiği bilgi, yepyeni bir bilgiydi.

Gerçek âşık pek az bulunur; o, sır gibi insanlardan gizlidir.

Dünyada, inci gibi pek az bulunur; pek az kişi onun belirtisini görür, ondan haber alır.

Âşıkın hâli böyle olursa ey oğul, can gözünü aç da iyi bir bak;

Maşukun hâli nice olur? O, anlatılmaktan da dışarıdadır, söylenilmekten de.

Ulaşıp buluşanlar bile onu tanıyamazlar; çünkü benzerini duymamışlardır bile.

Çünkü o güzellikten haberleri yoktur da, başka bir yere bakar dururlar.

Tebrizli Şems, işte o padişahlardandı. Hâsılı onu, oraya çağırdı.

O da onun cinsindendi de vardı, ona ulaştı; can yoluyla canının canına kavuştu."

Muhammed Ali Muvahhid'e göre Şems-Mevlâna ilişkisinde üç aşama vardır: Mevlâna, Şems ayrılmadan önce güneşten aldığı ışıkları yansıtan bir ayna gibi Şems mazharında gördüğü hakikatleri *Dîvân-ı Şemsi'l-ḥaḳāyıḳ*'ta aşk gazelleri şeklinde terennüm ederken ayrılış kemalinin artmasına ve marifet mertebesine yükselmesine vesile olmuş, Şems'in gaybûbetinden sonra Mevlâna kâmil bir ârif olarak *Meṣnevî*'de sülûk ve mârifetullah bahislerini anlatmaya başlamıştır.[55]

Şems mi Mevlâna'yı aradı; Mevlâna mı Şems'i?

Bu hususu Sultan Veled şöyle açıklar:

"Âlemdeki erenlerin derecelerinden üstün bir derece vardır ki; o, maşukluk durağıdır. Âleme bu maşukluk durağına dair haber gelmemişti. Tebrizli Şemseddin zuhur edip, Mevlâna Celaleddin'i âşıklık ve erenlik mertebesinden, bu zamana kadar duyulmamış olan, maşukluk mertebesine eriştirmiştir. Esasen Mevlâna, ezelde maşukluk denizinin incisiydi; her şey döner, aslına varır."

Hatıra gelebilecek bir soru: Şems mi Mevlâna'yı aradı; Mevlâna mı Şems'i? Böyle bir soruya Sultan Veled; Mevlâna'yı Musa (A.S.)'ya; Şems'i de Hızıra benzeterek, şu cevabı verir:

"Musa, büyük peygamberlerden olup Kelîmullah rütbesine sahip bulunmasına rağmen, Allah dostlarının istek-

---

lisi olmuş, Hızır'ı aramıştır. Mevlâna da, o kadar üstünlüklere, güzel huylara, makamlara, kerametlere, nurlara, sırlara sahip olduğu ve zamanında, onun makamının eşi benzeri bulunmamasına karşılık, Tebrizli Şems'i aramıştır."

Evet, Şems, Mevlâna'yı aradı; ama Mevlâna da Şems'i. Şems, Mevlâna'ya âşık ve talip; Mevlâna da Şems'e âşık ve talipti. Yani; hem âşık hem de maşuktu.

Mevlâna der ki:

"Dilberler (gönlü alıp götürenler, manevî güzeller), âşıkları, canla başla ararlar. Bütün maşuklar, âşıklara avlanmışlardır.

Kimi âşık görürsen bil ki maşuktur. Çünkü o âşık olmakla beraber maşuk tarafından sevildiği cihetle maşuktur da.

Susuzlar, âlemde su ararlar, fakat su da cihanda susuzları arar."

"Hamdım, piştim; yandım."

Mevlâna, manevî yolculuğunu, olgunluğa ermesini; mahviyete (yokluğa) ulaşmasını şu sözünde toplamıştır:

"Hamdım, piştim; yandım."

Mevlâna'nın pişmesi, babası Sultanü'l-Ulemâ Bahâeddin Veled ile Seyyid Burhâneddin-i Muhakkık-i Tirmîzî'nin feyizli nefesleriyle; yanması da Şems'in nurlu aynasında gördüğü kendi güzelliğinin aşk ateşiyle olmuştur.

Mevlâna, Şems ile Konya'da buluştuğu zaman tamamıyla kemale ermiş bir şahsiyetti. Şems, Mevlâna'ya ayna oldu. Mevlâna, Şems'in aynasında gördüğü kendi güzelliğine âşık oldu. Diğer bir ifadeyle Mevlâna, gönlündeki Allah aşkını Şems'te yaşattı.

Mevlâna'nın, Şems'e karşı olan sevgisi, Allah'a olan aşkının miyarıdır (ölçüsüdür); çünkü Mevlâna, Şems'te Allah cemâlinin parlak tecellilerini görüyordu.

Mevlâna açılmak üzere olan bir güldü, Şems ona bir nesîm oldu. Mevlâna zaten büyüktü, Şems onda bir gidiş, bir neşve değişikliği yaptı.

Ali Nihat Tarlan şöyle der:

"Şems, Mevlâna'yı ateşledi; ama karşısında öyle bir volkan tutuştu ki, alevleri içinde kendi de yandı."

Şems-i Tebrizî'nin Konya'dan Ayrılışı

Mevlâna, Şems ile buluştuktan sonra vaktini Şems'in sohbetleriyle geçiriyordu. Artık, Şems'in nurlarına dalmış, bambaşka bir âleme gitmişti. Şems'in câzibesinde yana yana dönüyor, İlâhî aşkla kendinden geçerek Semâ ediyordu.

Sultan Veled'in ifadesiyle **"Hakk'ın gayreti"** ansızın belirdi ve iki İlâhî dostun sohbet ve halvetlerindeki mukaddes sırrı idrake âciz olanlar arasında, bir dedikodu başladı.

Şu serzenişte bulunuyorlardı:

"Bu adam (Şems) kim oluyor ki; Şeyhimizi, ırmağın bir saman çöpünü kapıp sürüklediği gibi kaptı da bizden ayırdı. O ne biçim bir ırmaktı ki; öylesine bir dağı yerinden etti, bir saman çöpü gibi alıp götürdü. Onu, bütün dünya halkından gizledi; hiç kimse yerinin, yurdunun nişanını bile bulamıyor. Artık onun yüzünü göremiyoruz; önce olduğu gibi yanına varıp oturamıyoruz. Bu adam büyücü olmalı ki; büyüyle afsunla Şeyhimizi (Mevlâna'yı) kendisine bağladı. Ne soyu belli, ne boyu; nereden, nereli olduğunu da bilmiyoruz. Bütün halk vaazından mahrum kaldı; kutlu talihimiz, onun yüzünden uğursuzlaştı."

Sems-i Tebrîzî'ye haset edenlerin hepsi, onu öldürmek niyetinde idiler. Arada bir, onu gördüler mi kılıç çekiyorlardı, hem de yüzüne karşı. Önünde, ardında ona söyleniyorlardı. Hepsi:

-"**Ne vakit şehirden gidecek? Ya gider, ya kahırdan yok olur**" diyordu.

Neticede, Şems bu dedikodulardan, bu çirkin davranışlardan incindi ve Mevlâna'nın yakıcı niyazlarına, âşıkâne istirhamlarına rağmen, Konya'dan 14 Mart 1246 (21 Şevval 643 Perşembe)'da Şam'a gitti.

Şems-i Tebrizi'nin, Konya'dan Ayrılmayı Kurduğu Sırada Mevlâna'nın Söylediği Şiir
Gitme Bensiz

A canımın canı, ne de hoş, ne de güzel salına salına gidiyorsun, gitme bensiz.

A dostların yaşayışı, gül bahçesine gitme bensiz.

A gök, dönme bensiz, a ay, parlama bensiz. A yeryüzü, bitki bitirme bensiz. A zaman geçme bensiz.

Bu dünya da seninle hoş güzel, o dünya da. Bu dünyada kalma bensiz, o dünyaya gitme bensiz.

A apaçık şey, bilme bensiz, a dil, söyleme bensiz. A göz, görme bensiz. A can gitme bensiz.

Gece, ay ışığıyla yüzünü ak görür. Ben geceyim, sen aysın bana. A can gitme bensiz.

Diken güle sığındı da ateşten emin oldu. Sense gülsün, ben dikeninim senin. Gül bahçesine gitme bensiz.

Gözün bendeyken, bana bakarken kıvrık çevgenine uymuşum, koşup duruyorum. Böylece hep bak bana, hep gör beni; gitme bensiz.

A neş'e, padişahın meclisine gidersen içme bensiz. A bekçi, padişahın damına çıkacaksın, çıkma bensiz.

Eyvahlar olsun bu yola, iz bilmeden düşene. İzini izlediğim sensin benim. A yol-iz bilen, gitme bensiz.

Başkaları aşk diyorlar sana. Oysaki ben, aşkın da padişahı diyorum. Ey şunun bunun aklına, vehmine bile gelmeyen, gelmeyecek kadar yüce olan dilber, gitme bensiz.[56]

Şems-i Tebrizî'nin Konya'ya Dönüşü

Şems'in ayrılığından derin bir ıstıraba düşen Mevlâna, manzum olarak yazdığı güzel bir mektubu, Sultan Veled'in başkanlığındaki kafileyle Şam'a gönderdi.

Mevlâna, Şems'e gönderdiği manzum mektupta muhabbet ve hasretini şöyle dile getiriyordu:

"O Ezelî Hayy u Dânâ (ezelden beri diri olan, her şeyi bilen) ve Kâdir u Kayyûm (her şeye gücü yeten, kendisi ile ezelden ebede var olan, daima tedbir ve tasarrufta bulunan) Allah'a yemin ederim ki;

Onun nuru aşk mumlarını yaktı, uyandırdı da yüz binlerce sır açıldı bilindi.

Onun bir hükmüyle cihan, aşkla, âşıkla, hükmedenle, hükmedilenle dopdolu bir hâle geldi.

Tebrizli Şems'in tılsımları (olağanüstü kuvvet ve tesiri) içinde onun görülüp duyulmadık şeylerinin hazineleri gizlendi.

Âh! Siz seyahate çıktığınız andan itibaren, mumun baldan ayrılması gibi ben de tatlılıktan, lezzetten uzak düştüm.

Bütün gece mum gibi muhabbetinizle yanıyorum. Baldan, tattan mahrum olarak ateşle beraberim.

---

[56] DİVAN-I KEBİR (Seçmeler), Abdülbaki Gölpınarlı, Konya Kültür ve Turizm Müdürlüğü Yayını, s. 30

Sizin cemalinizin (güzel, nuranî yüzünüzün) ayrılığından cismimiz harabeye ve canımız ise baykuşa döndü.

Artık dizgini bu tarafa çeviriniz. Dirlik filinin hortumunu büyütüp uzatınız.

Âh! Sensiz, senin huzurun olmadan Semâ helal değildir. Ayrılık anında çalgı eğlence şeytan gibi taşlanmıştır.

O şeref verici ve anlaşılan mektup gelinceye kadar sensiz bir gazel bile söylenmedi.

Sonra mektubunuzu aldım, neşemden Semâ ettim. Bu sevinçle beş, altı gazel yazdım.

Ey, Şam'ın, Ermen ülkesinin, bütün Anadolu diyarının, kendisiyle övündüğü ulu kişi!

Şam (aynı zamanda akşam), cemâlinizin doğarak parıldamasıyla ve saadet sabahının nuru ile aydınlansın."

Sultan Veled kafilesiyle Şam'a vardı. Şems'i buldu ve babasının dâvet mektubunu, hediyelerle birlikte, samimi bir hürmetle ona arz etti. Şems:

"Muhammedî tavırlı ve ahlâklı Mevlâna'nın arzusu kafidir. Onun sözünden ve işaretinden nasıl çıkılabilir." diyerek, Mevlâna'nın dâvetine icabet etti ve 1247'de Sultan Veled'in kafilesiyle, Konya'ya döndü.

Şems-i Tebrizî'nin Kayboluşu

Şems'in Konya'ya geri gelmesine herkes sevindi. Mevlâna da hasretin sıkıntılarından kurtuldu. Artık Şems'in şerefine ziyafetler verildi; Semâ meclisleri tertip edildi. Fakat huzurla, muhabbetle, dostluk içinde geçen günler pek çok sürmedi; dedikodular ve can sıkıcı durumlar yeniden başladı.

Şems, o bahtsız dedikoducu topluluğun yine kinle dolduğunu, gönüllerinden sevginin gittiğini, akıllarının nefislerine esir olduğunu anladı ve kendisini ortadan kaldırmaya uğraştıklarını bildi; Sultan Veled'e dedi ki:

"Gördün ya, azgınlıkta yine birleştiler. Doğru yolu göstermekte, bilginlikte, eşi olmayan Mevlâna'nın huzurundan beni ayırmak, uzaklaştırmak, sonra da sevinmek istiyorlar.

Bu sefer öylesine bir yere gideceğim ki, hiç kimse benim nerede olduğumu bilemeyecek.

Aramaktan herkes acze düşecek, kimse benden bir nişan bile bulamayacak.

Böylece birçok yıllar geçecek de yine kimse izimin tozunu bile göremeyecek."

Sultân Veled'e böyle yakınan Şems, 1247, 1248 tarihinde, Konya'dan ansızın kayboldu.

Şems-i Tebrizî'nin kayboluşundan sonra Mevlâna, herkesten onun haberini soruyordu. Kim onun hakkında, aslı esası olmayan bir haber bile verse ve Şems'i falan yerde gördüm dese, bu müjde için sarığını ve hırkasını vererek şükranelerde bulunuyordu.

Bir gün, bir adam, Şems'i Şam'da gördüm, diye haber verdi. Mevlâna buna, tarif edilemeyecek şekilde sevindi ve o adama, üstünde nesi varsa bağışladı. Dostlarından birisi, bu adamın verdiği haber yalandır, o Şems'i hiç görmemiştir dediğinde, Mevlâna şu cevabı vermiştir:

"Evet, onun verdiği bu yalan haber için üstümde neyim varsa verdim. Eğer, doğru haber verseydi, canımı verirdim."

Şems Öldürüldü mü?

Eflaki, **Menakıbü'l-Ârifîn**'inde ve Câmî, **Nefehâtü'l-Üns**'de, Şems'in öldürüldüğünü, şehit edildiğini kaydediyorlar. Sonraki yıllarda Şems'in şehadetini kabul edenler de, diğer kaynakları tetkik etmeden, Eflâkî ve Câmî'nin rivâyetlerini esas alarak nakletmişlerdir.

Mevlâna hayranlarından Midhat Baharî Beytur diyor ki:

"Bizim yetiştiğimiz ve sohbetlerinden faydalandığımız Mevlevî ariflerinden Bahariye Mevlevihanesi şeyhi üstadım, mürşidim Hüseyin Fahreddin Dede, Yenikapı Mevlevihanesi şeyhi Celâleddîn Dede, Galata Mevlevihanesi şeyhi Azmizade Ahmed Dede, Üsküdar Mevlevihanesi şeyhi Ahmed Remzi Dede, Mevlâna'nın eserlerini ve Mevlevî tarihini iyi tetkik edenlerden Veled -İzbudak- Çelebi, Şems'in katline kâil değildir; kaybolduğu kanaatindedir. Bedîüzzaman Furûzânfer de Mevlâna Celâleddîn adlı kitabında, Şems'in kaybolduğunu söylüyor.

Seyyid Yûsuf Nesîb Dede de Şems'in kaybolduğunu söylüyor. Şems'in kayboluşundaki nükteyi şöyle yorumlar:

"Nühüfte olmasınun aslı Şems-i dîn-i velînün

Ki cilvegâh olamaz âlem iki mihr-i münîre"[57]

Şems'in Suikasta Uğraması

Şems'in akıbeti hakkında Eflaki'de ve ondan naklen diğer kaynaklarda farklı rivayetler vardır. Eflaki'nin bir rivayetine göre Şems, Mevlâna ile sohbet ederken yedi kişilik bir grup hücrenin önüne gelmiş, içlerinden biri Şems'in dışarıya çıkmasını istemiş, Şems de Mevlâna'ya;

"Beni öldürmek için çağırıyorlar" deyip çıkmış, o anda bir bıçak darbesi alan Şems şiddetli bir nâra atıp kaybolmuş, ardından birkaç damla kandan başka bir şey görülmemiştir.

Bu rivayete göre Şems suikasta uğramış, ancak sonrasında ortadan kaybolmuştur (gaybûbet). Eflaki suikastçıların içinde Mevlâna'nın oğlu Alâeddin'in de bulunduğunu, bu sebeple diğerleri gibi onun da bir belaya uğrayıp öldüğünü ve Mevlâna'nın oğlunun cenazesine katılmadığını söyler.

---

[57] https://www.semsitebrizi.org/efendilerimiz/seyh-sems-i-tebrizi/

Sipehsâlâr;

"Mevlâna ile Şems'in Sultan Veled'e daha fazla ilgi göstermeleri sebebiyle Alâeddin'de kıskançlık başlamış, ayrıca Şems, Kimyâ Hatun'la evlendiği sırada kış olduğu için Mevlâna'nın kendilerine mutfağın sofasını tahsis etmiştir.

Alâeddin babasının yanına geldiğinde buradan geçmek zorunda kalmış, Şems, dikkatli ve saygılı olması hususunda onu uyarmış, bunu hazmedemeyip tepki gösteren Alâeddin'in durumu halka anlatması neticesinde dedikoduların artmasına yol açmıştır." der.

Eflaki;

"Ulu Ârif Çelebi ve annesi Fatma Hatun'dan aktardığı diğer bir rivayete göre Şems suikast sırasında öldürülmüş ve cesedi bir kuyuya atılmıştır. Şems bir gece Sultan Veled'e rüyasında;

"Falan yerde uyumuşum" diyerek atıldığı kuyuyu bildirmiş, Sultan Veled müridleriyle onu kuyudan çıkarıp, Mevlâna'nın medresesine, medresenin mimarı Emir Bedreddin'in yanına defnetmiştir". Eflâkî bunun bir sır olduğunu ilâve eder.

Ancak defin işleminin Şems'in vefatından ne kadar zaman sonra yapıldığı belli değildir. Öte yandan Sultan Veled'in eserlerinde Eflaki'nin bu rivayetini destekleyecek bir işaret yoktur. Sahih Ahmet Dede ise Şems'in 645'te (1247) eceliyle öldüğünü ve Emir Bedreddin'in yanına defnedildiğini söyler.

Eflaki'nin kaydedip Camî'nin de zikrettiği diğer bir rivayete göre Şems'in kabri Bahâeddin Veled'in yanındadır.

Devletşah;

"Şems'i Mevlâna'nın oğlu Alâeddin'in öldürdüğüne dair halk arasında bir söylenti yayılmış, ancak bu kesinlikle doğru değildir." der.

Abdülkādir el-Kureşî de Şems'in katli konusunda tereddüt gösterir ve gaybûbetini daha doğru bulur.[58]

Mevlâna, *Mesnevî*'de Şems'in gaybûbetini Hz. Yûsuf'un babası Ya'kūb peygamberden ayrılıp Mısır'a gidişine benzetir:

"Şemseddin'in sözü gelince dördüncü kat semanın güneşi başını çekti gizlendi. Onun adı anılınca ihsanlarından bir remzi anlatmak vacip oldu. Can şu anda eteğimi çekiyor. Yusuf'un gömleğinden koku almış. Eşi bulunmayan o yârin vasfına dair ne söyleyeyim ki bir damarım bile ayık değil. Bu ayrılığın, bu ciğer kanının şerhini şimdi geç"

İsmâil Ankaravî bu beyti Yûsuf'u Şems, Yûsuf'un gömleğinden koku alan ve can vasfıyla nitelenen Ya'kūb'u Hüsâmeddin Çelebi, Ya'kūb'a müjde getiren elçiyi Mevlâna olarak şerh eder.

Şems-i Tebrizi'nin Şehadetinden sonra Mevlâna şöyle seslenir:

Kayboldu Gitti

A hevesliler, a istekliler, asesbaşının hikâyesini duyun; bu mahallede halkamızdan bir rind kaçtı, kaybolup gitti.

Bir zamandır onu araya araya yandık yakıldık. Gece gündüz her yanda yenimizi, yakamızı yırttık.

Gene bu mahallede birisi, ansızın izini buldu onun, gelin de görün. Bunlar, onun kanlara bulanmış elbisesi işte.

Zati âşıkların kanları kurumaz her dem tazedir. Kan da yeni olunca, kimin kanıdır bilirsiniz.

---

[58] A. g. a.

Bütün kanlar kararır, kurur. Âşıkların kanı ise ta sona dek tazedir, gönülden coşar durur. Âşıkların kanları dünyada ne uyumuştur, ne de uyur.

Ancak senin kanlı bıkışındır bu bucakta kan döken. Nergis gözlerindir sâki, koca sağrağı onlardır sunan.

Senin bakışındır ki sarhoş gelir, gönüller çalar. O katı gönüllü, o katı yaylı gelir de canlara kast eder.

.......[59]

İzinin Tozu Bile Belirmiyor

A sevgili, aramızdan birçok dertlerle, bir hayli hasretlerle gittin.

Çok yalvardın, insaf diledin ama ne fayda... insaf etmeyen, aman vermeyen buyrukla geçtin gittin.

Her yana koştun, çare aradın, fakat bir çare bulamadın. Çaresiz bir halde gittin.

Güllerle dopdolu kucağın, o ay yüzün ne oldu? Nasıl oldu da hor hakir bir halde yer altına gittin?

Dostların halkasından çıktın, seninle düşüp kalkanların arasından kalktın, ayrıldın da; toprak altına, karıncalarla yılanların arasına gittin.

Ne oldu o nükteler, ne oldu o sözler, o sırları bilen akıl ne oldu?

Elimizi tutan o eller ne oldu? Ne oldu o gül bahçesine giden ayaklar?

Naziktin, güzeldin, insanları elde ederdin. Şimdi ise tuttun, insanları yiyen toprak içine gittin.

Ne biçim bir düşünceye daldın da; uzun, sapa, bozuk bir yola düştün böyle?

---

[59] A. g. e. s. 41

Ağlaya, inleye o yola koyulunca sen, gökyüzü ağladı, ay yüzünü yırttı.

Gönlüm kan kesildi. Ne bileyim de sorayım? Sen söyle bari, uyanık mı gittin?

Madem ki gittin, tertemiz erlerin sohbetini mi seçtin? Yoksa mahrum mu kaldın, inkârla mı gittin?

Ne oldu o tatlı cevapların? Sustun, söylemekten vaz geçtin.

Bu, ne biçim yanıştır, bu, ne biçim hasret? Ansızın tuttun da yolcular gibi yola düştün, gittin.

Nereye gittin ki, izinin tozu bile belirmiyor. Bu sefer gittiğin yol, ne de kanlarla dolu bir yol.[60]

Mevlâna, Şems'i Aramak İçin Konya Dışına Çıkıyor

Mevlâna, Şems'i çok aradı. Onun ayrılığıyla, gönülleri yakan, sızlatan, nice şiirler söyledi. Onu aramak için **iki kere Şam**'a gitti. Yine Şems'i bulamadı. Bu son iki seyahatin tarihleri kesin olarak bilinmemekle beraber, büyük bir ihtimalle 1248, 1250 yılları arasında olduğu söylenebilir.

Sultan Veled'in ifadesiyle Mevlâna, Şam'da suret bakımından Şems-i Tebrizî'yi bulamadı ama mana yönünden onu, kendisinde buldu. Ay gibi kendi varlığında beliren Şems'i kendinde gördü ve dedi ki:

"Beden bakımından ondan ayrıyım ama bedensiz ve cansız ikimiz de bir nuruz.

Ey arayan kişi! İster onu gör, ister beni. Ben oyum, o da ben."

"Değil mi ki ben oyum, ne arıyorum? Onun tıpkısıyım, artık kendimden bahsedeyim.

---

[60] A. g. e. s. 45

Güzelliğini övdükçe överim; ama o güzellik, o lütuf bendim zaten. Gerçekten kendimi arıyordum; üzüm şırası gibi küpün içinde kaynayıp coşuyorum. Şıra bir başkası için coşup köpürmez, kendi güzelliğine uyar, onun için işe girişir. Kendisinde gizli olan güzelliğin görünmesine gayret eder."

Malatyalı Şemseddin şöyle anlatıyor:

"Bir gün Mevlâna'nın refakatinde, zamanın Cüneyd'i ve devrin Ma'rûf'u Çelebi Hüsameddin'in bahçesindeydik. Mevlâna da ayaklarını ırmağın suyuna sokmuş, ilâhî bilgiler saçıyordu. Söz sırasında, Şems-i Tebrizî'den bahsediyor; ona methiyeler söylüyordu. Allah dostlarının makbulü ve arkadaşların ileri gelenlerinden Müderrisoğlu Bedreddin, Mevlâna'nın, Şems'e olan methiyelerini işitince bir ah çekti ve:

"Çok yazık, çok yazık!" dedi.

Mevlâna:

"Niçin yazık, neye yazık? Neye hayıflanıyorsun?" Diye sordu.

Bedreddin, utanarak ve tazimle;

"Şems-i Tebrizî'yi idrak edemediğimden ve onun nurlarla dolu huzurundan faydalanamadığımdan hayıflanıyorum. Ah u vahımın sebebi budur." Cevabını verdi.

Mevlâna bir an sustu, tefekküre daldı. Epeyce sükut ettikten sonra:

"Eğer Şemseddin Tebrizî'ye ulaşamadınsa, babamın mukaddes ruhuna yemin ederim ki, saçının her telinde yüz bin Şems-i Tebrizî asılı bulunan ve onun sırrının sırrını idrakte Şems-i Tebrizî'nin bile şaşakaldığı birine ulaştın." dedi ve:

"Şâh ve dilber olan Şems-i Tebrizî, bütün şahlığı ile bizim canımızın muhafızı idi." Dedi. Arkadaşlar Semaya başladılar. Mevlâna da şu mısraları ihtiva eden gazelini okuyordu:

"Sultan benim, gül bahçesinin canı benim.

Benim gibi bir şahın huzurunda bulunduğun halde şunu bunu nasıl anıyorsun?"

Şems ü Mevlâna

"Gürûh-ı evliyânın ekmelidir Şems ü Mevlâna
Misâl-i mihr ü subh-ı müncelîdir Şems ü Mevlâna
Şeh-i aşkun iki kudret elidir Şems ü Mevlâna
Sıfât u zâta burhân-ı celîdür Şems ü Mevlâna
Hemân ayn-ı Muhammedle Alî'dür Şems ü Mevlâna

Ruh-ı aşka iki mihrâb-ı ebrûu-yı ibâdetdir
Görünmüş birbirinden rû-be-rû mir'ât-ı hayretdir
Biri nûr-ı hakîkat biri erkân-ı tarîkatdir
Cihân-ı gaybe mihr ü mâh-ı gerdûn-ı celâletdir
Hemân ayn-ı Muhammedle Alî'dür Şems ü Mevlâna

Dil-i erbâb-ı dilde sırrıdır İslâm ü îmânın
Muhakkak sûret-i ideyndir belki cedîdânın
İki ser-çeşme-i âb-ı hayâtdır dil ü cânun
Me'âl-i matlabidür güft ü gûy-ı Hızr u Mûsâ'nun
Hemân ayn-ı Muhammedle Alî'dür Şems ü Mevlâna

İki sultân-ı ma'nâ birbiriyle ittifâk etmiş
Dönüp bir Zülfekâre tâkat-ı şemşîri tâk etmiş
Mükerrer çün ezân fermânları şirke yasak etmiş
Biri küfri sürmüş ol biri nefy-i nifâk etmiş
Hemân ayn-ı Muhammedle Alî'dür Şems ü Mevlâna

Mecaz ammâ ki tahkîka yakîn ta'birdir bu söz
Cemâliyle Celâlin Mushaf-ı tefsirdir bu söz
Bırak isbât ü nefyi vahdet-i takrîrdir bu söz
Gönülden kat'-ı inkâre dedim şemşîrdir bu söz
Hemân ayn-ı Muhammedle Alî'dür Şems ü Mevlâna

Revân-ı şâd ola Râmiz Beğin Gâlib bu mısrâdan
Fünûn-terdir hakîkat ehline bin hüsn-i matladan
Olur tevhîd rûşen bu muammâ-yı mülemmâdan
Cudâlık hiç seçilmez ol iki nûr-ı müşa'şadan
Hemân ayn-ı Muhammedle Alî'dür Şems ü Mevlâna"

Şeyh Galip Dede[61]

Şems-i Tebrizi'ye Mersiye
Ağlardı

Baş gözü, gam ne kadarsa, o kadar ağlayabilseydi, geceleri de ağlardı, gündüzleri de.

Gökyüzü, şu ayrılığı duysaydı, anlasaydı, yıldızlar da ağlardı, güneş de, ay da…

Padişah, bu çeşit tahttan indirileceğini bilseydi, kendine de ağlardı, tacına, kemerine de.

Lâ'l şarabı şu mahmurluğu görseydi ağlardı küpe, ağlardı şişeye.

Gül bahçesi, şu güz mevsimini duysaydı, anlasaydı, ağlardı gül yaprağı, ter ü taze gül dalında.

Uçan kuş, şu avlanmadan haber alsaydı, kolu kanadı gevşerdi, ağlardı da ağlardı.

---

[61] https://www.semsitebrizi.org/ **Dr. Ahmed Selahaddin Hidayetoğlu Çelebi**

Hüneri, sanatı aldatmasaydı Eflatun'u, bağırırdı, ağlardı hünere, sanata.

Pencerenin ölüm dumanından haberi olsaydı, pencere de ağlardı, duvar da, kapı da...

Gemi denizde salına oynaya gidiyor ya; şu tehlikeyi görseydi ağlardı.

Şu potanın ateşi görünseydi mal- mülk sahibi ağlardı gümüşün, altının haline.

Rüstem bile savaşa ağlardı, gücüne kuvvetine ağlardı, anlasaydı bu sitemi.

Kıvranıp can çekişirken görseydi ağlardı dişi keçi, erkek aslana.

Yeryüzü, çocuğunu yiyen bir ana. Öyle olmasaydı ağlardı oğlunun ölümüne.

Ölüm acısıyla tatlı canını nasıl veriyor? Bir görünseydi ağlardı şeker bile.

Kumru, ardıç ağacının kökten söküleceğini bilseydi, bırakırdı ötmeyi, dem çekmeyi de ağlardı.

Tabutun şu kefenden haberi olsaydı, ağlardı götürülürken yollarda.

Yeni doğmuş çocuk, dünyaya geldiğine ağlar durur. Aklı olsaydı daha önce ağlardı, daha çok ağlardı.

Aklı olmadığından susar, ağlamaz çocuk. Aklı olsaydı ağlardı öküz bile, eşek bile.

O tatlı dilberimiz de bir çare bulsaydı, bütün o acılıklar yüzünden yağmur gibi ağlardı.

O tatlı dilber, ölüm acılarını tattı, neler gördü neler. O gözün sahibi de gördüklerine ağlardı.

Giden benim dostum. Giden gitti artık. Nerede bu habere ağlayacak bir haber?

Ciğerine zehirli bir ok saplandı, kalkana kaçtın ama kalkan da ağladı.

Öylesine topraklar altındayım ki, şu dünya alt üst olup ağlasa yeridir bana.

Tebrizli Şems gitti. Nerede o insanların övündüğü insana ağlayacak biri?

Dünyanın, şu gözden, şu kulaktan başka bir gözü, kulağı olsaydı, ağlardı o göz, ağlardı o kulak.[62]

Şems'in Ailesi

Devletşah Tezkiresi'nin anlattığına göre Şems-i Tebrîzi, İsmailiye mezhebi büyüklerinden Büzrükümid'in torunu Havend Alaaddin'in oğludur. Alaaddin, dedelerinin sapkın inançlarını bir tarafa atarak zındıklık yolundan ayrılmış, baba ve dedelerinin kitap ve defterlerini yakmış, tam manasıyla İslâm ve ehl-i sünnet inançlarını benimsemiştir.

Bazı tezkirecilere göre de Şems'in aslı Horasanlı'dır. Babası ticaret maksadıyla Horasan'dan Tebriz'e gelmiş, orada yerleşmiş, Şemseddin de Tebriz'de doğmuştur. Devletşah diyor ki; "o, nerede doğarsa doğsun, işin suretine değil manasına bakmalıdır. Asıl zevk, ruh âleminin manasına erebilmektir. Yoksa bedenler nerede olursa olsunlar ne değeri var?"[63]

Şems'in Karakteri

Şems-i Tebrîzi, alışık olduğumuz, evliya, veli tiplemesine hiç benzemez, çok farklıdır. Her sözü, her davranışı insan tahayyülesini alt üst eder. Soz ve davranışları, insana, kendi özeleştirisini yapmaya götüren fiillerdir. Gençliğinde başlayan tatmin edilemez dost arayışı sebebiyle babası onun hali-

---

62   A. g. e. s.49
63   MAKALAT, s. 16

ni ve farklılığnı anlar ve şöyle dua eder; "Allahü Teala sana günlük bir arkadaş versin ki, evvellerin, âhirlerin bilgilerinin hakikatlerini senin adına izhar etsin. Hikmet ırmakları, onun kalbinden diline aksın, harf ve ses kıyafetine girsin, o kıyafetin rütbesi de senin adına olsun."[64]

Şems'in yaşadığı devre göre sıra dışı özellikleri, manyetik kişilik yapısı, zamanın geçerli tabularına ve geleneklerine baş kaldırışı, çevresinde bulunan insanların kimi zaman tepkisine, kimi zaman da ilgisine sebep olmuştur.

Annemarie Schimmel, Şems hakkında şöyle yazar; "kaynaklar Şems'i, yorumları ve sert sözleriyle insanları şoke eden, tuhaf davranışlı, tahammül edilmez bir kişi olarak tanımlar."

Şems'ten bahseden menkıbeler ve onun tasavvufi vecizeleri, kendisinin çağdışı sufileri çoğu zaman keskin alaylarla şaşırtan, olağanüstü gururlu ve harikulade bir şahsiyet olduğunu gösterir. [65]

Şems'in, on ikinci asrın sonlarına doğru İslâm dünyasında yeni oluşmaya başlayan sufi tarikatlarından herhangi birine müntesip olduğu bilinmiyor. Kendisinin tören kaidelerine uymayan Kalenderi bir derviş olduğu rivayet edilmektedir.

A.Reza Arasteh, Şems-i Tebrîzi'nin mükemmellik seviyesini şöyle analiz eder;

"Deliller, onun geleneksel hayatın sınırlılıklarının farkına vardığını, hatta kişiye tasavvufun prensiplerini öğreten ve Allah'la veya keramet ehliyle özdeşleşmeyi öğreten klasik tasavvufa başkaldırdığını göstermektedir. O, ototritenin her çeşidinden kendisini özgürleştirir ve sadece diğerlerinin fi-

---

[64]   ÜRKMEZ Melahat, Şems-i tebrizi, NKM yayınları, Konya, 2009, s. 70
[65]   ÜRKMEZ, a. g. e. s. 72

kirlerini tekrar eden geleneksel âlimleri ve kelamcıları sıkça tenkit etmeye başlar. Diğerlerini kendisi için örnek almaktansa, gerçek benliğini keşfetmek için içe döner. [66]

Şems-i Tebrîzi, Makalat'ta kendisini şöyle anlatır; "ben teklifsiz, pervasız bir adamım. Ne Mevlâna'nın ayrılığından bana bir zahmet, ne de ona kavuşmaktan bir sevinç gelir. Benim bir şeyden hoşlanmam da, incinmem de yaratılışımın gereğidir. Benimle yaşamak zordur.

Büyük babaları, kendi babalarının İslâmiyet'e ters düşen kitap ve defterlerini yakarak zamanın sapkın inançlarına başkaldırmışlar, tabulara isyan etmişlerdir. Büyükbabaların, âsi kişilikleriyle Şems'in İslâm'a ters düşen olaylar karşısında isyankâr bir kişilik özelliği göstermesi arasında bir bağ kurarak psikolojik ve genetik açıklaması yapılabilir. [67]

Şems, istediği gibi sohbet edebileceği, sohbetini anlayıp dayanabilecek bir Allah dostu bulamadığı için ve ulaştığı manevi makama kanaat etmediği için olgun mürşitler bulmak amacıyla senelerce, takati tükenircesine dolaşıp durmuştu. Pes etmeyen inatçı bir yapıdaydı. [68]

Şems, başkalarına bağımlılık aşamasında kalmamış, kendine bağımlılık aşamasına doğru yönelmiştir. Kendi gibi kendini arıyordu. Şeyhi Sellebaf'a bağlanmaması, gördüğü diğer şeyh ve âlimlerin hiçbirinde aradığını bulamaması, sırlarını ve mevcut potansiyelini hiçbirinin bilememesi, altmışlı yaşına rağmen dönüp dolaşarak mürşit, daha doğrusu kendisini anlayacak bir Hak dostu aramasına neden olmuştur.[69]

Bağdat'ta ve Kayseri'de Evhadüddîn-i Kirmânî ile Seyyid Burhâneddin Muhakkık-ı Tirmizî; Dımaşk'ta Muhyiddin İb-

---

[66] ÜRKMEZ, a. g. e. s. 73
[67] ÜRKMEZ, a. g. e. s. 74
[68] ÜRKMEZ, a. g. e. s. 88
[69] ÜRKMEZ, a. g. e. s. 90

nü'l-Arabî, Şam Kādılkudâtı Şems-i Hûyî, dehrî filozoflardan Şehâb-ı Herîve; Sivas'ta kelâm âlimlerinden Esedüddîn-i Mütekellim ile sohbette bulunmuş, onların derslerine katılmıştır. Mevlâna'nın ifadesiyle Şems, tasavvufun yanı sıra kimya, nücûm, riyâziyyât, ilâhiyyât, hikemiyyât, mantık, hilâf ve nârenciyyât ilimlerinde de mahirdir.

Şâfiî mezhebine mensup olmakla birlikte yine Mevlâna'nın ifadesiyle ricâlullahın sohbetine eriştikten sonra bilgilerinin hepsini defterden silmiş, aklî ve naklî ilimlerden sıyrılıp tecrit, tefrit ve tevhit âlemini tercih etmiştir.

Şems-i Tebrîzî, seyahatleri boyunca karşılaştığı şeyhleri ve âlimleri melâmet tavrının bir gereği olarak gerçeklerin ortaya çıkması için imtihanlara tâbi tutmuş, velâyet tavrı baskın olanları şeriatla, şeriat tavrı baskın olanları velâyetle denemiş, bunların teslimiyet ve hakikat arayışlarının eksik olduğunu, cedelle vakit geçirdiklerini, hiçbirinin kendisini tatmin etmediğini, gerçek şeyhliği ve dostluğu Mevlâna'da bulduğunu ifade eder.

1237'de Bağdat'ta görüştüğü Evhadüddîn-i Kirmânî'yi şâhidbâzî tavrından ve sülûkte mübtedî olmasından dolayı dostluğa lâyık görmeyen Şems, 1240 yılı civarında Dımaşk'ta görüştüğü ve *Makālât*'ta daha çok Şeyh Muhammed diye andığı Muhyiddin İbnü'l-Arabî'den övgüyle bahseder, ancak ondan meşrep bakımından farklı olduğunu belirtir.

Şems, Halep'te on dört ay boyunca bir medrese hücresinde riyazette kalmış ve manevî işaret gereği sohbet dostunu bulmak için Anadolu'ya yönelmiştir. *Makālât*'ta;

- "Beni velîlerinle tanıştır" diye dua etmesi üzerine rüyasında;

- "Seni bir velîye yoldaş edelim" denilmiş, onun nerede olduğunu sorduğunda, ertesi gece o velînin Anadolu'da bulunduğunu, ancak tanışma vaktinin henüz gelmediğinin söylendiğini belirtmektedir.

Eflâkî'ye göre Şems, Konya'ya gitmeden önce Erzurum'da şehrin melikinin çocuklarına hocalık yapmış ve Kayseri'deki Hacılar suyolu vakfiyesine imza atmıştır.

Mikail Bayram; Erzurum-Erzincan üzerinden Anadolu'ya giren Şems'in, Konya'ya gitmeden önce Moğollar'la irtibat kurduğu, Konya'ya Moğollar tarafından gönderildiği, Mevlâna ile Moğollar arasındaki ilişkiyi onun sağladığını ileri sürmektedir. Tarihî bir belgeye dayanmayan bu iddiaları Hülya küçük tenkit etmektedir.

Mevlâna'ya göre Şems'in sırrı mutlak vahdet sırrıdır ki bu sırrı idrak etmek için mahv ve fenâ ehlinden olmak şarttır. Aksi takdirde sırrın ortaya çıkmasıyla onu idrak edemeyecek seviyede olanlar fitne ve kargaşaya yol açabileceklerdir. Ankaravî, Şems'i anlayamayanların öncelikle Hüsameddin Çelebi gibi bir mürşid-i kâmile bağlanması gerektiğini vurgular.[70]

Şems'e Konya, Niğde, İran'ın Hoy ve Tebriz şehirlerinde, Pakistan-Mültan'da türbe ve makamlar izafe edilmiştir. Abdülbaki Gölpınarlı, Şems'e suikast teşebbüsüne ve cesedinin Emir Bedreddin Gevhertaş'a ait bir bahçenin kuyusuna atılmasına dair rivayetleri gerçeğin menkıbeleşmiş şekli olarak kabul eder. Ona göre Şems, atıldığı kuyunun üzerine inşa edilen Konya'daki Şems-i Tebrîzî Zâviyesi'nde medfundur. Emîr Bedreddin Gevhertaş da Şems'in vefatından sonra kendi bahçesine yani Şems'in yanına defnedilmiştir. Gölpınarlı, Şems'in Mevlâna dergâhındaki Bahâeddin Veled'in yanına defnedildiği rivayetinin geçersiz olduğunu, zira bu

---

[70] A. g. a.

kabrin Şems-i Tebrizî'ye değil Şemseddin Yahya'ya ait olduğunu söyler.[71]

Şems'in Mistik ve Psikolojik Kişiliği

Gizemli ve sıra dışı bir sufî olan Şems, belli bir yerde uzun süre kalmayan zor isimdir. Şems, uykuda olan gönüllere kozmik bir şok uygulamış ve bu hareketiyle Mevlâna"da büyük bir ilgi meydana getirmiştir.

Hüdavendigar ve ilgi odağı haline gelen Şems arasındaki farkı, şu cümlelerle tasvir ve tasavvur edebiliriz:

"Şems-i Tebrizî, zeka gibi görünen ruh, çılgınlık gibi açılımlar, kavisler çizen maneviyat mantığıdır. Dersin nasıl iptal edileceğini ders kürsüsünde anlatmaya kalkışan müderristir O. Resmiyetin, teşrifatın dışındadır Şems-i Tebrizî. Katışıksız samimiliktir O. Ama Mevlâna, ne kadar adetlerin dışına çıkarsa çıksın, belli bir resmiyet içindedir görevi gereği. Onun dışında olan alana Şems-i Tebrizî memurdur. Asıl merkezi göstermek için çevreden dolaşacak olan O'dur. Işığa işaret etmek için O'nun etrafında dolaşan pervane odur."

Mevlâna, Şems"i, özgür ruhlu ve çekici bir insan olmanın yanı sıra, içsel varlık düzeyinde bir okyanus kadar çok sembolü anlayabilen bir kişi olarak görür. Şems sırların sırrı ve aydınlanmanın nurudur. Hiç kimse ne onun gibisini görmüş, ne de onun çekim gücüne sahip olmuştur. Bir rehber olarak o, ulaşılması ve anlaşılması zor bir şahsiyet ve irfana sahiptir.

Dünya metaına önem vermeyen Şems'in, pejmürde, garip, eski, zahirî dünyaya hitap etmeyen bir kıyafeti vardı. Dünyanın nimet ve ihtiraslarından kendini soyutlamıştı.

---

[71]   A. g. a.

İlim irfan ve kerametleriyle övünmediği gibi, başka insanları da hakir görmezdi.

Önde gelen oryantalistlerden Baron Carra De Vaux'nun da anlattığı gibi Şems herhalde başkalarının üstünde manyetik çekiciliğini kullanarak etki meydana getirmekten haz duyan bir kişilik yapısına sahipti.

"Benim sohbetime yol bulan kimsenin alameti şudur ki: Başkalarının sohbeti ona soğuk ve tatsız gelir" diyecek kadar da kendine inanır ve güvenirdi. Zaten o, muhatabının benimsediği tavra göre anında tavır geliştirirdi. Bu özelliğini herhangi bir komplekse girmeden ve ifşa olmaktan çekinmeden şu ifadeleriyle gösterir: **"Ben samimi olarak niyazda bulunanlara karşı çok mütevazi davranır, alçak gönüllük gösteririm. Ama diğerlerine karşı, çok kibirli ve gururla davranırım"** der.

Kendisinden beklenen davranışları sergilemeyen veya ne tepki vereceği tahmin edilemeyen, dolayısıyla standart bir kişiliğe ve kimliğe sahip olmayan Şems, bir taraftan bazı kimselerce evliya derecesinde saygı duyulabilen, bazılarınca da iğrenç ve sinik görülerek nefret duyulabilen bir hale gelebiliyordu. Ama o yine de, âlim olmakla beraber şiddetli ruhanî bir cezbenin etkisinden kendisini kurtaramıyordu.

Görünen dünyanın cazibesine kendisini kaptırmayan Şems, yeri geldiğinde dış görünüşe bağlı kalanların düşüncelerine ve inançlarına muhalif tavır sergiler, böylece onların beklenti ve umutlarını boşa çıkarırdı.

Serbest ve özgürlükçü düşünme hareket tavrı ve tarzı içindeki Şems, bilinen tek eseri *Makalat*'ta, geniş bir bilgiye ve gelişmiş, eleştirel bir zekaya sahip olan, insanı çok iyi tanıyan ve onun eylemlerinin doğurduğu problemleri iyi tahlil eden, tanınmaktan kaçan Melâmî-meşrep bir derviş profili çizer.

Şöhreti afet olarak kabul eden ve deşifre olmaktan sakınan Şems, bu özelliğini bir tüccar edası ve kıyafetiyle perdeler.

Kendisini gizlemesine rağmen o, olgun, olgunlaştıran, söz (kal), hâl ve keşif sahibi bir Allah dostuydu. Bunun için ona ilâhî bilgi ve hakikat arayıcıları müracaat ederdi. Cennet yolcularına keşif ve vuslat yolunun istikametini tahayyül ettirirdi.

Kendisinin diğer yaratılmışlardan ayrıştırılmasına tahammül edemeyen hatta fırsat bile tanımayan Şems, bizden biri olup, bize tüm varoluşumuzla bizi anlatan ve bizi yaşatandır.[72]

Şems'in Eğitimci Yönü

Şems'in eğitimcilik yaptığını bize Makalat haber vermektedir. Makalat'ta şöyle belirtilir;

"Öğretmenlik yapıyordum, bir çocuk getirdiler hoppa! Gözleri kıpkırmızı, sanki yalpa vuran bir sarhoş gibi geldi. "selam sana üstad!" dedi. Evet oraya oturdu, anne ve babası ile sözleşme yaptım. Eğer eli kırılmış olarak yanınıza gelse bile hiçbir telaş göstermeyeceksiniz" dedim. "Bizim çocuğumuza karşı beslediğimiz yufka yüreklilik yüzünden belki kendi elimizle dövmeye gönlümüz razı olmaz. Ama sen döversen hiç ses çıkarmayız, size senet verelim. Bu çocuk bizi darağacının başına götürmüştür." Dediler. Mektebimizin çocukları hep başları önlerinde çalışıyor, etrafına bakışıyorlardı. Öğrencilerden birini çağırdı, şakalaşmak, oynamak istedi. Hiç kimsenin kendisiyle ilgilenmediğini görünce kendi kendine, "bunlar ne adamlarmış" diye mırıldanıyordu. Gizlice birinin saçını çeker, ötekine çimdik atar, çocuklar da onun oturduğu tarafa oturmak istemezlerdi. İş bu şekilde uzayıp

---

[72] http://akademik.semazen.net/

giderken kendimi her şeyden habersizmiş gibi gösteriyordum. Ara sıra, " ne oldu? Ne gürültü ediyorsunuz?" diyordum. "Hiç üstad" diyorlardı. Orada dışarıdan biri işaret etti. Önce ona bağırdım, ödü koptu, biraz sonra yerinden sıçradı. "artık ben gideyim üstad! Pek erken geldim, henüz yeniyim" dedi. İkinci gün tekrar geldi. Sordum kendisine; "Paydos vaktine kadar ne okudun? Gel oku" dedim. Kitabı önümde açtı, bir kenarından biraz yırtılmıştı. "Kitabı nasıl koruyorsun?" dedim. Bir tokat patlattım. Hemen yere yuvarlandı. İkinci, üçüncü tokadı da vurduktan sonra saçlarını yolmaya başladım. Ellerini kanattım, sonra da falakaya yatırdım. Aramızda Hoca reis dediğimiz bir kalfa vardı, gizlice ona seslendim. Çocuğa yardım etsin diye işaret ettim. Fakat hiç aldırış etmiyor gibi görünüyordu. Çocuk içinden, "hele bakın Hoca reis'e karşı nasıl davranıyor?" diye hayret ediyordu. Niçin geldin? Diye kalfaya çıkıştım. "Sizi görmek istedim de onun için geldim" dedi. O konuşurken çocuk gizlice yutkunuyor, ona işaret ediyor, "aman bana yardım et" diye yalvarıyordu. Kalfa dudaklarını ısırarak kendisini kurtarmak için fırsat kolladığını anlatmak istiyordu. Hoca Reis; "şimdi ben buradayım korkma diye işaret ederken, biraz sonra da bana artık bu sefer izin verin de ayaklarını çözeyim" diyordu. Ben susuyordum. Nihayet çocuğu kaldırdılar, bir hamalın sırtında evine gönderdiler. Bir hafta evinden dışarı çıkmadı. Ertesi sabah namazdaydım. Annesi, babası geldiler, ayağıma kapanarak; "sana olan teşekkür borcumuzu nasıl ödeyeceğiz?" dediler. Halbuki kendi kendime belki gelmezler de ben de kurtulurum demiştim. Nihayet bir hafta sonra oğlan yanımıza geldi, uzakça bir yere oturdu. Gizlice korkak bakışlarla etrafı süzüyordu. Ona seslendim, "yerine otur" dedim. Bu sefer terbiyeli bir durumda kitabını açtı, dersini okumaya başladı. Herkesten daha terbiyeli ve uslu

olmuştu. Birkaç gün sonra yine unuttu. Dışarıda aşık oyna-
dığını söylediler. Keşke o söyleyen gammazlık etmeseydi.
İçeride, çocukları dövmek için değil, korkutmak için bir sopa
vardı. Bu sopayı aldım. Oynadıkları yeri temizlemişler, bo-
yuna aşık atıyorlardı. Arkası bu tarafa dönüktü, ben, "keşke
beni görse de kaçsa" diye düşünüyordum. Öteki çocuklar
onunla benim aramdaki durumu bilmedikleri için ona kaç
demiyorum, benim arkamda kalan çocuğun canı burnuna
geliyor, renkten renge giriyor, onunla gözgöze gelmek için
fırsat kolluyordu. Bir işaret versin de arkadaşını bu tarafa
kaçırsın diye çırpınıyordu. Halbuki o kendinden geçmiş
haldeydi.

Önüne vardım; "selam sana" dedim. Hemen yere yuvar-
landı, elleri titredi, rengi uçtu, kupkuru kesildi. "kalk" di-
yordum, "kalk" gidelim. Geldi, kitabının yanına götürdüm,
bundan sonra da sopayı suya koydum. Öyle yumuşadı ki,
öyle bir şey oldu ki hiç sorma. Onu falakaya çektiler. Tek ba-
şın on iki çocuğa birden vuruyordu. "ama üstad! Onu arık
bir çocuk bile falakaya çeker, ayaklarını sarar" dedi. Kalfaya
diyordum ki, "bari sen vur, çünkü benim vura vura elim şiş-
ti." Kalfa birkaç sopa vurdu. Kalfaya, "tutun, şöyle vurun"
dedim. O bakıyordu, bu sefer sopayı kaldırdım kalfaya vur-
dum. Kendimce çocuğu dövüyordum sanki. Dördüncü so-
pada ayağının derisi sopayla beraber kalktı. İçimden sanki
bir şey koptu aşağı düştü. Birinci ve ikinci sopada bağırmıştı,
ötekiler de ses çıkarmadı. Sonra dışarı çıktı annesi sordu,
"nereye gidiyorsun?" "Üstada gidiyorum" dedi. Annesi;
"ama nasıl gideceksin?" deyince, "o benim efendimdir, onun
yerini kim tutar? Ben ölünceye kadar ondan ayrılmam, be-
nim ne olacağımı, hangi kuru darağacında kalacağımı Allah
bilirdi. O beni yola getirdi. Beni tekrar mektebe götürün" di-
ye annesine babasına yalvarıyordu. Annesi ve babası dua

ediyorlar, komşuları hep birden ellerini kaldırmış hem dua ediyor, hem de diyorlardı ki; "bu, öyle bir fedaiydi, ne kendisini, ne de büyükten, küçükten hiç kimseyi sağ bırakmayacaktı. Şehrin şahından bahsetsem, ona söverdi, öyle cesaretli, öyle korkusuzdu ki, yüz adam öldürmüş olan bir kanlıya karşı bile pervasızca davranırdı. Hülasa bu öğrenci bütün arkadaşlarından daha uslu, daha saygılı olmuştu. Bir arkadaşı kendisine bir işarette bulunsa elini ağzına götürür; "sus" diye mırıldanırdı.

Nihayet kısa bir süre içinde bütün Kur'anı ona öğrettim. Hoş bir sesle ezan okuyordu. Bundan sonra bir daha gelmedi.[73]

Öğretmenliğinin her aşamasında öğrencilerine öğüt verme yolunu tercih eden Şems, onlarla farklı bir iletişim yolu kurmuştur. Bu konuda kendisi eserinde şu açıklamayı yapar;

"Bir alay öğrencim vardı. Onlara sevgi ve öğüt verme yoluyla ağır sözler söylüyordum. Şems'in; eğiticiliği, öğrencilerine ders vermekten öteye geçerek halkı da bilinçlendirmeye kadar varmıştır. Zira o, çeşitli ortamlarda verdiği vaazlarla insanlara doğru yolu gösterir. Ona göre vaaz etmek zordur. Şems-i Tebrîzi çoğu zaman vaazını dinleyen topluluktan şikâyet eder, bir vaazı hakkında şöyle der;

"Yarın vaaz etmek gerekiyor. Bu zordur ama bir kapı açılmıştır. Çare yok. Bu kapıyı kapadın mı feryatlar, şikâyetler, ayıplamalar başlar. Keşke bunun onlara bir faydası da olsa. Söylenmesi gerekli bütün sözler söylenmiştir. Açık ve kapalı anlatılmıştır. Ama hiç öğüt dinlememiş gibi davranırlar. Ne sözün açık anlamını kavrayabilirler, ne de maksat ve manasını anlarlar. Mademki anlamıyorlar bu konuda nasıl

---

[73] MAKALAT, s. 452

konuşabilirim? Bilgiye dayanmayan amelin sonu sapkınlıktır. [74]

Mevlâna, Şems ile olan halveti esnasında hayatta bulunduğu yüksek makamdan daha yüksek bir düzen olduğunun farkına vardı. bu düzenin, insanın akıl boyutuyla sınırlı kalamayacak kadar yüce ve kapsamlı, muhteşem bir aşk vadisi olduğunu hissetti.

Şems, sınadığı öğrencisi Mevlâna imtihanı başarıyla geçince ondaki cevherin değerinden emin olmuş ve ona tasavvufi bir değişim yaşatmaya başlamıştı. Önce Mevlâna'ya kendi kendini yaşadığı toplumdan tecrit ettirdi. Mevlâna bu tecrit fiiline gönüllü itaat etti. Daha önce değer verdiği her şey nazarında değerini yitirdi. Şems, bu süreçte Mevlâna'daki kıvılcım bekleyen çırayı tutuşturdu, alevleri arasına aşk ve tefekkürü yerleştirdi. [75]

Şems, Mevlâna'yı; Aşk, Meveddet, Heva, Hillet, Muhabbet, Şegaf, Hüyam, Valeh gibi Tasavvufi makamlardan geçirmiş, tasavvufi eğitime tabi tutmuştur.

Bunları anlayabilmek için "Makalat'ta geçen Tasavvufi Terimler" kısmına bakılmalıdır.

Şems'in amacı; Mevlâna'nın bütün fikir ve nazarlarını kalbinin merkezinde yoğunlaştırmak, böylece onun hakikatine berrak bir ayna olup eşsiz kemalini, kendinden kendine müşahede ettirip farkına vardırmaktı. [76]

Diyebiliriz ki Mevlâna gibi bir deryayı yetiştiren Şems'in daha üstün değerlere sahip olması gerekir. Mevlâna'ya;

---

[74] ÜRKMEZ, a. g. e. s.38
[75] ÜRKMEZ, a. g. e. s. 131
[76] ÜRKMEZ, a. g. e. s. 142

"Hamdım, Piştim, Yandım" dedirten bir aşk erinin herhalde sıradan bir insan olması düşünülemez.

Şems'in Tasavvuf Anlayışı

Şems, tasavvufu tattırıcı bir zevkle sunan en güzel sakidir. Öyle bir saki ki, sunduğu aşk şarabıyla durgun bir okyanusu öyle dalgalandırmış, öyle dalgalandırmış ki, hasıl olan sarhoşluktan ve ayrılış hasretinin acısından, yetmiş bin beyitten oluşan bir şiir meydana gelmiştir. Dalgalanan bu okyanus, meydana getirdiği eserlerden Divan-ı Şems'i, Şems'e kendisi ithaf etmiştir.

Şems, zahiri ilimleri tahsil etmiş olsa da, zahiri ilmin hakikat gözüne perde olacağını, ilim ve marifet güneşinin kalpte zuhur etmesi gerektiğini düşünür.[77]

Şems-i Tebrîzi, Ebubekir Kirmani'den ve Baba Kemal-i Cündi'den feyz aldı. Onunla beraber, Baba Kemali'nin yanında, Şeyh Fahreddin Iraki de ders aldı. Şeyh Fahreddin, her keşif ve halini, şiirler halinde Baba Kemal'e arz eder bildirirdi. Bir gün Baba Kemal, Şems'e; "sana esrardan ve hakikatlerden bir şey hâsıl olmuyor mu? Neden hiç söylemiyorsun?" dedi. Şems; "ondan daha çok oluyor, fakat ben onun gibi şiir söyleyemiyorum" cevabını verdi. Bunun üzerine Baba Kemal; "Allahü Teâla, sana öyle bir arkadaş ihsan eder ki, o senin adına her marifet ve hakikati söyler"buyurdu. Şems, hocalarını çok sever, derslerine çok çalışırdı.

Şems-i Tebrîzi; dünyaya hiç kıymet vermez, haram ve şüphelilerden sakınır, mübahların fazlasını terk ederdi. Bir yerde durmaz, talebeleri bulundukları yerlere giderek onları yetiştirirdi.[78]

---

[77] ÜRKMEZ, a. g. e. s. 255
[78] EVLİYALAR ANSİKLOPEDİSİ, İhlas Gazetecilik, İstanbul 1993, c.11, s. 191

Benim bu âlemde halkla bir alışverişim yok. Ben onlar için gelmedim. Ben bu dünyada Allah yolunu gösteren kimseleri seçerim.

Ben mürit kabul etmem fakat şeyhleri eğitirim. Her şeyhi değil, kâmil olanı. Seven gözler ayıpları hiç görmez, öfkeli gözler ayıpları açıkça görür. [79]

Allah bana farz olan yedi veya sekiz işi bir arada yapma gücü verdi. Bazı erenler acele edip üstün olduklarını göstermek isterler ama pek de üstün değildirler. Bazı erenler sırları yavaş yavaş açarlar fakat çok hareketli ve güçlüdürler.

Kervansarayın bir köşesindeydim. Bana birisi sordu, "Tekke'ye gelmeyecek misin?" dedim ki; "ben kendimi Tekke'ye layık görmüyorum ve bu konuda fazla bilgim de yok. Tekke; yemek için derdinden uzak ve vakitlerini boş geçirmek isteyenler içindir. Onun için bana göre bir yer değil." Sordular; "pekiyi medreseye gelmez misin?" "Ben tartışmayı sevmem ve eğer kelimelerin derinliğini bilsem o zaman tartışmaya ne gerek var? Eğer kendi fkirlerimi tartışmaya açsam, bana gülerler ve kâfir derler. Benim gibi bir garibe ancak bu kervansaray yakışır" dedim. [80]

Kendime dedim ki; "beni bu şekilde yaratan Allah ile doğrudan doğruya konuşmadıkça ve sorduğum sorulara cevap almadıkça benim yemek veya uykuyla ne işim vardır? bu âleme körü körüne yemek yiyip, içmek için mi geldim? O'na neden geldiğimi ve nereye gideceğimi sormalıyım, ancak ondan sonra yemek yiyip uyuyabilirim. Ayrıca kurtuluşum ve sonum hakkında da bilgi almalıyım ki burada rahat ve dertsiz bir hayat sürebileyirm. Çocukluğumdanberi amacım buydu ve hep buna yöneldim.

---

[79] TÜRKMEN, a. g. e. s. 60
[80] TÜRKMEN, a. g. e. s. 61

Ben, küfür eden kişiyi beğenirim, fakat beni öveni pek tutmam zira övgüden dönülürse daha kötü olur. Münafık, kâfirden daha kötüdür. Kur'an; "ikiyüzlü insan, cehennemin alt katındadır." Buyurur.[81]

Şems-i Tebrizî hazretleri, alışılmışın dışında bir meşrebe sahip, oldukça farklı bir velidir. Her ne kadar Mevlâna'nın yanında geçirdiği süre dışında hayatı ile ilgili bilgilere çok fazla rastlanılmasa da bilindiği kadarıyla hayatını ve bir takım görüşlerini incelediğimizde, onun monoton sade, sakin, tek renkli ve tekdüze bir tasavvuf anlayışını benimsemediğini görüyoruz. Kısacası hal ve hareketleri, konuşması, görüntüsü, giyimi kuşamı ile Şems, klasik bir veli portresi çizmemektedir. O ilahi aşkın bütün renklerine aynı anda bürünebilen; ismi ile müsemma bir şekilde parlayan, parladıkça coşan, tabir-i caizse kabına sığmayan bir velidir. Şems-i Tebrizî'nin mizacı ile ilgili olarak özet mahiyetinde şunları söyleyebiliriz: O kılık kıyafete, mala mülke fazla önem vermeyen, ahbaplıktan ve şöhretten hoşlanmayan, bazı zamanlarda derin düşüncelere dalan, doğru bildiğini dobra dobra söylemekten çekinmeyen, büyüklük taslayanlara karşı mağrur davranan, kendisiyle yeni tanışanlara esrarengiz görünen, ilginç sorularla etrafındakileri şaşırtan, nükteli, mecazlı ve derin konuşan fakat bazı zamanlarda alaycı, küçümser, kırıcı ve hırçın da olabilen bir mizaca sahiptir.[82]

Bu durumda ilk bakışta olumsuzluk olarak nitelendirilebilecek söz konusu olan bu farklılıkları yüzeysel bir bakış ile değerlendirmek yerine velilerdeki meşreb farklılıklarına hamletmek daha doğru olacaktır.Yüce Allah "gül"ün tabiatını yaratırken onu dikenleri ile birlikte yaratmıştır. Ve güller

---

[81] TÜRKMEN, a. g. e. s. 63
[82] KABAKLI Ahmet, Mevlâna, İstanbul, 1991, s. 37, 42

dikenleri ile birlikte güzeldir. Her ne kadar görüntüde Şems, coşkun akan bir ırmak gibi hırçınca çağlıyor görünse de aslında iç aleminde ilahi sevginin verdiği huzur ile derinden derine akan sakin bir ırmak gibidir. Dışarıdan görünen hareketlilik ise dayanılmaz derecedeki Allah aşkının, gönlüne verdiği heyecanın zahirdeki kıpırtılarıdır. Onun bazı davranışlarını tasavvuf düşüncesi içerisinde bile olsa, açıklamak hayli zordur. Sıradan insanlar için yapılması sakıncalı olan bir takım davranışlar, Şems-i Tebrizî tabiatındaki bir veli için normaldir. Şöyle ki güle dikenleri yakışır, çünkü Cenab-ı Mevla onu öyle yaratmıştır. Şems de bütün hırçınlıkları, gariplikleri ve sözlerindeki keskinliği ile birlikte güzeldir. Uzun uzadıya Şems'in tavırlarını ve davranışlarını aklî bir izahla savunmanın anlamı yoktur. Çünkü Yunus Emre'nin de "Aşk gelicek cümle noksanlıklar tamam olur" diyerek ifade ettiği gibi aşk gelince tüm kusurlar ortadan kalkacaktır. Nitekim her anında bütün zerreleriyle ilahî aşkı yaşayan ve bu aşk ile yanıp tutuşan Şemsi Tebrîzi gibi bir veliyi kusur arayan gözlerle ve şüpheyle bakan bir akılla değerlendirmek doğru olmasa gerektir. Onu hakkıyla anlayabilmek için sevgi alemine onun penceresinden bakabilmek gerekir. Bu olmadığında gözler görüntüdeki kusurlara ilişecektir. Onun davranışlarına zahiri kıyas mantığıyla bakıldığında, bunlar akla yatmıyor gibi görünse de aşk formatında değerlendirildiğinde normal görülebilir. Onun söz konusu tavırlarını açıklarken bunu yaşadığı dönemdeki misyonu ile de alakalandırmak gerekir. Çünkü onun ilk etapta "uçuk" olarak algılanabilecek sözler söyleyerek insanları şaşırtmak ve bu sayede "ilahi aşk"a dikkat çekmek gibi bir misyonu söz konusudur. Ve bunda da çok başarılıdır. Mesela bir gün Şems, medresenin önünde otururken, önünden cellat ve katil bir adam geçer. Yanındakilere, o adamın bir veli olduğunu söyler. Yanındakiler ise ona "Nasıl olur o bir canidir daha geçen gün mübarek bir zatı öldürdü" diye itiraz ederler. Şems'in onlara verdiği ibretli cevap şöyledir: "İyi ya, siz söylüyorsunuz işte. O bir veliyi öldürdü. Demek ki onu beden zindanından kurtardı. Bu hizmeti dolayısıyla ölen de veliliğini ona bağışlamış oldu."[83]

Bilindiği gibi tasavvufta büyük şeyhler hakkında eleştirilerde bulunmak yanlış bir davranıştır. Çünkü salik şeyhinin değil kendi kusurlarını görmekle mükelleftir. Fakat Şems bazı hikmetlerden dolayı kendisini bu tip kurallarla sınırlamamıştır. O birçok ünlü şeyhle görüşmüş, hemen hepsini de kınamıştır. En büyük şeyh anlamına gelen Şeyh-i Ekber diye anılan Muhyiddin İbni Arabi'yi (ö.637/1239) bile beğenmemektedir. Şemseddin, Mevlâna'dan önce hiç kimseye baş eğmiş değildir. [84]

"Şems, ilk mürşidi Ebu Bekir Selebaf'ı bile: 'Ondan birçok yücelikler elde ettim. Fakat bende bir şey vardı ki şeyhim onu göremiyordu. Zaten hiç kimse onu görememişti. İşte onu Mevlâna Hüdavendigar'ım gördü' diyerek hafifsemektedir." [85]

Belki de onun bu eleştirici tavrı, arayıp bulamaması ve aramaya devam ederek Mevlâna'ya yaklaşması için, gerekli bir tavırdı. Zira kaderin rotası belliydi ve onu git gide o buluşmaya yaklaştıracak sebeplere ihtiyaç vardı. Belki de diğer şeyhlere olan uzaklığı onu Mevlâna'ya yaklaştıran birer sebepten ibaretti. Eflaki'nin anlattığına göre Şems Bağdatlı şeyh Evhadettin Kirmanî'ye karşı da benzer bir tavır sergilemiştir. Bir gün Şems ona "Ne alemdesin?" diye sorar, o da başka mânâlar kastederek "Leğendeki suda ayın on dördü-

---

[83]   KABAKLI, a. g. e.
[84]   GÖLPINARLI, Abdülbaki, Mevlâna, İstanbul, 1996, s. 9
[85]   KABAKLI, a. g. e.

nü seyretmekteyim" diyince Şems "Ensende çıban mı var ki başını kaldırıp göğe bakmıyorsun" diye çıkışmıştır.[86]

Şems-i Tebrîzi, âdet olsun diye yapılan şeklin ötesine geçemeyen ayinlere, tek tip kıyafet giyen tarikat mensuplarına karşıdır. Ayrıca mânâsı önemsenmeden kuru kuruya nakil yoluyla aktarılan bilgilere karşı da bir mücadelesi söz konusudur. Şems, gönülden gelen bilgiye kıymet veren ve onu izhar etmekten de çekinmeyen bir yapıya sahiptir.

Gölpınarlı'nın anlattığına göre; "Şems mesela bir gün Tanrı ve Peygamber buyruğundan, büyüklerin sözlerinden bahsedenlere 'Ne vakte dek şunun bunun sözlerini nakledeceksiniz? Ne vakit kendi kitabınızdan söz söyleyecek, ne zaman Rabb'im, kalbime dedi ki diyebileceksiniz?' diye bağırmıştır."[87]

Anlaşılan odur ki o, bazı keskin eleştirilerini tasavvufu şekilselciliğe indirgeyen anlayışlara karşı tepkisel olarak sergilemiştir. Aslında şekilciliğe karşı büyük sûfilerin tamamının bir tepkisi mevcuttur fakat ifadeler Şems'in ifadeleri kadar sert olmadığı için bu kadar tartışılmamıştır. Netice itibariyle Şems-i Tebrîzi hazretleri de diğer Allah dostları gibi tasavvuf tarihimizde güzel izler bırakmış mübarek bir zattır. Zaten öyle olmasa Hz. Mevlâna gibi bir hak aşığının gönlüne bu denli tesir etmesi de söz konusu olamazdı. Onun farklı mizacına tasavvuf tarihi tarihi açısından baktığımızda bir zenginlik ve farklı bir renk olarak değerlendirebiliriz.[88]

Şems'in Namaz ile ilgili Görüşleri

Şems'in namaz ile ilgili görüşlerini "Makalat" isimli eserinde çok çarpıcı ve dikkat çekici ifadelerle görmekteyiz. O

---

[86] KABAKLI,a.g.e.
[87] GÖLPINARLI, a. g. e.
[88] www.burhandergisi.com

kadar ki; çoğumuzun; "kıl beşi kurtar başı" diye tekerleme haline getirdiğimiz ve hiçbir şuur belirtisi olmadan sathi bir vaziyette kıldığımız namazlara atıf yapmaktadır.

Sevgili peygamberimiz; "öyle namaz kılanlar vardır ki namazları bir yorgunluktan öte geçmez, öyle Kur'an okuyanlar vardır ki, Kur'an ona lanet edecektir." ikazı bizi uyandırmalıdır.

Beş vakit namaz farzdır. Bunu âşikâr kılarsın. Yolun ayrı da olsa, onun farz oluşundan dolayı açıkça kılarsın. Geceden sonra kadını uykuda bırakır, oğlunu kuru üzümle avutur, kızını cevizle oyalar sabaha kadar namaz kılabilirsin, bu helaldir. Hz. Muhammed (SAV)'in dini böyledir. Ezan okuyan yere de gider, halvette de kalırsın. Manevi dalgınlıktan dolayı müezzinin sesini duymadıysan, kaçacak delik aramaktansa Allah gölgesine sığınmak daha uygundur. O zaman bütün soğukluklardan, ölümlerden güvenlik bulur, Hakk'ın sıfatlarıyla süslenmiş olursun. Daima diri, varlıkları ayakta tutan o yüce mevla'nın varlığını anlarsın. Ölüm seni uzakta görse bile ölür. Çünkü ilahi bir hayat bulursun. Bu yolda yürümek sessizce olmalıdır ki, kimse duymasın.[89]

Namazda ihlas, samimiyet ve kendini namaza vermek önemlidir. Namazı Hz. Ali gibi kılmak gerekir. Değilse namaza durunca bütün dünyevi meşguliyetlerle beyni meşgul etmek, kafamızın içinde daima hesaplar yapmak, kasamızı, kesemizi düşünmek namaz değildir. Namaz; Allah'la konuşmak, O'nunla iletişim kurmaktır. Bir üst makam sahibinin huzuruna çıkınca bütün varlığımızla yani can kulağıyla nasıl dinler, hiçbir harfini kaçırmazsak, namazda da Allah'ın kelamını dikkatli bir biçimde dinleyip, okuyup kendimizden geçmemiz gerekmez mi?

---

89 MAKALAT, s. 188

Bize gerekli olan, kâh kılınan, kâh bir özür veya dalgınlık yüzünden erişilemeyen o zahir namazını bir tarafa bırakmaktır. Çok ayık ve aklı başında olan insan da onu yapar. Bazen namaz kıldığını da söylemez. Zaman olur ki, devamlı namaz halinde olduğunu da söyler. Erkekse, kadını boşayacağına yemin eder. Kadınsa, elli defa Kur'ana el basarak yemin eder, doğru sözlü olur. Çünkü namazın zahiri ve Batıni olanı vardır. Batının zahiri olduğu gibi.

Batın namazı; kalp huzurudur. Bu halde doğru yemin etmiştir o insan. Hele mal dağıtmak, sadaka vermek hususunda hiç kimseye söylemeden hatırından bile geçirmeden, ben hayırlı bir iş yaptım diye düşünmeden iyilik yapan kimse, doğru yoldadır.[90]

Şems; zahiri ve gösterişe yönelik namaza karşıdır. Bu tür namazı kılmaktan kılmamanın daha iyi olduğunu söyler. Eğer içten bütün benliğimizle namazın tadını alarak kılıyorsak, bu namazın gerçek namaz olacağını belirtir.

Biri cemaate geç geldi; "namaz kılındı mı?" diye sordu. "Evet" dediler. Bir ah çekti, oradaki bir Allah eri; "ah" dedi. Ve; "bütün ömür boyunca kıldığım namazları sana vereyim, sen o ahı bana ver." Dedi ki, "şimdi bana da gerekliydi" bak ki ne işarettir? Onu söyleyen dosttur. Hz. Muhammed (SAV)'e uymak ona derler ki, o miraca gidince sen de arkasından yürüyesin. Çalış ki gönüllerde bir yurt kurasın. Dünyayı istersen ziyanlı çıkarsın. İbadetle uğraşırsan; Hakk'ı arar, Allah erlerine hizmet yolunu tutarsın.[91]

Kur'an'da; "siz sanır mısınız ki, sizi boş yere yarattım?" buyrulur. Bu; sizin yaratılışınız, bir tesadüf eseri yahut boşuna değildir. Bir dönüş içindir. Eğer sen övüyorsan, bu kö-

---

90 MAKALAT, s. 224
91 MAKALAT, s. 316

tüleme ile ne işin var? Sen herkesi kötüledikten sonra. Diyelim ki ağzın şeker doludur, pekiyi sirkenin senin ağzında ne işi var? Ağzın sirkeyle doluysa, senin namaz kılmaman sana utanç olmaz. Namaz kılmak için niçin sana utanç versin? Gördün ki orada arıklar var, utancın ne yeri var?[92]

Şu avam denilen topluluk beş vakit namaz kılarlar ki, azaptan kurtulsunlar. Yazıklar olsun onlara ki, Hz. Muhammed (SAV)'e uymaktan kendilerini uzaklaştırmışlardır.

Bir Arap sordu; "Ey Allah'ın elçisi! Allah'ın emri nedir?" peygamber, "beş vakit namazdır" dedi. Tekrar sordu; "ya Oruç?" Hz. Muhammed (SAV); "otuz gündür, zekat da böyledir." Karşılığını verdi. Arap tekrar sordu; "bana bunlardan başka teklif var mı?" "hayır" dedi peygamberimiz. "öyleyse ben bunlardan fazla bir şey yapmayayım" dedi ve dışarı çıktı. Bunun üzerine Peygamberimiz; "o bunları yapmakla kendini kurtarır." Buyurdu. [93]

"Mevlâna ve Şems ilahi aşk sarhoşluğu sebebiyle namaz kılmıyorlardı" sözü tamamen yanlıştır. Bunu Şems'in şu sözlerinden anlamak mümkündür;

"Nasıl ki, Hz. Muhammed (SAV); "okuma olmadan namaz olmaz ve yine kalp huzuru olmadan namaz olmaz" buyurur. Bir zümre sandılar ki, surette gönül hoşluğuna erenlerin artık namaza ihtiyaçları yoktur. Onlar dediler ki; "maksat hasıl olduktan sonra artık ona ermek için sebep aramak yersizdir." Onların sandıkları gibi bunu bir an için doğru farz edelim; onlara hakikat tamamıyla yüz göstermiş vr onlarda velilik, gönül hoşluğu, kal huzuru baş göstermiş diyelim. Bütün bununla beraber namazın zahirde terk edilmiş olması onlar için bir eksikliktir. Sana gelen bu kemal ve ol-

---

92   MAKALAT, s. 330
93   MAKALAT, s. 389

gunluk hali önce Allah resulü Hz. Muhammed (SAV)'e de gelmişti. Her kim, "böyle değildir" derse onun boynunu vurur öldürürler. "Bu gönül hoşluğu hali Hz. Peygambere de hasıl oldu" diyene sorarım. O halde niçin Hz. Peygambere uymuyorsun? O büyük kerem sahibi, müjdeleyici ve korku verici eşsiz Peygamberin, o parlak hakikat ışığının izinden niçin yürümüyorsun?[94]

Hazret-i Mevlâna'nın Manevi Yolculuğundaki Safhaları

Mevlâna, manevi yolculuğunu, olgunluğa ermesini, su sözünde toplamıştır; "hamdım, piştim, yandım." Mevlâna'nın pişmesi, babası Sultanü'l-Ulema Bahaeddin Veled ve Seyyid Burhaneddin'in feyizli nefesleriyle, yanması da Şems'in nurlu aynasında gördüğü kendi güzelliğinin aşk ateşiyledir.

Hazret-i Mevlâna ile Şems Hakkında

Mevlâna, Şems ile Konya'da buluştuğu zaman tamamıyla kemale ermiş bir şahsiyetti. Şems, Mevlâna'ya ayna oldu. Mevlâna, Şems'in aynasında gördüğü kendi eşsiz güzelliğine âşık oldu. Diğer bir ifadeyle Mevlâna, gönlündeki Allah aşkını Şems'te yaşattı. Mevlâna'nın Şems'e karşı olan sevgisi, Allah'a olan aşkının miyarıdır (ölçüsüdür). Çünkü Mevlâna, Şems'te Allah cemalinin parlak tecellilerini görüyordu. Mevlâna açılmak üzere olan bir güldü. Şems ona bir nesim oldu. Mevlâna bir aşk şarabıydı, Şems ona bir kadeh oldu. Mevlâna zaten büyüktü, Şems onda bir gidiş, bir neşve değişikliği yaptı. Şems ile Mevlâna üzerine söz tükenmez. Son söz olarak şöyle söyleyelim, Şems, Mevlâna'yı ateşledi, ama karşısında öyle bir volkan tutuştu ki, alevleri içinde kendi de yandı.

---

[94] ÜRKMEZ, a. g. e. s. 129

ŞEMS-İ TEBRİZİ HAKKINDA KİM NELER DEDİ?

PROF. DR. Nevzat TARHAN

Önemli bir tartışmaya açıklık getiriyor. Öteden beri tartışılan Hz. Şems ve Hz. Mevlâna ilişkisini bilimsel temellere dayandırarak açıklıyor. Batı medeniyetlerinin modernizm kisvesi altında Şemsi Tebrizi ile Mevlâna Celaleddin Rumi arasında yaşanan bağlılık ilişkisinin yanlış yorumlandığına vurgu yapan Tarhan, Şems ve Mevlâna arasındaki bağın bilinçli bir şekilde erotik bağlanma modeline çekilmek istendiğine dikkat çekiyor.

"Hz. Şems ile Hz. Mevlâna arasındaki ilişki Batı'nın kafasını karıştıran bir ilişki"

Tarhan şöyle diyor:

"Hz. Şems ve Hz. Mevlâna arasında yaşanan ilişki Batıda ve seküler düşünenlerde kafaları karıştıran bir ilişki olmuştur. İddia edilen eşcinsel ilişki asılsızdır. Modernizm; erkeklerin birbirine bağlanması tarzındaki ilişkiyi, kadın erkek ilişkisine benzer şekilde yansıtmaktadır.

Bağlanma ihtiyacı, insanın temel psikobiyolojik ihtiyacıdır ve sorumlu genler de vardır. İnsanda bağlanmayla ilgili Oksitosin ve vasopressin hormonu ve ilgili gen vardır. Bu gen en aktif emziren annelerde var. Anne ile çocuk arasındaki bağlanmayı sağlıyor. Bağlanma türleri;

Erotizm,

Romantizm,

Spiritüalizm olmak üzere üçe ayrılıyor. Bu bağlanma sistemine erotizm, romantizm ve spiritüalizm katıp katmamak kişinin, muhatabın elindedir. Kişi bağlanma duygusu ile ilgili tercih yapabilme yetisine sahiptir. Hz. Mevlâna bağlanma genini ilahi ve manevi akım ile yönetebilmiştir.

Bağlanma dürtüsü biyolojik, bağlanma türleri ise psikolojiktir. Bağlanma türleri kişinin kendini eğitmesiyle öğrenmesiyle ilgilidir. Kişi bağlanma duygusunu yüksek değerlere bağlanma şeklinde yaparsa spiritüel bağlanma gerçekleşir. Hz. Mevlâna da böyle yapmıştır. Fakat Batı'da Hz. Şems ve Hz. Mevlâna arasındaki bağa karşı cinse duyulan aşk gibi bir algı karıştırılıyor. Yani bu durum özellikle erotik bağlanma modeline doğru çekiliyor. Batı, Hz. Şems ve Hz. Mevlâna üzerinden iki erkeğin normal bir şekilde bağlanıp dost ilişkisi kurabileceğini rasyonelleştirmeye çalışıyor. Bu gibi algılar da özellikle oluşturuluyor. Halbuki onların bağlanma ilişkileri spiritüel bağlanma yani mürid-mürşid, usta-çırak, baba-oğul, anne-oğul, anne-kız ilişkisi gibi bir ilişkidir. Burada cinsellik, romantizm yoktur bağlanma vardır. Bu nedenle bağlanma türlerini doğru anlamak önemlidir.

Hz. Şems, Hz. Mevlâna'ya manevi yol arkadaşlığı, yoldaşlık, sohbet şeyhliği yapmıştır. Hz. Mevlâna spiritüel bir bağlanma ile Hz. Şems'in kişiliğine değil onun yansıttığı hakikate bağlanmıştır. Hz. Mevlâna'nın Hz. Şems ile ilgili olan ilişkisi yoğun bir spiritüel bağlanma örneğidir. Hz. Mevlâna Hz. Şems'te yıllarca beklediği hakikati bulması, Hz. Şems'in kendisindeki kitabi bilgileri aşk makamı ile birleştirilmesine vesile olması sebebi ile Hz. Şems'ten ayrılmayı hiç istemez. Hz. Şems onun manevi yol arkadaşı, yoldaşı, sohbet şeyhidir. İlahi hakikat yolunda onu anlayabilen ve onu bu yolda yakan, yandıran kişidir. Hz. Şems Hz. Mevlâna'nın kendisinden de tamamen ayrılmasını tamamen Hakta baki olmasını ister ve kaybolur. Zira o yoldaki misyonu ve manevi vazifesi budur. Hz. Şems İlahi Şemse yani güneşe ayna olmaktadır. Hz Mevlâna aynaya aşık olurken aslında ondan yansıyan ışığa, nura aşık olduğunu anlayarak tekamül etmiştir.

Hz. Mevlâna ve Hz. Şems arasında çıkan asılsız iftiralar

Hz. Mevlâna ve Hz. Şems arasında çıkan asılsız iftiralar sevgi adaletsizliğinden kaynaklanmaktadır. Hz. Mevlâna'nın bir müddet aldığı eğitim sebebi ile halktan çekilip Hz. Şems ile yalnız kalması müritlerin ve halkın fitnesine sebep oldu. İnsanlar bu birlikteliği yanlış şekillere sokarak şeytana malzeme verildi. Hz. Şems ve Hz. Mevlâna halvethanede tam üç ay gece ve gündüz visal orucu ile oturdular, hiç dışarı çıkmadıkları gibi kimse de yanlarına girmeye cesaret edemedi. Bundan sonra Hz. Mevlâna okutmak, öğretmek ve vaaz etmekten el çekerek Allah'a ibadet ile meşgul oldu. Konya'nın büyükleri Hz. Mevlâna'nın eski dostlarından, en yakın akrabalarından uzak tutan kişi olarak Hz. Şems'i suçladı. Hz. Şems'e söylenmeyecek sözler, küfürler söyledi. Hatta Hz. Şems'in ölmesini ya da Hz. Mevlâna'nın yanından göç etmesini istediler. Sevgi konusunda Hz. Mevlâna'yı Hz. Şems ile paylaşamadılar.[95]

Anne Marie Schimmel'in ifadesiyle Şems-i Tebrizî, bilgili bir din âlimi olan Celaleddin Rumi'yi dünyanın en büyük mistik aşk şairine çeviren kişi…

Cemalnur SARGUT

Mevlâna üzerine çalışmalar yapan, Türkiye'de ve Amerika'da konuyla ilgili sayısız konferans veren Cemalnur Sargut, Mevlâna ve Şems ilişkisinde şunları söylüyor;

"Mevlâna maddi ve manevi açıdan son derece bilgili; fizik, kimya, biyoloji, psikoloji konusunda muazzam derinlik-

---

[95]   Prof. Dr. Nevzat Tarhan, Hz. Mevlâna ile Aile Terapisi

te bilgilere sahip biri. Bu arada İslam'ın beklediği fıkıh, astronomi, kelam, Kuran gibi konularda da o dönemin en bilgili kişisi.

Şems'le karşılaşmasaydı da tüm eserleriyle dünyaya tesir edecekti ama Mevlâna olmayacaktı.

Allah'ı ilimle bilmek seviyesinde olacaktı ki; bu Hz. Musa'nın seviyesidir. Mevlâna, Şems'le karşılaşmasa; Musa olarak kalacaktı, İsa'lığa geçip, Muhammedi'liğe tekamül edemeyecekti.

Şems bir derviş, maddi bilimlerden çok, ledün dediğimiz, keşifle elde edilen, yani Allah'ın yarattığı manaların iç yüzünü görerek elde edilen, keşfi bilgiye sahip biriydi. Dolayısıyla Şems, Mevlâna'yı ihtiyacı olan bütün bilgileri görme seviyesine ulaştırmak üzere yollanmış gibi. Zira kendi Şeyhi de Şems'i yollarken, "Seni bir Allah sevgilisine göndersem, aradığın her şeyi O'nda bulsan, o zaman O'na başını verir misin?' diyor, yani Şems bilerek geliyor oraya.

Karşılaştıkları anda Şems'in sorusu çok önemli; "Bende Hak tecellisi var diyen biri mi üstün, yoksa peygamber gibi seni Allah'ım layıkıyla bilemedim, diye kendi aczini, hiçliğini belirten biri mi üstün?" Bu soru şu demek; "Ya Mevlâna her şeyi biliyorsun da, ben doydum artık istemiyorum mu dedin? Yoksa doyamıyorum, bana öğret mi diyorsun?" İşte bu soruyla karşılaşınca Mevlâna, anlıyor işin hikmetini.

Diyor ki; "Peygamber daha üstün, peygamber daha doyamadı Allah'a, ben de doyamıyorum, gel öğret," diyor.

Hz. Şems, Mevlâna'ya bütün öğrendiği şeylerin iç yüzünü göstermeye başlıyor. Düşünün ki; senelerce Kafka okumuşsunuz, Kafka'yı çok iyi bildiğinizi sanırsınız, ama bir edebiyat öğretmeni gelir ve Kafka'ya bakmak için size ipuçları verir, bu ipuçlarından sonra tüm Kafka'nın manası size derin bir şekilde açılır. İşte Şems'in Mevlâna'ya yaptığı buydu.

Mevlâna aç ve doymayan bir öğrenciydi. Daha çoğunu isteyen biriydi. Şems ona gösteriyor, açıyor, ipucu veriyor, o ipuçlarından Allah'a varmanın, adeta problem çözmenin, adeta görmeden görür hale geçmenin zevkiyle, Mevlâna Şems'e bağlanıyor. O kadar çok bağlanıyor ki, hayatının merkezi haline getiriyor.

Üç sene kadar, gidip gelen bir beraberlikleri var, arada çok dedikodu olduğu için Şems, Şam'a gidiyor, Mevlâna çok yalvardığı için dönüyor. Çünkü daha istiyor Mevlâna, bitmemiş, doymamış... Daha öğrenmek ihtiyacı içinde.

İnsanlar Mevlâna'ya alışmış, kalabalıklar halinde O'na ihtiyaçları var. O'ndan devamlı bir feyiz almaya çalışıyorlar. Hiç tanımadıkları bir adam geliyor hocalarını alıyor. Şems katiyen kendini açmamış, sadece Mevlâna ve oğlu Sultan Veled için açmış. Mevlâna "Edepli insan edepsizin sıkıntısına tahammül eden insandır," diyor. Şems o üç senede edepsizlere tahammül ederek Mevlâna'yı eğitmiş, geceleri de Sultan Veled'i eğitmiş. Daha sonra Mevlevilik tarikatının nasıl kurulması gerektiğini yazdırarak anlatmış ve öğretmiş. Tarikatın bir anlamda fikir babası ve kurucusu Şems oluyor.

Çok rahatsızlar, kıskanmaya başlıyorlar; "Biz hocamızı göremiyoruz, birisi geldi, hocamız O'na esir oldu, hocamızı göremiyoruz ve hocamızla beraber olamıyoruz, Mevlâna devamlı O'nunla olmak istiyor ve öğrencileriyle olmak istemiyor, her şeyi terk ediyor," diyorlar. Şems, Mevlâna'nın kitaplarını dağıtıyor, "Bu maddi ilimde bulduklarının hepsini unutacaksın, ben sana işin hakikatini göstereceğim, bu bir birikimdi bana gerekti ama şimdi bunlar bitti," diyor.

Mevlâna'nın bu hazırlık dönemi: Kendisinin en bilgili dönemini 'hamdım' diye değerlendirmesi, hocamla 'piştim' diye anlatması ve O'nun gidişiyle 'yandım' diye değerlendirmesi var.

Nasıl diyebiliriz ki? İkisi de aynadaki görüntüler, aynı mana, aynı tecelli, birbirlerini uyandırmışlar, mesele burada. Böyle bir üç seneleri olmuş, Mevlâna, Şems'in gitmeye meyilli olduğunu hissettiği için, Şems'e çok âşık olan, çok kıymetli kızı Kimya Hatun'la evlendirmiş. Ama Şems vazifesini biliyor, Kimya Hatun, Şems'e çok âşık oluyor, bir süre sonra bu aşkla veremden ölüyor, Şems'in gidişi bu ölümden hemen sonraya rastlar.

Tarihi gerçeğinde bu katiyen bilinmiyor. Bir kan bulunduğu, kuyuya attıkları söyleniyor. Şems'in kanın bulunduğu söylenen yerde, Büyük Mutasavvıf Eva Meyerovitch, ilk defa titreme hissettiğini, Şems'in orada bulunduğunu söyledi. Tarihi hakikat bir sır, kim öldürmüş, öldürtmüş mü, bu kışkırtışta Mevlâna'nın oğlu Alaaddin Çelebi'nin parmağı var mı? Çünkü Alaaddin Çelebi'nin babasıyla yakınlığından dolayı Şems'i kıskandığı söyleniyor. Hatta Alaadddin Çelebi'nin Kimya Hatun'a âşık olduğu söyleniyor.

Aklınız cinsellikteyse böyle bir yakınlığı cinsellikle değerlendirirsiniz.

Böyle öğretmen-öğrenci ilişkisini yaşayan biri olsaydı böyle bir düşünceye tenezzül bile edilmezdi. Ben kimseyi suçlayamam, Mevlâna yasaklamıştır suçlamayı. Demek ki böyle düşünenlerin kafası ancak bu kadarına erebiliyor. Allah böyle düşünenlerin izanını açsın, anlasın. Herkes bu yakınlığı kendi bakış açısıyla değerlendiriyor. Onun için bu kişilere Mesnevi'yi okumalarını tavsiye ediyorum, o zaman akıllarında böyle bir düşünce ya da şüphe kalmaz.

Şems, Mevlâna'yı yıktı, yok etti, var etti ve bıraktı, gitti. Manevi açıdan Şems'in ortadan kayboluşu ise, Mevlâna'nın Şems'in aynasında seyrettiği Allah'ını, artık kendi aynasında görmeye başlaması için şarttı.

Şems'i diğerlerinden ayıran çok sıra dışı bir özelliği de var. Ona göre Şems bir anlamda anarşist ruhlu bir sufi:

"Şems'i bilmek insanı gerçekten hiç bilmediği bir âleme götürür. Mesela kalıpları hiç sevmeyen, Müslümanlığın kalıplaşmış hallerinden hoşlanmayan insan, Şems'in kalıp yıkan o anarşist ruhundan çok hoşlanarak, hem dinin hem anarşinin manasını öğrenir. Bu manada anarşi bir şeyi yıkmak demek değil, yıktığı şeyi var etmek demektir".[96]

Şems-i Tebrizi Kalenderi Dervişi mi İdi?

Şems-i Tebrizi'nin Kalenderi Dervişi olduğuna dair kesin bir kanıt yoktur, fakat sufizm konusunda yetkin kişiler ve Mevlâna'nın aşağıda alıntılayacağımız bazı şiirlerinden de görebildiğimiz kadarıyla Kalenderi Dervişi olma ihtimali yüksektir.

Mevlâna'nın bütün eserlerini Farsça'dan Türkçe'ye çeviren Abdülbaki Gölpınarlı da, Şems'in gittiği yerlerde Kalenderî tekkelerine uğramaya itina gösteren, sema yapan, kalendermeşrep bir sûfî olduğundan bahseder. (Fakat yine de Şems'i Melamilere daha yakın görür.)

Mevlâna da Mesnevi'sinde Kalenderilerden övgüyle bahsetmektedir:

"Ey kalender, düğümü açan olmadıktan sonra ne diye düğümleyelim? Ey Tebrizli Şems, senin güneşin gibi bir güneş bu gökyüzünde yok."

"Kalender, hiçbir şeyle bağlı değil gibi görünür amma sırlarla doludur. Önce birçok dikenlerin derdini çekerdi, fakat şimdi baştanbaşa gül oldu, dikene aldırış bile etmez... Kalender gemide oturmuştur, yol alıp durmadadır, fakat kendisi yürümemekte..."

---

[96] mevlana-ve-sems-iliskisi-cemalnur-sargut

"Hak kokusunu kalenderin ağzından ara. Adam-akıllı ararsan şüphe yok ki mahrem olur, aradığını bulursun."[97]

"Şems de kişilik olarak; cezbeli bir ruha sahip, başkaları üzerinde ruhanî tesir uyandırabilen, yorumları ve sözleriyle insanları şoke eden, kolay anlaşılamayan, tanınmaktan kaçan, devrindeki birçok şeyhle görüşmesine rağmen hiçbirine bağlanmayan ve çok sık yer değiştiren, bir sûfî olarak resmedilir." [98]

Japon araştırmacı Masataka Takeshita:

"Şems-i Tebrizî, genel olarak, entellektüel ve akademik Mevlâna'yı vecd halinde bir şaire dönüştüren eğitimsiz gezgin bir derviş olarak düşünülür. Zihinlerde yer eden Şems, gerçekte devrinin önemli ve itibarlı bir âlimi olan Mevlâna gibi donanımlı bir şahsiyeti cezbedebilen ve bambaşka bir gönül sultanına dönüştüren sıradan ve cahil bir derviş değil, bir mana okyanusu olduğunda hemfikir tüm tasavvuf uzmanları...

Japon Tasavvuf uzmanı Prof. Takeshita Masataka insanların Şems-i Tebrizî'yi, değil felsefe, hiçbir dini ilimle ilgilenir görünmeyen bir adam olarak bildiklerini ancak Makalat'ında sıkça felsefecilerin hakkında değerlendirmelerde, bazen övgü, bazen eleştirilerde bulunduğundan bahsediyor. Ona göre:

"Onüçüncü yüzyıl Anadolu'sunda, kalender ya da baba denilen ahlaksız eğilimleri olan birçok cahil, gezgin derviş ortaya çıkmıştı ve Şems-i Tebrizî çoğu kez bu dervişlerden biri zannedildi". Oysa "Makalat'taki sohbetleri değerlendirdiğinde, onun yüksek eğitimli olduğunu, çoğu kez felsefi konularda tartıştığını, kadim ve İslam felsefecilerinin isimle-

---

97 Mevlâna Celaleddin – Hayatı, Felsefesi, Eserleri, Eserlerinden Seçmeler – Abdülbaki Gölpınarlı
98 Yard. Doç. Mustafa Çakmaklıoğlu

rinden bahsettiğini ve felsefeye yönelmiş ilahiyatçı olan Şehabeddin Nişaburî ile yakın arkadaşlığı olduğunu "söylüyor Takeshita.

Her şeyden önce Şems, eğitimsiz, okuma yazma bilmeyen bir derviş değildir. O, Sufi şair Irakî gibi akademik kariyerini terk edip gezgin dervişlerin yaşantısına katılan dervişlerdendir. Bir Kur'an okulunun öğretmenidir. Fıkıh ve ilahiyat konusunda eğitim almıştır. Bir fakihtir ve kendisi kuvvetle reddetmesine rağmen, başkaları tarafından mantıkçı diye nitelendiği de olur.

Felsefecileri eleştiren Şems'e göre "Tek bir Allah sevgilisi, Eflatun'u bütün ilimlerden boşaltabilir." Yine de onlara değer vermeyecek kadar bağnaz değildir. Ona göre Eflatun, büyük âlimleri temsil etmektedir. Sokrat ve Hipokrat, İhvan-ı Safa ve başka filozofları tazimle anar. İslam dünyasında felsefenin azılı şekilde eleştiriye tabi tutulduğu bir devirde Şems de yeri gelip onları eleştirmekle beraber Allah, peygamber, ehl-i beyt ve sırların yanında Sokrat, Hipokrat, İhvan-ı Safa ve Yunan filozoflarının hikâyelerine de yer verebilen bir tasavvuf eridir.

En çok methettiği felsefeci Şehabeddin Nişaburî ile çok farklı düşünmelerine rağmen iyi dost olmuştur. Takeshita, Şems'in, Şihab'ın çoğu felsefi düşüncesini kabul etmemesine rağmen, ondan hep sevgi ve hürmetle bahsettiğine de ayrı bir vurgu yapıyor. Hatta ondan, "hoş kafir" diye bahseder… Şems, felsefecilerin abartılmış ve basmakalıp düşünceleriyle alay etmekten de çekinmez. Ona göre insan aklının sınırları vardır ve rahmani ilham akli düşünceden üstündür. Ona göre "Felsefeci ancak kendi yazdığını, kendi bildiğini okur. Yani o, her neyi bilmezse onu olmaz sanır. Ona göre kendi inancı dışında olan şeyler afettir".

Mehmet Nuri Gençosman:

"Gerçekte Şems; yeni fikirler, prensipler ve öğretim sistemi getirmiş keskin görüşlü bir bilgindir".

İranlı Nasır Şemsi:

"Şüphesiz Tebrizli Şems hiç sıradan biri değildi. Anlayışsızların gözünde olağanüstü, doğa ötesi ve hatta saçma görülen pek çok şey yapabilen bir insan Şems.

Dr. Semih Ceyhan:

"Bir anlamda eseri Mevlâna'nın gölgesinde kalan ama başka bir açıdan da görüşleri ve namı Mevlâna vesilesiyle günümüze kadar yaşayan Şems-i Tebrizî'nin fevkaladelikleri daha çocuk yaşlarından başlar. "Şems çocukluk ve gençlik yıllarında gizemli bir hayat sürmüş, yüksek manevî kabiliyetlere sahip olmuş, çokça riyazette bulunmuş, sema yapmış, çeşitli müşahedelere mazhar kılınmış, medrese eğitiminden uzak durmuştur.

Sipehsâlâr'a göre Şems, kerametlere meyli olmayan, kara keçe giyip kendini halktan gizleyen, daima mücahede halinde bulunan, tacir kıyafetiyle devamlı seyahat eden, medrese ve tekkelerden ziyade kervansaraylarda konaklayan, içinde bir şey olmadığı halde kaldığı hücrenin kapısını sağlam bir kilitle kilitleyen, sırlarla dolu, şalvar uçkuru örerek geçimini sağlayan bir derviştir.

Eseri Makâlât'taki ifadelerine bakılarak Şems'in melâmet tavrı baskın olan, ilâhî ve insanî muhabbeti her şeyin başı sayan, şeriatın ancak tarikat ve hakikatle anlaşılabileceğini söyleyen, dili zikreden, gönlü şükreden, vücudu sabreden âriflerin gerçek hikmete sahip bulunduğunu savunan, nübüvvet ve velâyet makamının yüceliğini lâyıkıyla ispat edemeyen nazar ehlinden uzak duran, semâ ehli, celâl yönü ön planda bir cemâle sahip Muhammedî meşrep bir sûfî olduğu söylenebilir.

...Mevlâna'nın ifadesiyle ricalullahın sohbetine eriştikten sonra bilgilerinin hepsini defterden silmiş, aklî ve naklî ilimlerden sıyrılıp tecrit, tefrit ve tevhit âlemini tercih etmiştir. Şems-i Tebrîzî, seyahatleri boyunca karşılaştığı şeyhleri ve âlimleri melâmet tavrının bir gereği olarak gerçeklerin ortaya çıkması için imtihanlara tâbi tuttuğunu, velâyet tavrı baskın olanları şeriatla, şeriat tavrı baskın olanları velâyetle denediğini, bunların teslimiyet ve hakikat arayışlarının eksik olduğunu, cedelle vakit geçirdiklerini, hiçbirinin kendisini tatmin etmediğini, gerçek şeyhliği ve dostluğu Mevlâna'da bulduğunu ifade eder".

Tanıştıktan sonra manevi derinliğinin hayranı olduğu Şems'e yöneldiği için Mevlâna'nın medresedeki derslerini bırakması, Şems'in isteğiyle babasının divanını okumayı ve okutmayı terk etmesi, halktan uzaklaşıp bütün zamanını Şems'in sohbetine ayırması, bazı müritlerin şeyhlerini kendilerinden ayıran, kim olduğunu bilmedikleri Şems'e karşı kin beslemelerine ve Mevlâna'nın vaazlarından mahrum kalan halk arasında çeşitli dedikoduların yayılmasına yol açar. Ama döneminin en gözde ilim erbabı arasında olmasına rağmen Mevlâna için aradığı tüm soruların cevabını bulan ve ona manevi haller yaşatan, manevi makamlara çıkmasına vesile olan Şems artık vazgeçilmezdir. Söylendiğine göre Şems'i anlayan bir tek Mevlâna olur. Mevlâna'ya göre Şems'in sırrı mutlak vahdet sırrıdır ki bu sırrı idrak etmek için mahv ve fena ehlinden olmak şarttır.

Dr. Mustafa Çakmaklıoğlu:

"Yaratılışı ve melâmet tavrının gereği olarak sembollerle konuşan, anlaşılması zor sorular soran; kısacası kıyafeti, davranışları ve sözleriyle sıra dışı bir kişiliğe sahip olan Şems, bu ilk karşılaşmada ve diyalogda Mevlâna'nın ilmî pâyesini ve tasavvufî tavrını irdeler, daha başka tavırlara dikkat çeker mahiyette sorular sorarak onu hayrete sevk etmeye çalışır".

Sadece medresenin, kelâm ya da fıkıh âlimlerinin şekilciliği ve resmiyetinin değil, çeşitli sebepler dolayısıyla bunların tesiri altında kalmış bir tasavvuf anlayışının da Mevlâna'yı tatmin etmeyeceğini ihsas ettirmeye çalışır. Sultan Veled, Mevlâna'nın Şems'le değişim yaşadığını ve bir üstad, bir hoca, bir şeyh iken aşk yolunda tekrar bir mürid ve öğrenci olduğunu anlatır. Sultan Veled'in ifadesiyle, görünüşte ikidirler fakat mana itibarıyla bir cana dönmüşlerdir zira "aşk erleri, bölük-bölüktür ama hepsi de bir denizin dalgalarıdır".

Sûfîlere göre insan-ı kâmil, cilâlanarak kir ve paslardan temizlenmiş kalbi ilâhî hakikatlerin ve tecellîlerin, melekûtî sırların yansıdığı bir ayna konumundadır. İşte Rabbânî tecelliler bu gibi temizlenmiş aynalarda tezahür eder. Sûfî, bu tecellileri ya kendi temizleyip cilaladığı aynasında ya da Mevlâna'nın Şems'te tecrübe ettiği gibi bir insan-ı kâmilin hakikatinde müşahede eder. Mevlâna, Hakk'ın bu sonsuz güzellikteki tecellilerini bir insan-ı kâmil olarak Şems'in hakikatinde tecrübe etmiştir.

Herkesin tanıdığı ve bildiği Mevlâna'nın ateşleyicisi olmuş ve herkesi aydınlatacak kandili ateşleyen ama bunun sonucunda kendi varlığını da yok eden kibrit olur Şems. Neticede kandili herkes görür ama onu ateşleyen kibrit gözlerden uzak bir kenarda sönüverir".

Şems, kişilik olarak; cezbeli bir ruha sahip, başkaları üzerinde ruhanî tesir uyandırabilen, yorumları ve sözleriyle insanları şoke eden, kolay anlaşılamayan, tanınmaktan kaçan, devrindeki birçok şeyhle görüşmesine rağmen hiçbirine bağlanmayan ve çok sık yer değiştiren, Melâmî-meşrep bir sûfî olarak resmedilir. Coşkun tavırlarıyla hiç kimsenin kınamasından korkmayan, ilahî aşkın erdirici sır olduğunu benimsemiş, insan-ı kâmilin gaye varlık olduğunu düşünen, şekil ve merasimden uzak, sürekli taklitten kaçınıp tahkike ermeyi öğütleyen bir sûfî görünümündedir. Kısacası kendi şehrinde bile garip, babası bile kendisine yabancı" bir kişiliktir Şems.

Bu değişik kılıklı sufi, Üstadı Selebâf'ın yanından ayrıldıktan sonra Bağdat, Şam, Halep, Kayseri, Aksaray, Sivas, Erzurum ve Erzincan'a kadar dolaşır. Onun bu seyahatleri zamanın abdal ve kutuplarının sohbetine katılmak, manevî feyizler kazanmak ve gerçek dostu bulmak arzusuyla gerçekleştirdiği söylenir.

Bağdat'ta ve Kayseri'de Evhadüddîn-i Kirmânî ile Seyyid Burhâneddin Muhakkık-ı Tirmizî; Dımaşk'ta Muhyiddin İbnü'l-Arabî, Şam'da Kadılkudâtı Şems-i Hûyî, dehrî filozoflardan Şehâb-ı Herîve; Sivas'ta kelâm âlimlerinden Esedüddîn-i Mütekellim ile sohbette bulunur, onların derslerine katılır. Mevlâna'nın ifadesiyle Şems, tasavvufun yanı sıra kimya, nücûm, riyâziyât, ilâhiyât, hikemiyât, mantık, hilâf ve nârenciyât ilimlerinde de mahirdir, yani sanıldığı gibi başıbozuk bir gezgin değildir. Ama o tüm bunları geri plana almıştır. Sebebini şu ifadelerinden anlamak mümkün: "Gübre içinde kımıldayan bir böcek bile ister ki Allah'ı görsün ve bilsin...

Sûfiler, belirli dönemlerde normatif geleneğin baskısı altında, özellikle kelam ve fıkıh tarafından özgün görünümünü gizlemek durumunda kalmışlardır. Melamî bir tavır olarak Şems'in ahvali ve sözleri tasavvufu bu tür bir baskıdan ve resmiyetten özgürleştirmeye matuf gözükmektedir... Şems, sınırsız saf bir tasavvufî tecrübe, aşk ve vahdet tecrübesi için bütün bu engelleri yıkmaya, bütün bunların bu yolda bir örtü olduğunu göstermeye çalışıyordu.

Mevlâna ile Şems'in karşılaşması kadar dikkat çekici, üzerinde konuşulan ve tartışılan, sonuçları bakımından hayli verimli ve bir o kadar da düşündürücü bir buluşma ve dostluk olmasa gerek" kanaatinde.

Ona göre bu buluşma "Şems ve Mevlâna'daki tesirlerinin yanında tasavvufi bir tecrübe olarak da günümüze kadar eşsiz semereler vermiş" bir konu… "Bir taraftan bir fakih, kelâm âlimi, müderris ve bir vâiz olarak kendi yöresinde meşhur Celâleddin Muhammed'i; bir Mevlâna, eşsiz bir aşk sûfîsi ve şâiri olarak yaşadığı coğrafyanın sınırlarının çok ötesine taşıyarak evrenselleştiren; diğer taraftan Tebriz'in, ilmî münazaralarla ve eser tedviniyle çok fazla meşgul olmayı sevmeyen Melâmî-meşrep, özgür ruhlu, gezgin sûfîsini bir aşk ve irfan Güneşi/Şems olarak dünyaya tanıtan" bu buluşma herkesin tartışılması gereken bir şey.

Çakmaklığolu'nun ifadesiyle "bu iki sûfî arasında sıra dışı bir dostluğun müşahedesi, kimin hoca kimin öğrenci ya da kimin şeyh kimin mürit olduğuna dair bir karar verilemiyor oluşu" da bu buluşmanın sıradan tarihî bir karşılaşma, aralarındaki sohbetin de sıradan ilmî-entelektüel bir münazara olmadığının göstergeleri…Ona göre Şems ve Mevlâna buluşmasını üç evrede özetlemek mümkün:

"1. İlk karşılaşma: Hayret.

2. Buluşma: Vuslat, uzlet, terk, sohbet, aşk, fenâ, vahdet.

3. Ayrılık: Sükût, uzlet, keder, sema', şiir.

İlahi Aşk ve Mutlak Birliğin Somut Hali: Şems

Şems-i Tebrizî, Mevlâna için saf aşkın, müşahede âleminde tecessüm ve tezahür etmiş hakikî bir görünümüdür ve aynı zamanda vahdet sırrını da hakikatinde barındırır.

Bütün bunlardan bir insan-ı kâmil olarak Şems'in, hakikati ve ruhaniyeti itibariyle önemli bir hususiyetini öğrenmekteyiz: Ezelî, ilâhî aşkın ve vahdet-i mutlak sırrının somutlaşmış şekli olması". Mevlâna ise Şems-i Tebrîzî'nin şahsında hem ontolojik, hem epistemolojik ve hem de estetik açıdan vahdeti tecrübe etmiştir.

Ve devam ediyor:

"Zaten o, farklı birçok hususiyetine ve birçok ilimde vukufiyetine rağmen ricalullahın sohbetine eriştikten sonra hepsinden sıyrılıp tecrit, tefrit ve tevhit âlemini tercih eden bir sûfî olarak tasvir edilir". Kısaca aşk ve vahdet adeta Şems'le aynîleşmiştir.

Mevlâna ile Şems ilişkisi bir başka açıdan da Musa a.s. ile Hızır a.s. ilişkisine benzetilir. Adeta bu ilişkinin detaylı açıklaması, genişletilmiş yorumu gibidir.

Sultan Veled, her ikisinin sohbetini Musa-Hızır ilişkisine benzetir. Artık aşk ve vahdet-i mutlak sırrı kendisinde tezahür eden Şems, Mûsâ-i Kelim makamında bulunan Mevlâna'ya Hızır olmuştur.

Dr. Arif Naushahi:

Ülkesi Pakistan'da şairler için salt aşkın sembolü olarak görülen Şems-i Tebrizî'yi bir ateşleyici olarak değerlendirenlerden. Ona göre Şems-i Tebrizî künyesi Tebriz'den değil "Tabriz" 'den geliyor "yani ateş veren, ateşleyici".

1247 yılında Mevlâna ile olan sırlı dostluğunun anlaşılmaması ve dedikodu kazanının kaynamaya başlaması üzerine ondan ayrılarak uzaklara gitse de ya da iddia edildiği gibi öldürülse de Mevlâna'nın eserleri vasıtasıyla şöyle bir mesaj bırakır:

"Beden itibarıyla ondan ayrıyım ama ikimiz de bir nuruz. Ey Talip! İster onu gör, ister beni. Ben O'yum O da ben."

Ancak Şems, insanlığa anlatacaklarını da Mevlâna vasıtasıyla anlatacaktır. Kendi ifadesiyle, henüz çocukken yaşadığı bir manevi tecrübe sonrasında "...artık hiçbir şey söyleyemeyen, bir daha ağzı açılmayan, ama bütün içi sözlerle, deyimlerle, manalarla dopdolu olan" Şems için Mevlâna adeta lisan olur ve ondaki sırlara tercüman olur".

Abdülbaki Gölpınarlı:

"Şems'in gittiği yerlerde Kalenderî zaviyelerine uğramaya itina gösteren, sema yapan, kalendermeşrep bir sûfî olduğunu kabul etmekle birlikte gezgin Kalenderîler gibi dilenmediğini, esrar içme âdetinin bulunmadığını, bu sebeple onun için "Melâmetî" nitelemesinin daha uygun sayılacağını ifade eder.

Camille Adams Helminski:

Şems'i Mevlâna'nın güneşi olarak niteleyen Camille Adams Helminski, onun bir başka yönüne dikkatimizi çekiyor:

"Kendi yapmayacakları şeyi söyleyen" şeyhler, hakimler ve imamlar hakkındaki eleştirilerine... Şems bu noktada din adamlarını da gözünü kırpmadan yerden yere vurur:

"Dini okullarda eğitim görürler; şöhret kazanmak ve öğretmenlik yapabilmek için... İnsanın iyi amel etmesi gerektiğini söylerler; cemiyetlerde makam sahibi olabilmek için....

Ona göre Şems bazılarının zannettiği gibi kimseye hesap vermeden yaşayan aykırı bir sufi değil, din adına yapılan yanlışlara pervasızca dokunan hâkim bir kişidir: "Dünya lokması için neden ilim tahsil edersin?! Bu ip bu kuyudan çıkmak içindir, başka bir kuyuya düşmek için değil! Şu sorulara kendini sıkıca bağla:

"Ben kimim ve özüm nedir? Buraya neden geldim ve nereye gidiyorum? Köküm nerededir? Ve şu anda neyle meşgulüm ve yüzümü nereye çevirmem gerek?"

Hülya Küçük:

"Şems, Mevlâna dışında kimse tarafından anlaşılamamış ve müşahede edilememiş en derin yönüne, sırrına vurgu yapar. Şöyle der:

"Mevlâna'ya göre Şems, Vahdet-i Mutlak (Allah'la mutlak anlamda bir olma hali) sırrına mazhardır". Ve bu esrarın açıklaması için Avni Konuk'a referans veriyor:

"Eğer bu sır kıssa ve hikâye libaslarından çıplak olarak, apaçık bir surette zahir olursa, nazarında senin senliğin kalmaz ve senin kenarın ve etrafın olan taayyünat âlemi de ortadan kalkar ve senin ruhun ile cisminin arasında râbıta olan aklın da zail olur".

Mevlâna, kendisini "Hakk'ın nurlarına vâkıf" görürken, Şems'i, "Hakk'ın sırlarına vâkıf" olarak görür. Şems'e göre ise Mevlâna, "sırrının temizliğinden dolayı sarhoş olan" dır. Mevlevîliğin banisi olan Sultan Veled'in ifadeleriyle "ikisi de Hakk'ın ezelî maşuklardandır. Hak dualarını müstecap, azap korkusundan emin kılmıştır. Onların Hak'tan aldıkları ders bambaşkadır". Hülya Küçük bu sırra şu ifadelerle açılım getiriyor:

"Sultan Veled'e göre sır kapısını bazen bir başka veli ile buluşma açabilir. Çünkü ancak bu buluşma ile hakiki yol bulunacak, seyr ü sülûk tamam olacak ve kemale varılacaktır. Nitekim Mevlâna, Şems ile buluşunca, "sırlar ona gün gibi aşikâr olmuş", bu buluşma ile "görülmesi mümkün olmayanı görmüş, "işitilmesi mümkün olmayanı işitmişti".

Küçük'e göre Sultan Veled'in, bütün sufiler arasında Şems-i Tebrîzî'ye verdiği özel yeri, Allah âşıklarının üç derecesinden ve bu mertebelerin gizliliğinden söz ettiği anekdotta da bulmak mümkündür: "Bu anekdotta Sultan Veled, Allah âşıklarını üçe ayırır ve "en aşağı makam" diye nitelediği birinci makamı Hallac'a ve "orta derece" şeklinde nitelediği ikinci makamı, adı ve sanı hiç kimseye ulaşmayanlara, en üstteki son makamı ise "server-i padişahan-ı ma'şûkan" diye vasıflandırdığı Şems'e verir".

Ancak hem kendi hem de sonrasındaki dönemlerin insanlarına anlaşılmaz ve aykırı gelen tüm söz ve tavırlarına rağmen Hülya Küçük'e göre Şems son derece dindar ve Sünni bir sufi... Necmüddîn Kübrâ gibi 'Ben Hudâ'yım' diyenler ve Allah hakkında uygunsuz konuşanlar için "Küfür söylemiştir" derken, Burhaneddin Muhakkik Tirmizî'yi dahi namaz kılmamasından ve kendisine zaman zaman laf atıp "namaz kılman sana perde olmuyor mu?" demesinden dolayı eleştirmektedir. Sanıldığının tersine dinin farzlarına sıkı sarılan bir tasavvufçudur. Makalatında kendisinin namaz kılmaktan mutlu olduğunu söyleyen Şems'e göre "namaz ve ibadetle meşgul olmak mutluluk nişanesidir". Ancak görünüşte namazda yavaş davrandığı için kendisini bidatçilikle suçlayanlar olmuştur.

Bununla beraber bir dönem Erzurum'da müderrislik yaparken içki içmeden duramadığını, içmediği zamanlar felçli gibi bir titremeye tutulduğunu da kendisi itiraf eder. Ancak sonraları bu davranıştan vazgeçtiği gibi yakınlarına da bunu yasaklar. Şems-i Tebrizî, insanın hakikati görmesine engel olan perdelerin kalkması için dindarlığı tavsiye eder. :

"Perdenin kalkmasını ve O'na kavuşmayı isteyen, güzel ameller işlesin" der.

Kendini gizlemekle bilinen Şems bazen de konuşur, Allah ile insan ilişkisinin sırrına erenlerden olduğunu açıklamaktan geri durmaz:

"Hak Tealâ bu sırrı kulundan esirgemedi. Hangi sırrı setir etti ki!" . Ancak kendisine açılan sırları açıklamayı ehline açıklamaktan da geri durmaz. "Bana sır söyle" diyen birisine:

"Ben sırrı sana söyleyemem. Sırrı o kimseye söyleyebilirim ki onda onu değil kendimi göreyim. Sende seni görüyorum, kendimi değil" dediğini aktarır. Çünkü o, "Bir âşık gereklidir ki sırrı onunla birlikte öğrenelim" düşüncesindedir.

Hülya Küçük Şems'in kendi divaneliklerini de saklamadığını ifade ediyor. Hatta "günümüzde 'Study of Madness' (Delilik Etüdleri) diye araştırma dalları olduğunu ve Şems, Mevlâna gibi mistiklerin de bu dalın araştırma konuları dahilinde ele alındıklarını" belirtiyor.

Avni Konuk:

Avni Konuk, Şems'in vahdet-i mutlak sırrı olduğunu şu şekilde açıkça ifade ediyor:

"Şems hakkında apaçık konuşmak, onun sırlarından bahsetmek sırr-ı vahdet-i apaçık söylemektir ki bu da fitneye, kana, kavgaya sebeptir". Zira aşk mertebesi mutlak vahdet mertebesini ifade eder.

Osman Nuri Küçük:

"Şems'in döneminin toplumsal normlarına genellikle zıt hareket etmesi, pek fazla kişiyle arkadaşlık etmeyişi, genelde yalnız oluşu gibi özellikleri, yaptıklarından dolayı kendini insanlara ve onların teamüllerine uygun bir sorumluluk içinde görmeyen Hızır'ı akla getirmektedir. Çünkü Hızır'ın dikey boyuttan yönlendirilen davranışları yatay boyutun toplumsal teamül ve normlarına zıttır, alışılagelen bilgi kalıplarının ötesindedir.

Mevlâna gibi Şems'in de tasavvufî seyr ü sülûkun gereklerinden biri olarak üzerinde durduğu öncelikli konulardan biri salikin olgunlaşmak için bu yolda kendisine rehberlik yapacak kâmil bir pîre duyduğu gereksinimdir. Şems'e göre kişi manevi yolda tekamüle erişmek için ne kadar mücadele edip çalışsa da ledün ilmine erişmiş bir Allah dostunun kılavuzluğunda çalışmadan bu maksadını gerçekleştiremez.

Şems'e göre kâmil pîr, salike eksikliklerini gösteren bir ayna gibidir. Salik o kâmil prototipe bakarak kendi eksiklerini fark eder ve bunları tezkiyeye çalışır. Zira insan, zahiri varlığındaki dağınıklıkları ve kirleri aynaya bakarak fark ettiği gibi iç dünyasının çarpıklık ve hastalıklarını da gönlü her türlü manevi kirden arınarak saf bir hale gelmiş kâmil insan aynasında fark edebilir. Çünkü eksik ve kusurları giderebilmenin öncelikli şartı bunların fark edilmesidir. Bu yüzden Şems şöyle der:

"Bütün Peygamberlerin öğütlerinin özeti şudur: Kendine bir ayna ara".

Küçük bu durumu şöyle açıyor: "Mutlak manada insan-ı kâmilin prototipi Hz. Muhammed (sav) iken her devirde Muhammedi kaynaktan aldığı nuru taşıyan kâmil bir Allah dostu bulunmaktadır. Tasavvufi düşüncede asrındaki tüm velilerin önderi olarak kabul edilen bu en kâmil Allah dostuna "kutup" denilir".

Nuri Şimşekler

Şems'in öldürülmesi ile ilgili düşünceler;

"Mevlâna ve Şems'in 29 Kasım 1244 tarihinde ilk kez Konya'da buluştuğunu belirten Şimşekler, Mevlâna'nın, bu buluşmanın ardından 1,5 yıla yakın Şems-i Tebrizi ile hemhal olduğunu aktardı.

Bu hemhal durumunun; sohbet, birbirini irşat şeklinde, genellikle Mevlâna'nın evinde, bazen Selahattin Zerkub'un evinde, bazen de Mesnevi'nin katibi Çelebi Hüsamettin'in Meram'daki bağında gerçekleştiğini ifade eden Şimşekler, "Mevlâna'nın eşinin görgü tanıklığındaki kaynaklara göre, bazen diz dize oturuyorlar sohbet ediyorlar, bazen yan yana oturuyorlar hiç bir şey konuşmuyorlar. Bazen abdest alıp namaz kılıyorlarmış.

Bu geceli gündüzlü birliktelik üzerine halktan bazı kimseler ile Mevlâna'nın öğrencileri ve müritlerinin, "Mevlâna elimizden gitti, oysa bize dersler veriyordu, bizi aydınlatıyordu" diye tepki gösterdiklerini ve buna neden olduğu gerekçesiyle suçladıkları Şems-i Tebrizi'ye kin beslemişlerdir.

Sonunda Şems, bu fitne, fesat, dedikodudan rahatsız oluyor ve 'Belki Hz. Mevlâna'nın rahatlamasına sebep olabilir' diye Konya'dan ayrılıyor. Bu ayrılık 9 ay kadar sürüyor.

Şimşekler, rivayetlerde ve son dönemdeki bazı popüler romanlarda Şems-i Tebrizi'nin bir cinayet sonucu öldürüldüğünün belirtildiğini hatırlattı;

"Bu öldürülme olayıyla ilgili tek bilgiyi, bu tarihten yaklaşık 100 yıl kadar sonra yazılan Eflaki Dede'nin 'Ariflerin Menkıbeleri' adlı eseri veriyor. Burada Şems'in öldürüldüğünden bahsediliyor ancak aynı kaynakta yer alan bu bilgilere inanırsak, Şems'in mezarı bugünkü bilinen yerde değil, Mevlâna Müzesi içinde Mevlâna'nın babasının yanı başında olmalıdır. Bu, çelişki oluşturuyor. Bugünkü Şems-i Tebrizi Türbesi ise Mevlâna'nın yaşadığı dönemden 150 yıl kadar sonra, o tarihte Konya'da yaşayan hem Hristiyanlar hem de Müslümanlarca şifalı olduğuna inanılan bir su kaynağının yanına yapılmış. Şems'in burada öldürülüp kuyuya atıldığının bilinip bilinmemesi bir tarafa, mezarının da nerede olduğu kesin olarak bilinmiyor. Bu konuda o kadar çok rivayet var ki; Konya'da 3 nokta, Türkiye genelinde 4 nokta, hatta İran ve Pakistan'da bile Şems'in mezarı ya da makamı gibi algılanan yerler var."

'Sadece 'gizlendi, kayboldu' şeklinde ifadeler vardır. Şimdilik bize göre en doğrusu budur. Biz, Hz. Mevlâna'nın şiirlerinden hafiye gibi bir şeyler çıkarmaya çalışıyoruz. Ancak Mevlâna bazı beyitlerinde; 'Şems'imiz kuyuya düştü', bazı beyitlerinde ise 'Onun öldüğünü kim söyledi?' gibi ifadeler kullanıyor. Bilim, 'Şems-i Tebrizi öldürüldü mü?' sorusu karşısında malzemesiz kalıyor. Bu konuda 'öldürüldü' ya da 'öldürülmedi' demek elimizdeki verilerle şimdilik mümkün değil.'

Bütün bunların yanında, Mevlâna'nın, Şems'in son kayboluşundan sonra, "Acaba yeniden Şam'a gitmiş olabilir mi?" diye düşünerek bizzat 2 kez Şam'a gittiğinin oğlu tarafından vurgulandığına işaret ederek "Eğer Mevlâna, Şems-i Tebrizi'nin öldürülmüş ya da ölmüş olduğunu bilmiş olsaydı, 2 kez Şam'a bizzat gidip onu aramazdı."

ŞEMS-İ TEBRÎZÎ'NİN EVRENSEL MESAJLARI

Ben, sevgilim, sevgilim de ben olmuşuz,
İkimiz bir beden içine girmiş, iki ruh olmuşuz.[99]

Cânı Kim Cânânı İçün Sevse Cânânın Sever

Cânı kim cânânı içün sevse cânânın sever
Cânı içün kim ki cânânın sever cânın sever

Her kimün âlemde mıkdârıncadur tab'ında meyl
Men leb-i cânânumu Hızr Ab-ı Hayvânın sever

Başa dem düştükçe taksîr eylemez eyler meded
Ol sebebden muttasıl çeşmüm ciger kanın sever

Müşg-i Çîn âvâre olmuşdur vatandan men kimi
Hansı şûhun bilmezem zülf-i perîşânın sever

Şu ki ser-gerdân gezer başında vardur ki hevâ
Gâlibâ bir gül-ruhun serv-i hırâmânın sever

Akıbet rusvâ olub mey-tek düşer il ağzına
Kim ki bir ser-mest sâkî lâ'l-i handânın sever

N'olacakdur terk-i ışk etme Fuzûlî vehm edüb
Gâyeti derler ola bir bende sultânın sever

Şair Fuzuli

---

[99] MAKALAT, s. 130

Şems'in mesajlarını kendi eseri "Makalat"ta görmek mümkündür. Makalat; Şems'in, Mevlâna ile birlikte yaptıkları sohbetleri içine alır. Şems'i tanımak için Makalat'ı bilmek gerekir. Zaten bir insanı en iyi tanıtan, hakkında en doğru, en inandırıcı bilgiyi yazdığı kitaplar verir.

Bu bakımdan Makalat, bir çeşit "Hayat Veren Prensip" ve "Evrensel mesaj" niteliğindedir. Aynı duygu, Mevlâna'nın eserlerinde, özellikle mesnevi de de vardır.

İşte bize hayat boyu lazım olacak olan mesajlar;

Her badireden ve tecrübeden sonra hiçbir kitapta yazılı olmayan, sadece can defterime nakşedilmiş kurallara bir yenisini daha ekledim.

Bunlara bir ad verdim.. " Gönlü Geniş Ve Ruhu Gezgin Sûfi Meşreplilerin Kırk Kuralı.

Bu kurallar benim için tabiat kanunları kadar evrensel, onlar kadar temeldir. Bu kuralların kırkını birden tamama erdirmek uzun senelerimi aldı. Nicelerini silip silip yeniden yazdım. Şimdi artık eklenecek ne bir virgül kaldı ne nokta. Ne bir harf ne yeni bir kelime. Artık kırk kural da bittiğine göre, ömrü hayatımın son faslındayım." Tebriz'li Şems

Akıl

Akıllı ve insanoğlu olan o dur ki, hep kendi mektubunu okumasın, arada dostun mektubunu da okusun. Senai ne güzel söylemiştir dedi Mevlâna;

"Her türlü aşırı isteklerden, cimrilikten arınmış bir kalp göreceksin."

Nefsini pislikten, cimrilikten, kötü huylardan temizle ki, cehennemden kurtulasın demişler ama kalp ve gönül niteliklerinden söz etmemişler.[100]

---

[100] MAKALAT, s. 194

Aklını kullanan, akıllıyım diyen insan; hep kendi dediklerinin doğru olduğunu savunmaz, bilenlere de sorar, fikir danışır, istişare eder. Hep kendinin dediklerini savunanlar; nefsinin esiri olurlar. Bu da bir cimriliktir, kötü bir huydur.

"Ben ben" diyen benciller, kimse tarafından sevilmezler.

"Ey senai! Gel bu âlemde kalenderler gibi yaşamaya bak!

O, temizlikten dem vuran kuru davacının gözlerine toprak saç!"

Allah Allah'tır

Yaratılmış olan kimse Allah olamaz. İster Muhammed (SAV) olsun, ister Muhammed'den başkası olsun.

Allah kulları, Allah'la nasıl ayrılığa düşerler? Bu, nasıl olur? Sen ayrılık görüyorsan, kurban ol ki uzaklıktan kurtulasın.

Bu kurban olmak sözünü açarsak; namazda, "Allahü Ekber" demek, kurban olmak yani Allah'a yaklaşmak içindir. Bu sözle ibadete başlayan kul, kendinden geçer. Onun için sık sık, "Allah" demelisin, O'na yaklaşmayı istemelisin.

Ne zamana kadar putu koltuğunda taşıyarak namaza geleceksin? "Allahü Ekber" diyorsun, ama münafıklar, ikiyüzlüler gibi putun koynunda duruyor.[101]

Allah diyen, Allah'a inancını söyleyenlerin; samimi, içten, riyakârlığa kaçmayan tavır sergilemeleri gerekir.

Putu koltuğunda taşımak; namazda olsun, başka ibadetlerde olsun; vesvese dediğimiz şeylerden kendimizi arındırmak demektir. Zaten; "Allahü Ekber" diyerek ellerimizi kaldırmamız; "bütün dünyevi işleri arkama atıyorum, tamamen kendimi Allah'a veriyorum" anlamı taşır. Bunun dışındaki tekbirler, putu koltuğunda taşımakla eş değerdir.

---

[101] A. g. e.

Allah hakkında safi lütuftur demek yaraşmaz. Çünkü O'ndan kahır sıfatını kaldırmış olursun. Belki hem lütuf, hem kahır, bu sıfatlar tam yerli yerinde olmalı. Bilgisizler için kahır da, lütuf da lazım. Ancak yersiz ve yolsuz olmamalı.

Allah'a Yönelen Kişi, Ölüm ve Her Türlü Kaygıdan Kurtulur

Şüphesiz İslâm'da beş vakit namaz farzdır ve insanlar bunu açıkça yerine getirebilir. Yolları ayrı da olsa farz olduğu için namazı kılmak zorundadırlar. Birisi gece yarısı ailesini ve çocuğunu avutup sabaha kadar namaz kılabilir. Bu, yasak değildir. Camide de, tenha bir yerde de bu farzı yerine getirebilir. Manevi dalgınlıktan dolayı ezanı duymayıp namazı kaçırdıysa, yine Allah'a sığınmak en doğrusudur. Böyle yaptığı zaman tüm korku ve soğukluklardan kurtulup, Allah'ın vasıflarıyla süslenir. Sürekli diri kalıp bütün yaratıkları ayakta tutan o yüce Rabbin varlığını hisseder.[102]

Arkadaşlık

Bir kimse başka birini gerçekten sevdiğini iddia ederse, ondan delil ister. O delil de; mal vermek, bağışta bulunmaktır. Nasıl ki Mevlâna, beni sevdiğini iddia etti, geldiğim zaman binlerce ihsanda bulundu, beni korudu. Bunların hepsini Allah'ın bir lütfu sayarım.[103]

Gerçekten dostlar; parayla, mal ile ve yolculukta kendini belli eder. Hani köpeklerin oynaştıklarını gören velilerden birisi Mevlâna'ya; "ne güzel oynaşıyorlar" deyince, Mevlâna; "önlerine bir kemik at da gör, nasıl birbirlerine girdiklerini" sözü bu konuyu çok güzel anlatır.

---

[102] TÜRKMEN Erkan, Şems-i Tebrîzî'nin Öğretileri, NKM yayınları, Konya, 2009, s. 42

[103] A. g. e.

Aşk

Allah'a götüren yolun özü aşktır ve tasavvuf da aşk yoludur. Aşkı kelimelerle tarif etmek zordur. Bu, hiç bal görmemiş ve tatmamış birine balın tadını tarife çalışmak gibidir, bu kişi balı bilemez.

Aşk, her şeydeki iyiyi ve güzeli görebilmektir. Her şeye ibret nazarıyla bakıp ders alabilmek, Allah'ın her konudaki lütuf ve cömertliğini görebilmek, ihsan ettiği her şeye şükredebilmektir.

Bu, Hak aşkına giden yolun ilk adımıdır ve aşkın sadece ufak tohumudur. Bu tohum, zamanla büyüyecek, bir ağaç haline gelecek ve meyve verecektir. Böylece bu meyveden tadanlar, aşkın ne olduğunu anlayacaktır. Ehl-i aşkın, aşkı hiç tatmamış olanlara anlatması çok güçtür.

Aşk; müthiş bir lezzete sahip özel bir ıstıraptır. Bu acıyı ancak kalbinde taşıyanlar bilir. Bu acıyı taşıyanlar, her şeyde Hak olduğunu ve her şeyin Hakk'a götürdüğünü görürler. Hak'tan başka hiçbir mevcudun olmadığını da bilirler. Bu hakikati idrak sürecinde âşıklar Hak'ta yok olurlar, Hak denizine dalarlar. Aşktan her ne tadarsanız, hangi şekil ve hangi derece olursa olsun, bu ancak ve ancak ilahi aşkın ufak bir parçası olabilir. Kadın ve erkek arasındaki aşk da, bu ilahi aşktan bir parçadır.[104]

Önemli olan, ne şekilde olursa olsun bu aşkı kalpte taşıyabilmektir. Ama sevilmemiz de çok önemlidir. Sevmek, sevilmekten çok daha kolaydır. Fakat âşıksanız, hakiki sevgiliye günün birinde mutlaka kavuşursunuz.

Rabbin lütufları bizlere genellikle diğer insanlar; onun hizmetkârları vesilesiyle gelir. Aynı şekilde ilahi aşk da, insanlar arasında tecelli eder.

---

[104] MAKALAT, Yayına hazırlayan; Celalettin Aksu- Sinan Yağmur, Konya 2010, s. 246

Mürşitler aşkın sakisi, dervişler de kadehtir. Aşk ise asıl şaraptır. Kadehler, yani talipler, sakinin eliyle doldurulurlar. Fakat bu kestirme yoldur. Çünkü aşk insana başka vesilelerle de sunulabilir. [105]

1. Allah'ı tanıdığınızı iddia ediyor, fakat ona olan borcunuzu vermiyorsunuz. Bu borcu, fakir ve muhtaçlara ihsanda bulunarak ödeyin.

2. Kur'an-ı Kerim'i okuyorsunuz fakat hüküm ve kurallarından haberiniz yok. Okuduklarınızı uygulayın.

3. Şeytanın, düşmanınız olduğunu iddia ediyor, fakat ona itaat ediyorsunuz. Onun tekliflerini geri çevirin.

4. Kendinizi Muhammed (SAV) ümmetinden sayıyor, fakat sünnetini uygulamaya çalışmıyorsunuz.

5. Cennete girmek istediğinizi söylüyor, fakat ona girmek için gerekli hiçbir ameli işlemiyorsunuz.

6. Ateşten kurtulmak istiyor, fakat günahlarınızı ve kötü amellerinizle kendinizi durmadan ona doğru sürüklüyorsunuz.

7. Ölümün herkese geldiğini biliyor, fakat ona hiçbir hazırlıkta bulunmuyorsunuz.

8. Bütün din kardeşlerinizin kusurlarını görüyor, fakat kendi kusurlarınızı görmüyorsunuz.

9. Allah'tan gelen bütün nimetleri şükretmeden yiyor ve kullanıyor, fakat O'na olan minnettarlığınızı size verdiği nimetlerden muhtaçlara tasadduk ederek göstermiyorsunuz.

10. Ölülerinizi, aynı sonun sizin de başınıza geleceğini bile bile, ibret almadan, gömüyorsunuz.[106]

Aşk, sevgisinin kanatlarında insanın yükselişidir. Bu yükseliş, birkaç kademe sevgide kendini gösterir;

---

[105] A. g. e. s. 247
[106] A. g. e. s. 249

Meveddet; sevgi sebebiyle kalbin özlem içinde olması.

Heva; sürekli gözyaşı döktüren sevda.

Hillet; sevgiyle sermest olmak. Dostluğun kemal mertebesidir.

Muhabbet; kötü huylardan arınıp sevgiliye en güzel yanlarıyla yaklaşmak ve O'na layık olmak.

Şegaf; kalbi yakan ateşli sevgi.

Hüyam; seveni çıldırtan sevgi, sevgilinin kulu kölesi olma, çılgınca sevmek.

Valeh; sevilenin güzelliğini seyrederek kendinden geçme, sarhoş olma.

Aşk; sevenin sevilende yok olmasıdır. Aşkın aradan kalkıp, her şeyin sevilenle yok olması.[107]

Aşk Anlayışı

"Seni, incinirsin diye gönlümde saklayamam,
Alçalırsın korkusuyla gözümde de tutamam,
Seni gözümde, gönlümde değil, canımda saklayayım ki;
Son nefesimde bana son yar olasın."

Senin aşkında benden başka kimse sebat gösteremez. Benden başka hiç kimse çoraklığa tohum ekmez. Düşmana da, dosta da seni kötülemek istiyorum ki, seni benden başka hiç kimse sevmesin.

Âşık; bir vakit, o kötülemekten sevgiliye bir zarar gelmemesini ister. Onu incitmemeyi düşünür. [108]

Şems'in anladığı aşk, şehevi aşk değil, ilahi aşktır. Allah aşkıdır. Bunu çeşitli örneklerle ve değişik hikâyelerle anlatır.

---

107 A. g. e. s. 255
108 A. g. e. s. 192

"aşkın aldı benden beni
Bana seni gerek seni.
Ben yanarım dünü günü,
Bana seni gerek seni."

Aşkın her ne kadar fazla olursa, sevgili de olgunluğunu ve güzelliğini o kadar hoş gösterir, âşığa daha hoş görünür.

Kur'an'da; "siz sanır mısınız ki, sizi boş yere yarattım?"[109] buyrulmuştur. Sizin yaratılışınız bir tesadüf eseri, boşuna değildir, bir dönüş içindir. [110]

Can bedenden çıktı mı hadisliğe (Sonradan yaratılmışlığa) ulaşır. Allah ise kadimdir (Ezelden vardır). Öyleyse, hadis olan varlık kadime nasıl ulaşabilir? Toprak nerede? Her şeyin besleyicisi Allah nerede?

Ben aşk yolunda bir kural koyayım ki,
Habersiz olanlar, bu yola ayak basmasın.

Duygusuzların yoldaşlığı çok zararlıdır, haramdır. Bilgisizlerin yoldaşlığı büsbütün haramdır. Yedikleri de haram. Kudsi hadiste; "her günahın bağışlanır, ancak ben yüz çevirmenin günahı affolunmaz." buyrulmuştur. [111]

Aşk için bilgi gerekir. Bunun için Allah, ilk emri "Oku" olarak belirtmiştir. Çünkü bilmeden, öğrenmeden, okumadan yola çıkılmaz. Zira Allah'ı tanımak için O'nunla ilgili bilgilere sahip olmak, kâinat kitabını iyi okumak şarttır. Okumak, sadece bir kitabı, bir dergiyi okumak değil, kalp gözünün açık oluşu, feraset sahibi olmak, yaratılanlardan ib-

---

[109] Müminun/115
[110] MAKALAT, s.330
[111] A. g. e. s. 366

ret almaktır. Öncelikle; insan niçin yaratıldı? Nereden geldi? Nereye gidiyor? Görevi nedir? Bu sorulara cevap verilebildiği sürece yaratılışın bir anlamı olacaktır.

Yaratılış esprisini kavrayan insan, artık yaratana karşı gönülden bağlanacak, O'na âşık olacaktır. Kişi nasıl ki sevdiği birisine karşı mahcup olmamak, onun sevgisinden uzak kalmamak için her şeyi göze alırsa, aynen Allah'a âşık olan da böyle yapar, yapmak zorundadır. Değilse ne yaratılışın, ne de sevginin önemi olur.

Mertçe ve mert huylu olmaya bak!
Yoksa bin türlü utanca uğrarsın.

Âşıkta can korkusu yoktur. Malın mülkün e değeri yoktur. O, bekası olmayan fani bir sevgili için ölür, her ikisi birlikte toprağın altına giderler. Şu hâlde başlangıcı ve sonu olmayan her türlü eksiklerden arı, tertemiz ulu Allah'ın âşıkı olun, O'nu sevin ki, O ölümsüzdür.[112]

Aşk; Arapça aslı ışk olup sözlükte, "şiddetli ve aşırı sevgi. Bir kimsenin kendisini tamamen sevdiğine vermesi, sevgilisinden başka güzel görmeyecek kadar ona düşkün olması" anlamına gelir. Lugat kitaplarında aşk kelimesinin sözlük anlamının, aynı kökten olup, "sarmaşık" anlamına gelen aşeka ile yakından ilgili olduğu belirtilir. Buna göre sarmaşığın kuşattığı ağacın suyunu emmesi, onu soldurup zayıflatması ve bazen kurutması gibi, aşırı sevgi de sevenin sevdiğinden başkasıyla ilgisini kestiği, onu sarartıp soldurduğu için bu duyguya aşk denilmiştir.

Kur'an ve sahih hadislerde aşk kelimesi geçmez. "sevgi" çoğunlukla, "Hub ve muhabbet", bazen de "meveddet" kelimeleri ve bunların türevleriyle ifade edilir. Hasan-ı Basri; "Al-

---

[112] MAKALAT, s.52

lah'ın; "kulum bana, ben de ona âşık olurum" buyurduğunu belirtmiştir. Abdülvahit bin Zeyd ise; "peygamberlerden birinin; "Allah bana, ben de O'na âşık oldum" dediğini" söyler. [113]

Aşk kelimesinin dini bir terim olarak kullanılmasını caiz gören sufilerin dayandıkları bazı âyet ve hadisler vardır. Mesela onlara göre, "iman edenler Allah'ı daha şiddetle severler." âyetindeki "şiddetli sevgi"den maksat aşktır.[114]

Âşıkların sohbetinde şu yönden bir heybet vardır ki, insan, "acaba bendeki, kendi kendini ayıplayan nefsimin hakikatine kanmış bir hale gelmesi için gösterdiği gelişme arttı mı, belirmeye başladı mı?" diye düşünür. Gerçek bir âşığın eski pabuçlarının tozunu, bu zemane şeyhlerinin, âşıklarının başına değişmem.

Sevgilisine kavuşan âşık naz eder. Ama sevgiliye kavuşmadan önceki naz, hoşa gitmez.[115]

Aşk Bir Seferdir

Aşk bir seferdir. Bu sefere çıkan her yolcu, istese de istemese de tepeden tırnağa değişir. Bu yollara dalıp da değişmeyen yoktur.

Aşksız gecen bir ömür beyhude yaşanmıştır.[116]

Hakîki Allah aşığı bir meyhaneye girdi mi orası O'na namazgâh olur

Ama Bekri ayni namazgâha girdi mi orası ona meyhane olur. Şu hayatta ne yaparsak yapalım niyetimizdir farkı yaratan, suret ile yaftalar değil.

---

[113] ULUDAĞ Süleyman, TDV İslâm Ansiklopedisi, İstanbul 1991, c.4, s. 11
[114] ULUDAĞ, a. g. e. s. 12
[115] MAKALAT, s. 55
[116] www.tevbe.org

Az Çoğu Gösterir

Söz az, mana çok olmalı. Diyelim ki oraya bir çuval şeker koymuşlar, ondan azıcık bir örnek getirmişler. İşte bu az örnek, o bir çuval şekerin delilidir. Onu anlatmaya yeter. Kişinin de biraz doğruluk göstermesi, onun doğru olduğuna delildir. Yine biraz eğrilik ve ikiyüzlülük de sahibinin eğriliğini gösterir. [117]

Cahil ve Âlim

İçi fesat dolu bu köpeklerden size utanç gelmez mi?
Siz, bu yularsız eşeklerden hiç arlanmaz mısınız?
Öbürü dinin süsüdür, ama küfrün de rengi ve kokusu,
Öteki mülkün kıvancı ama ülkenin de yüzkarası, utancı.

Âlim ile cahil arasındaki ayrıcalık, ancak şu kadardır;
Birinin dizginini çekersin, öteki başıboş ve yularsızdır.

Karanlıkta yürüyen yolunu şaşırır. [118]

Bilgi; displindir. Bilgili olanlar tedbirli davranırlar, akıllarını kullanırlar. Kur'an'da;

"Allah'tan ancak Âlimler korkar" ifadesi vardır. Sevgili peygamberimiz de; "Âlimler, peygamberlerin varisleridir." Diyerek, bilginin, bilmenin, öğrenmenin ne derece önemli olduğunu vurgular.

Rahmet deryası daima coşmak, dalgalanmak ister. Bunun sebebi de; senin yalvarman, ağlayıp feryad etmendir. Sana gamının bulutları gelmedikçe, ilahi bilginin denizi dalgalanmaz, coşup köpürmez.

---

[117] MAKALAT, s. 76
[118] A. g. e. s. 289

Anne yavrusuna meme verir mi söyle,
Yavru aç kalıp da ağlamayınca?

İçinde ve dışında geçen değişiklikleri göremeyen, görmede, işitmede ve akıldaki hikmeti anlamayan, âlemin nasıl idare edildiğinde şüphesi olan kimseler, bütün peygamberlerin mucizeleri, velilerin kerametleri ile vahiy ve ilham getirmelerini anladığı halde, şüphede olanlar derler ki, "acaba neden benim kısmetim geç kaldı? Yahut bu iş neden böyle oluyor? Kendiliğinden mi oluyor? Allah'ın dilemesi yeter mi?" [119]

Bu tür sorulara ancak ilahi sırlara vakıf olanlar cevap verebilir. İlahi sırları kavrayabilmek, tabiatın özellik ve güzelliklerinden haberdar olabilmek için bilgi şarttır. Gönül âleminde seyahat eden, gönül kâbesini devamlı ziyaret edenler, ilahi sırlara çözüm bulurlar. Adeta Hz. Musa ile Hızır gibi.

Cennet ve Cehennem Ehlinin Nitelikleri

Sana cennet ehli kişilerin niteliklerini anlatayım. Ayrıca cehennem ehli olanların nişanını da söyleyeyim. Allah, yaydan fırlayan bir ok gibi şu âlemi yarattığı günden beri, her gün her an kapıları açıp kapamaktadır. Bu öyle bir çabuklukla olmaktadır ki, insanın aklı durur. Her kimi, güzel huylu, güzel yüzlü görürsen, açık sözlü, geniş gönüllü ise, herkes hayır dua ederse böyle bir insanın konuşmasından insana gönül hoşluğu gelir. Bu âlemin sıkıntılarını, darlıklarını sana unutturur, için öylesine açılır ki, küfür bile etse gülersin. Böyle bir tevhitten bahsedince Siraceddin gibi dışından gözyaşı dökersin ama içinden yüz bin neşe duyar, kahkahalarla gülersin.

---

[119]   A. g. e. s. 290

Biri de vardır ki, kan içer, yüzünde, sözünde insana sıkıntı veren bir soğukluk vardır. Sözlerinde öyle tiksindirici bir ifade vardır ki, onda neşeli bir insanın konuşmasındaki sıcaklığı bulamazsın. İşte öyle bir insan, Şeytan'dır, cehennemliktir. [120]

Gaflette Olma

Başka bir alıcı daha vardır ki, O'na kul, köle olursun.

Rahatsın, bağımsızsın, gamsız ve hür yaşıyorsun. Ekmek lazım, elbise lazım, ama bu kulun böyle bir düşüncesi yok. Büyük Efendi, benim yiyeceğimi de, giyeceğimi de sağlamaktadır. Kur'an'da; "İsrafçılar şeytanın kardeşleridir." buyrulmuştur. Asıl israfçılar; değerli ömürlerini, sonsuz mutluluk sermayesi olan o hazineyi harcarlar. Bütün deliller, güneşin bir gün batacağını sana söylerken, artık be heva ve hevese kapılıp da gaflet içinde uyumanın ne yeri var? Seni uyumak için mi buraya getirdiler? [121]

İnsan bir maksat için yaratıldı ki, nereden geldiğini ve nereye gideceğini bilsin. İç ve dış duyguları da bunun için verildi. Çünkü bu duygular, bu yolda gerekli araştırmayı yapabilmek için lüzumlu birer araçtır, ama başka bir işte de kullanırlar. Dünyanın kazancı, zahmet ve günahtır. Bunun ayrılıktan başka ne faydası var? [122]

Dünya; hem hazine, hem de yılandır. Bir topluluk hazineyle oynar, başkaları da yılanla. Ama yılanla oynayanlar onun ısırmalarına katlanmalı, çünkü ya kuyruğuyla çarpar, ya kafasıyla. Kuyruğuyla çarparsa uyumamalı, tekrar başıyla vurur. Ancak bu yılandan vazgeçmiş olanlar, onun sevgisiyle övünmezler. Akıl mürşidinin ardından yürürler.

---

[120] MAKALAT, s. 185
[121] MAKALAT, s. 323
[122] MAKALAT, s. 357

Varlıkların zebunu olan bu cihanın aklını bırak. Bu cihanın aklı; yayı çeker, ama kulağına kadar gergin tutmaz. Bin hileyle ağza kadar götürebilir. [123]

İnsan önüne arkasına bakmalıdır ki, her iki tarafında da bir duvar, bir engel olmasın. Dünya sevgisinden bir boşluk bulunmasın. Dünya sevgisi, din sevgisinden üstün olunca körlük, sağırlık meydana gelir. [124]

Mümin

İmanlı adam; şaşkın ve perişan fikirli değildir. Mümin; Allah huzurunda nikabını atmış, perdeye yapılmış olan kimsedir. Ne istediğini, ne dilediğini bilir, kulluk eder. O'nu bütün açıklığıyla görmekten, doğudan batıya kadar bir lezzet duyar.

Zındık ise; daima olumsuz düşünür, "hayır" der. "ben" sözüyle konuşur. Benliğinde hiç şüphesi yoktur. "Çünkü açıkça görüyorum, yiyorum, tadıyorum, bundan ne şüphem olabilir? Niçin evet diyeyim? Bunu siz dilediğiniz gibi söyleyin, ben buna ancak gülerim" der.[125]

Yaratanı Hangi Kelimelerle Tanımladığımız, Kendimizi Nasıl Gördüğümüze Ayna Tutar

Şayet Tanrı dendi mi öncelikle korkulacak, utanılacak bir varlık geliyorsa aklına, demek ki sen de korku ve utanç içindesin çoğunlukla. Yok eğer, Tanrı dendi mi evvela aşk, merhamet ve şefkat anlıyorsan, sende de bu vasıflardan bolca mevcut demektir.

Aranızdaki Bütün Perdeleri Tek Tek Kaldır Ki, Tanrı'ya Saf Bir Aşkla Bağlanabilesin

Kuralların olsun ama kurallarını başkalarını dışlamak yahut yargılamak için kullanma.

---

[123] MAKALAT, s. 471
[124] MAKALAT, s. 473
[125] MAKALAT, s. 460

Bilhassa putlardan uzak dur dost. Ve sakın kendi doğrularını putlaştırma! İnancın büyük olsun ama inancınla büyüklük taslama!

Hakk'ın Karşına Çıkardığı Değişimlere Direnmek Yerine Teslim Ol

Bırak hayat sana rağmen değil, seninle beraber aksın. "Düzenim bozulur, hayatımın altı üstüne gelir" diye endişe etme. Nereden biliyorsun hayatın altının üstünden daha iyi.

İyimserlik ve Hoşgörü

Kahır; kendi gözüyle lutfa bakarsa hep kahır görür. Kahırdan vazgeç de lutfa bağlan, onun tadı daha hoştur.

Gücün yeterse düşmana hoşgörüyle, sevgiyle bak. Bir kimsenin kapısına muhabbet yönünden gidersen ona hoş gelir. İsterse düşman olsun. Çünkü o senden ancak kin ve sertlik umarken sevgi görürse hoşuna gider.[126]

Kainattaki Her Zerrede Allah'ın Sıfatlarını Bulabilirsin

Çünkü O, camide, mescitte, kilisede, havrada değil, her yerdedir.[127]

Allah'ı görüp yaşayan olmadığı gibi, O' nu görüp ölen de yoktur.

Kim O' nu bulursa sonsuza dek O'nda kalır.

Şu dünya bir dağ gibidir. Ona nasıl seslenirsen o da sana sesleri öyle aksettirir.

Ağzından hayırlı bir laf çıkarsa, hayırlı laf yankılanır.

Şer çıkarsa, sana gerisin geri şer yankılanır.[128]

---

[126] MAKALAT, s. 57

[127] Orjinal Link: TEVBE EDENLERİN SİTESİ http://www.tevbe.org/forum/dini-bilgiler-ve-islami-yazilar/94773-tebrizli-semsin-40-kurali.html

[128] Orjinal Link: TEVBE EDENLERİN SİTESİ, http://www.tevbe.org/forum/showthread.php?t=94773

Öyleyse kim ki senin hakkında kötü konuşur, sen o insan hakkında kırk gün kırk gece sadece güzel sözler et. Kırk günün sonunda göreceksin her şey değişmiş olacak. Senin gönlün değişirse dünya değişir.

Dünya Bir Dağ Gibidir. Ona Nasıl Seslenirsen O Da Sana Sesleri Öyle Aksettirir

Ağzından hayırlı bir laf çıkarsa, hayırlı laf yankılanır. Şer çıkarsa, sana gerisin geri şer yankılanır.[129] Öyleyse kim ki senin hakkında kötü konuşur, sen o insan hakkında kırk gün kırk gece sadece güzel sözler et. Kırk günün sonunda göreceksin her şey değişmiş olacak. Senin gönlün değişirse dünya değişir.

Dünyadaki Çatışma, Önyargı ve Husumetlerin Çoğu Dilden Kaynaklanır

Sen sen ol, kelimelere fazla takılma. Aşk diyarında dil zaten hükmünü yitirir. Aşk dilsiz olur.

Hayatta Tek Başına İnzivada Kalarak, Sadece Kendi Sesinin Yankısını Duyarak, Hakikat'i Keşfedemezsin

Kendini ancak bir başka insanın aynasında tam olarak görebilirsin.

Başına Ne Gelirse Gelsin Karamsarlığa Kapılma

Bütün kapılar kapansa bile, O sana kimsenin bilmediği gizli bir patika açar. Sen şu anda göremesen de, dar geçitler ardında nice cennet bahçeleri var. Şükret! İstediğini elde edince şükretmek kolaydır. Sûfi, dileği gerçekleşmediğinde de şükredebilendir...

---

[129] Orjinal Link: TEVBE EDENLERİN SİTESİ, http://www.tevbe.org/forum/showthread.php?t=94773

Sabretmek Öylece Durup Beklemek Değil, İleri Görüşlü Olmak Demektir

Sabır nedir? Dikene bakıp gülü, geceye bakıp gündüzü tahayyül edebilmektir. Allah aşıkları sabrı gülbeşeker gibi tatlı tatlı emer, hazmeder. Ve bilirler ki gökteki ayın hilalden dolunaya varması için zaman gerekir.

Ne Yöne Gidersen Git, "Doğu, Batı, Kuzey Ya Da Güney" Çıktığın Her Yolculuğu, İçine Doğru Bir Seyahat Olarak Düşün!

Kendi içine yolculuk eden kişi, sonunda arzı dolaşır.

Ebe Bilir Ki Sancı Çekilmeden Doğum Olmaz, Ana Rahminden Bebeğe Yol Açılmaz

Senden yepyeni taptaze bir "sen" zuhur edebilmesi için zorluklara, sancılara hazır olman gerekir.

Hakiki Mürşit Seni Kendi İçine Bakmaya ve Nefsini Aşıp Kendindeki Güzellikleri Bir Bir Keşfetmeye Yönlendirir

Şu dünyada semadaki yıldızlardan daha fazla sayıda sahte hacı hoca şeyh şıh var. Hakiki mürşit seni kendi içine bakmaya ve nefsini aşıp kendindeki güzellikleri bir bir keşfetmeye yönlendirir. Tutup da ona hayran olmaya değil.

Kur'an'ı Dört Seviyede Oku

Kur'an dört seviyede okunabilir. İlk seviye, zahiri (görünen) manadır. Sonraki, batîni (iç-derin) mana. Üçüncü, batınının batınıdır. Dördüncü seviye o kadar derindir ki kelimeler kifayetsiz kalır tarif etmeye.

Allah, İçte ve Dışta Her An Hepimizi Tamama Erdirmekle Meşguldür

Allah, içte ve dışta her an hepimizi tamama erdirmekle meşguldür. Tek tek her birimiz tamamlanmış bir sanat eseriyiz. Yaşadığımız her hadise, atlattığımız her badire eksiklerimizi gidermemiz için tasarlanmıştır. Rab noksanlarımızla ayrı ayrı uğraşır çünkü beşeriyet denen eser, kusursuzluğu hedefler.

Allah'ı Sevmek Kolaydır

Zor olan hatasıyla sevabıyla fani insanları sevmektir. Unutma ki kişi bir şeyi ancak sevdiği ölçüde bilebilir. Demek ki hakikaten kucaklamadan ötekini, Yaradan'dan ötürü yaratılanı sevmeden, ne layıkıyla bilebilir, ne de layıkıyla sevebilirsin.

Esas Kirlilik Dışta Değil İçtedir

Esas kirlilik dışta değil içte, kisvede değil kalpte olur. Onun dışındaki her leke ne kadar kötü görünürse görünsün, yıkandı mı, temizlenir, suyla arınır. Yıkamakla çıkmayan tek pislik kalplerde yağ bağlamış haset ve art niyettir.

Şeytan, Dışımızda Bizi Ayartmayı Bekleyen Korkunç Bir Mahluk Değil, Bizzat İçimizde Bir Sestir

Tüm kainat olanca katmanları ve karmaşasıyla insanın içinde gizlenmiştir. Şeytan, dışımızda bizi ayartmayı bekleyen korkunç bir mahluk değil, bizzat içimizde bir sestir. Şeytanı kendinde ara; dışında başkalarında değil. Ve unutma ki nefsini bilen Rabbini bilir. Başkalarıyla değil, sadece kendiyle uğraşan insan, sonunda mükafat olarak Yaradan'ı tanır.

Kişisel Çaba Göster

Başkalarından saygı, ilgi ya da sevgi bekliyorsan, önce sırasıyla kendine borçlusun bunları. Kendini sevmeyen birinin sevilmesi mümkün değildir. Sen kendini sevdiğin halde dünya sana diken yolladı mı, sevin. Yakında gül yollayacak demektir.

Düşünceni Geliştir

Yolun ucunun nereye varacağını düşünmek beyhude bir çabadan ibarettir. Sen sadece atacağın ilk adımı düşünmekle yükümlüsün. Gerisi zaten kendiliğinden gelir.

Hepimiz Farklı Sıfatlarla Sıfatlandırıldık

Şayet Allah herkesin tıpatıp aynı olmasını isteseydi, hiç şüphesiz öyle yapardı. Farklılıklara saygı göstermemek kendi doğrularını başkalarına dayatmaya kalkmak, Hakk'ın mukaddes nizamına saygısızlık etmektir.

Yaşadığımız Hayat Elimize Tutuşturulmuş Rengarenk ve Emanet Bir Oyuncaktan İbarettir

Kimisi oyuncağı o kadar ciddiye alır ki, ağlar perişan olur onun için. Kimisi eline alır almaz şöyle bir kurcalar oyuncağı, kırar veatar. Ya aşırı kıymet verir, ya kıymet bilmeyiz. Aşırılıktan uzak dur. Sûfi ne ifrattadır ne de tefritte. Sûfi daima orta yerde...

Emir Olunduğun Gibi Dosdoğru Ol

Mademki insan eşref-i mahlûkattır, yani varlıkların en şereflisi, attığı her adımda Allah'ın yeryüzündeki halifesi olduğunu hatırlayarak, buna yakışır soylulukta hareket etmelidir. İnsan yoksul düşse, iftiraya uğrasa, hapse girse, hatta esir olsa bile gene başı dik, gözü pek, gönlü emin bir halife gibi davranmaktan vazgeçmemelidir.

Cenneti ve Cehennemi Gelecekte Arama

İkisi de şu an burada mevcut. Ne zaman birini çıkarsız, hesapsız ve pazarlıksız sevmeyi başarsak, cennetteyiz aslında. Ne vakit birileriyle kavgaya tutuşsak, nefrete, hasede ve kine bulaşsak, tepetaklak cehenneme düşüveririz.

Kâinat Tek Vücut, Tek Varlıktır

Her şey ve herkes görünmez iplerle birbirine bağlıdır. Sakın kimsenin ahını alma, bir başkasının hele hele senden zayıf olanın canını yakma. Unutma ki dünyanın öteki ucunda tek bir insanın kederi, tüm insanlığı mutsuz edebilir. Ve bir kişinin saadeti, herkesin yüzünü güldürebilir.

Aklın Kimyası İle Aşkın Kimyası Başkadır

Akıl temkinlidir. Korka korka atar adımlarını. "Aman sakın kendini" diye tembihler. Halbuki aşk öyle mi? Onun tek dediği: "Bırak kendini, ko gitsin!" Akıl kolay kolay yıkılmaz. Aşk ise kendini yıpratır, harap düşer. Halbuki hazineler ve defineler yıkıntılar arasında olur. Ne varsa harap bir kalpte var!

Geçmiş, Zihinlerimizi Kaplayan Bir Sis Bulutundan İbarettir

Gelecek ise başlı başına bir hayal perdesi. Ne geleceğimizi bilebilir, ne geçmişimizi değiştirebiliriz. Sûfi daima şu anın hakikatini yaşar.

Kader Hayatımızın Önceden Çizilmiş Olması Demek Değildir

Bu sebepten "ne yapalım kaderimiz böyle" deyip boyun bükmek cehalet göstergesidir. Kader yolun tamamını değil, sadece yol ayrımlarını verir.

Güzergâh bellidir ama tüm dönemeç ve sapaklar yolcuya aittir. Öyleyse ne hayatına hakimsin, ne de hayat karşısında çaresizsin.

Sûfi Kusur Görmez. Kusur Örter

Hakiki sûfi öyle biridir ki başkaları tarafından kınansa, ayıplansa, dedikodusu yapılsa hatta iftiraya uğrasa bile, o ağzını açıp da kimse hakkında tek kötü laf etmez. Sûfi kusur görmez. Kusur örter.

Hakk'a Yakınlaşabilmek İçin Kadife Gibi Bir Kalbe Sahip Olmalıdır

Her insan şu veya bu şekilde yumuşamayı öğrenir. Kimi bir kaza geçirir, kimi ölümcül bir hastalık, kimi ayrılık acısı çeker, kimi maddi kayıp... Hepimiz kalpteki katılıkları çözmeye fırsat veren badireler atlatırız. Ama kimimiz bundaki hikmeti anlar ve yumuşar, kimimiz ise ne yazık ki daha da sertleşerek çıkar.

Kılavuzun Daima Yüreğin Olsun, Omuzun Üstündeki Kafan Değil..

Hak Yol'unda ilerlemek yürek işidir, akıl işi değil. Nefsini bilenlerden ol silenlerden değil!

Bu Dünyada Herkes Bir Şey Olmaya Çalışırken, Sen Hiç Ol

Menzilin yokluk olsun. İnsanın çömlekten farkı olmamalı. Nasıl ki çömleği tutan dışındaki biçim değil, içindeki boşluk ise, insani ayakta tutanda benlik zannı değil hiçlik bilincidir.

Hakk'a Teslimiyet Ne Zayıflık Ne Edilgenlik Demektir

Tam tersine, böylesi bir teslimiyet son derece güçlü olmayı gerektirir. Teslim olan insan çalkantılı ve girdaplı sularda debelenmeyi bırakır, emin bir beldede yaşar.

Şu Hayatta Ancak Tezatlarla İlerleyebiliriz

Mümin içindeki münkirle tanışmalı, Tanrıya inanmayan kişi ise içindeki inananla. İnsan-i Kâmil mertebesine varana kadar gıdım gıdım ilerler kişi. Ve ancak tezatları kucaklayabildiği ölçüde olgunlaşır.

Hileden, Desiseden Endişe Etme

Eğer birileri sana tuzak kuruyor zarar vermek istiyorsa, Tanrı da onlara tuzak kuruyordur. Çukur kazanlar o çukura kendileri düşer. Bu sistem karşılıklar esasına göre işler. Ne bir katre hayır karşılıksız kalır, ne bir katre şer. O'nun bilgisi dışında yaprak bile kıpırdamaz, Sen sadece buna inan!

Allah, Kılı Kırk Yararak Titizlikle Çalışan Bir Saat Ustasıdır

O kadar dakiktir ki, sayesinde her şey zamanında olur. Ne bir saniye erken, ne bir saniye geç. Her insan için bir aşık olma zamanı vardır, bir de ölmek zamanı.

"Yaşadığım Hayatı Değiştirmeye, Kendimi Dönüştürmeye Hazır mıyım?" Diye Sormak İçin Hiçbir Zaman Geç Değil

Kaç yaşında olursak olalım, başımızdan ne geçmiş olursa olsun, tamamen yenilenmek mümkün. Tek bir gün bile öncekinin tıpatıp tekrarıysa, yazık. Her an her nefeste yenilenmeli. Yepyeni bir yaşama doğmak için ölmeden önce ölmeli.

Noktalar Sürekli Değişse de Bütün Aynıdır

Bu dünyadan giden her hırsız için bir hırsız daha doğar. Ölen her dürüst insanın yerini bir dürüst insan alır. Hem bütün hiç bir zaman bozulmaz, her şey yerli yerinde kalır merkezinde.. .Hem de bir günden bir güne hiç bir şey aynı olmaz.

Ölen her sûfi için, bir sûfi daha doğar.

Kendini Yenile

Sen kendini yenile, ben yepyeniyim. Sen kendini ispat et. Bak ben sabit ve kararlıyım. Beni sebatlı göremiyorsan bu, senin sebatsızlığındandır.[130]

İnsanlar İçinde Yaşa

İnsanlar içinde yaşa ama tenhada daima Allah'la halvette ol. Hep tek başına kal. Ama Hz. Peygamberin, "İslâm'da rahiplik yoktur" buyurduğunu unutma.[131]

Gerçek İman

Gerçek iman; bu cihanın renklerine boyanmadan, o cihanın nakışlarını görenlerin ve o ilahi âlemin seslerini işitenlerin imanıdır.[132]

---

130 MAKALAT, s. 133
131 MAKALAT, s. 150
132 MAKALAT, s.179

Kendini Bil

Ruh bu dünyaya ait değildir, Hak katından gelmiştir. Ruh bedene girdiğinde kafese tıkılmış gibi olur. Orada hapis hayatı yaşar. Bedenimizde birçok değişik şey yapabilmemize imkân sağlayan organlar vardır. Güç ruhtadır, fakat vasıtalar bedendedir.

Ruh bu vasıtaları istenmeyen fiiliyata döktüğünde, o zaman ruhun vasıfları söz konusu olur. Allah, çirkin ve kötü olan hiçbir şey yaratmamıştır. Kötü ve çirkin olan, bizim kendi cüzi irademizle yaptığımız suiistimallerdir.

Şimdi bu durumda kötü hareketlerimizden kim sorumlu? Beden mi? Ruh mu? Kıyamet gününde beden ruhu, "kötülük yapacak gücüm yoktu", ruh da bedeni, "kötülük yapacak vasıtam yoktu" diye suçlayacaktır. Birbirlerini suçlamalarına şu cevap verilecektir, "siz kötülükte birbirlerine yardım etmiş olan kötürüm ve kör gibisiniz. Kötürüm görüyor ve kararları veriyordu, fakat körde kötülüğü yaptıracak beden ve güç vardı, ikisi de suçluydular.

"Nefsini bilen Rabbini bilir" sözünü herkes bilir. Bunun iki anlamı vardır. İlk anlamı; kendi ihtiyaç, arzu ve zayıflıklarımızı bilir, bunun yanında sonsuz kudret sahibi olan Allah'a iman ederiz. Daha sonra da bizi bu dünyada; besleyen, giydiren ve barındıran bir koruyucuya ihtiyacımız olduğunu biliriz. İkincisi; Allah, "size şah damarınızdan daha yakınım" buyurmuştur. Kendimizi tanıma sürecinde Allah (C.C.) ile olan bu derin bağlantıyı keşfetmeye başlarız. Bu bağlantıyı kullanarak Hakk'a vasıl oluruz. Bu dünyadayken Allah'a dönebilme, yani ölmeden sadece ve sadece O'nun emirlerini tutmakla mümkündür. Allah'ı takip etmeyip Şeytana uyanlar ayrılacaklardır.[133]

---

[133]   A. g. e. s. 252

Nefsini arıtmayan Allah'ı Bulamaz. Kur'an'da; "rahman olan Allah bütün arş'a hâkimdir." denilmiştir. Buna yakın Hadis ise, "Kim ki nefsini bilirse, Rabbini de bilir." Der. Bu sözlerde açık ve değişmeyen bir hazine bulunmaktadır. Kendi benliğiyle uğraşan kişi, ne kendine ne de başkasına yararlı olabilir.

Hakkı Tanımak, Halkı tanımaktan Daha Kolaydır

İnsanları anlamak, Allah'ı anlamaktan daha zordur. Allah'ı delilleriyle bulabilirsin. Mesela, güzel işlenmiş bir tahta parçasını görünce onu işleyeni hayal edebilirsin. Çünkü tahta kendiliğinden o hale gelmez. İnsanlara bakınca onlar görünüşte sana benzeyebilirler ama iç âlemlerini bilemezsin. Senin düşünce ve hayallerinden çok uzak olabilirler. İşlenmiş tahta parçasına bakarak sanatkârın ustalığını idrak edebilirsin ama o sanatın çağını ancak uzmanlar (Erenler) anlayabilirler.[134]

Allah'ın İnsandan İstediği Üç Şey

Bir gün Şems, Mevlâna medresesinde konuşurken şunları söyledi; Allah insandan şu üç şeyi istemiştir;

1. İtaat
2. Allah'ın hoşuna giden davranışlar
3. Allah'ı her hal ve durumda anmak.

İtaat ibadettir. Hoşuna giden şeylerse kulluktur. O'nu daima hatırlamak ise, marifettir.

Kendi yükünü başkalarının üstünden al ve onların yükünü çek. Kimseden hiçbir şey bekleme. Malından onlara ikram et. Onlar yücelik ve makam isterlerse sen aksine dervişlik ve alçak gönüllülük ara.[135]

---

[134] A. g. e. s. 265
[135] A. g. e. s. 256

Sahte Veliler

Görüyorsun ki konuştukları hep; şundan bundan aktarma ve yapay sözlerdir. Ya bir hadis, ya bir hikaye, yahut bir şairin şiirini aktarırlar. "kendi doğuşlarından bir şeyler anlat, bir söze cevap ver" diyorum. Ama o, hal diliyle konuşuyor. Tıpkı bu duvar gibi. "benden ne ses bekliyorsun?" dercesine. Kim bu duvardan ses çıkacağını umar?

Bu şeyhler (Din adamları), Muhammed (SAV)'in gösterdiği yol üzerinde yol sekiciler gibidirler. Bunlar din evini içeriden kemirip harap ederler. Ama Allah erleri ise, bu fareleri ortadan kaldıran kedi gibidir. Yüz tane fare bir araya gelse, kediye bakmaya cesaret edemez. Zaten korkusu, onların bir araya gelmesine engeldir. [136]

Şems de, aynen Mevlâna gibi sahte şeyh ve din adamlarından şikâyetçidir. Asıl olanın, ihlas, samimiyet, içten hareket ve riyadan uzak tavır sergilemektir. Şems ve Mevlâna'nın şahsında Kur'an'ı, Peygamberî uygulamaları görüyoruz. Zaten tasavvuftaki aşk da bu değil mi? Şems bu konudaki fikirlerini açıkça ve net bir biçimde ortaya koymuyor mu?

Kur'an-ı Kerim; "Niçin yapmadığınızı söylersiniz?", "Emir olunduğun gibi dosdoğru ol", "Ey iman edenler! İman ediniz" derken; samimiyeti, ihlâslı hareketi, riyasız tavırları istiyor.

Biz Şehvet Ehli Değiliz

Doğrusu bizim işimiz; halkın işlerinin tam tersidir. Onların kabul ettiklerini biz kabul etmeyiz.

Bir gün Haccac bin Yusuf (Halkın; "Hacca-ı Zalim" dediği hükümdar), gizlice birisinin onun tahtında gözü olduğu-

---

[136] A. g. e. s. 257

nu, bir gün sabahtan akşama kadar onun tahtında oturmak istediğini sezmiş. Başka bir kişi de onun hareminde akşama kadar kalmak istermiş. Haccac onları yanına çağırıp, yedi renkli pirinç pişirtmiş ve demiş ki; "Yiyin bunları, tatlarında bir fark var mı? Kadınlar da öyledir. Hep aynı tatları vardır. Padişah hanımı olsun veya dilenci hanımı.. Tat aynıdır. Görünen fark, kıyafet ve süslerdedir. Soyundukları zaman hepsi aynıdır."

Aşk akıl işi olsaydı, akıl sevmeyi murat ederdi. Akılda aşk cesareti ne gezer? O, mumun alevinin titremesinden bile ürkerken ateşlere nasıl dayanacak? Akıl ve şeytan, aşk yolunda korkak kalmışlardır. [137]

Halvet

Şems-i Tebrîzi; halvetten ne anlaşılması gerektiği, halvetteyken Mevlâna ile neler konuştukları ve halkın yanlış anlamalarını açıkça ve net olarak belirtmektedir. Dolayısıyla halkın; her iki insan hakkındaki dedikodusunun anlamsızlığına de cevap vermekte ve bizlere; "hakkında kesin bilgi sahibi olmadan" hüküm yürütülmemesi gerektiği konusunda dersler vermektedir.

"İnsanlar bizim dört duvar arasında gizli saklı ketum konulardan konuşruğumuzu sanıyor. Tecessüs etmeye ne kadar istekliler. Oysa halvetimiz, hasbihalimiz manaya erenlere aşiyandır. Dertlere dergah olan bize agahtır.

Sanıyorlar ki, sabahtan akşama kadar miskin miskin oturduk. Sanıyorlar ki halvet dört duvar arasında kaybolmaktır. Meşgul edip hasbihalimizi bölmesinler diye kimseyi odaya almıyorduk. Özel konuşmalarımız duvar arasında genel eğitimimizi gözler önüne sunduk.

---

[137] A. g. e. s. 268

Sıradan yaşamak âşıklara abes gelir. Veliler, aşktan korkan insanlarca ilk bakışta deli olarak algılanır. Veli, deli- çılgın; algılanmayı önemsemez. Çer çöpü dert edinmez. Oysa öyle derin dertler, karanlık girdaplar aştık ki bilmezler.

Halvet, Mevlâna'nın rahlesidir. Halvetlerimiz olmasaydı pişmesi ya uzun sürecekti ya mümkün olmayacaktı.

Güne Kur'an ve Tefsirle başlayabilirdi. Tasavvufun koridorunda yürüyorduk, duvardaki taşları Horasan harcı ile kapatarak, her halvet bir merhaleye yolculuktu. İle'l- yakîn, A'yne'l- Yakîn ve Hakka'l- Yakîn'de yoğruluyorduk." [138]

İbadetlerimizi aksatmıyorduk. Visal orucu ile huşu namazlarımıza, görülmeyen varlıklar da eşlik ediyordu. Dergâhtakiler zannediyorlardı ki odada Mevlâna ve Şems var. Bizimle olanları onlar göremedi, görmeye güçleri yetmezdi.

Halvetlerimiz kimi zaman soru- cevap, kimi zaman benim konuşup Mevlâna'nın anlatıp benim dinlediğim hasbihal olarak geçiyordu. Âleme ait ne varsa konuşuyorduk. Aşka ait ne varsa yudumluyorduk. Yakıcı sorularım terletiyordu Mevlâna'yı. Bulunduğumuz yerde soba, ocak, ateş istemiyordum. Ateş olarak dilim yetiyordu. Oldum olası ılık havayı sevmezdim. Buz gibi soğukta terlemekten güzel ne var ki? Halvetlerimizde yeri geliyor Mevlâna titriyor, oraya baygın düşüyordu.

Halvette dünya hayatı biter. Zaman, mekân, insan kalmaz. O ilk halin içinde uyanırsın Rabbinin huzurunda. Bütün sırlar açılır sana. Sen kendin bir sır olur, dönersin dünyaya. Halvetteyiz, kapatmışız kapıları, kim çalsa o kapıyı açmıyoruz. "yokuz" diyoruz, "yokuz." Bir zamanlar var idik ama şimdi yokuz. Mevlâna yok, Şems yok.[139]

---

[138] A. g. e. s. 273
[139] A. g. e. s. 274

Halden hale geçiyoruz. Kelimeler denizindeyiz. Eğiliyor harfler. Başta elif, ardından nun ve diğerleri. Açılıyor göklerin kapısı. Yol oluyor bize kelimeler. Mevlâna sus pus. Sonrası yok bir zamandayız. Yok olan hiçbir şey yok. Allah var sadece. [140]

Şems'e bir kimse; "Efendim! Marifeti bana anlatır mısınız?" dedi. O da, "bir gönül ki Allah ü Teala'nın muhabbetiyle yanıp, onunla hayat buluyorsa, bu marifettir." Buyurdu. Soruyu soran; "pekiyi ben ne yaparsam bu marifeti elde edebilirim?" deyince, Şems; "bedeni terk ederek. Çünkü Allah ile kul arasındaki perde, kişinin bedenidir. Allah'a ulaşmaya engel olacak şey dört tanedir; 1.Şehvet, 2.Çok yemek, 3.Mal ve makam, 4.Ucb ve gurur. İşte bu dört şey, kulun Allah'a ulaşmasına engeldir." dedi.

İlim üç şeydir; zikreden dil, şükreden kalp, sabreden beden.

Perhizi olmayan bir vücut, meyvesi olmayan bir ağaç; utanması olmayan bir beden, tuzsuz bir aş; gayreti olmayan bir vücut, sahipsiz bir köle gibidir.

Şu dört kimsenin kıymeti Allah katında yüksektir; 1. şükreden zengin, 2.kanaatli ve sabreden fakir, 3.işlediği günahlara pişman olup, Allah'ın azabından korkan kişi, 4.takva, vera, zühd sahibi; yani haramlardan sakınıp, şüpheli korkusuyla mübahların çoğunu terk ederek dünyaya zerre kadar meyletmeyen âlim.

Dört türlü cömertlik vardır; 1.mal cömertliği; zahitlere, dünyaya kıymet vermeyenlere mahsustur. Malı verirler, marifeti, Allah'ı tanımayı alırlar. 2.Beden cömertliği; müctehit olanlara mahsustur. Allah'ın yolunda vücutlarını harcarlar ve hidayeti alırlar. 3.Can cömertliği; şehitlere mahsustur. Canlarını vererek Cenneti alırlar. 4.Kalp cömertliği; âriflere mahsustur. Gönül vererek muhabbeti alırlar.

---

[140] A. g. e. s. 277

Dünya, insanı heva ve hevesine kaptırır. Nefsin arzularına uydurur. Neticede cehennem'e götürür.

İnsanoğlunun edepten nasibi yoksa insan değildir. İnsan ile hayvan arasını ayıran edeptir.

Âhireti kazanmak için çalışmak lazımdır. Bu, insanı Cennet'e götürüp, Allah'ın cemalini görmekle şereflenmesine sebep olur. [141]

Şems-i Tebrîzi'den Bir Şiir

Bihamdillah direm; "Allah",
Alıp aklımı fikrullah,
Dilimde zatın esması,
Bana üns oldu zikrullah.
Salatullah selamullah,
Aleyke ya resulallah.

Bu tevhidden murat ancak,
Cemal-i zata ermektir.
Görünen kendi zatıdır,
Değil sanma ki gayrullah.
Salatullah selamullah,
Aleyke ya Resulallah.

Ben ol pervaneyim geldim,
Düşüp aşk oduna yandım,
Yanuben küllü yandım,
Beni yaktı aşkullah.
Salatullah selamullah,
Aleyke ya resulallah.

---

[141] A. g. e. s. 289

Gönül âyinesin sûfî,
Eğer kılar isen safî,
Açılır sana bir kapı,
Ayan olur cemalullah.
Salatullah selamullah,
Aleyke ya Resulallah.

Şems-i Tebriz bunu bilir,
Ehad kalmaz fena bulur,
Bu âlem küllü mahvolur,
Hemen bâkî kalır Allah.
Salatullah selamullah,
Aleyke ya resulallah.

Hızır ve Dostluk

Dilber gitmiş, mum sönmüş, sâki uyuyakalmış,
Can ver ki onun vuslatı bir daha ele geçmez,
Sermest olanlara şeriat kadehiyle bade verilmez,
Tecrid ehli erenlerin birlikte içtikleri mecliste,
Baharda yarin yanağından uzak olunca,
Bağdan bana ne, yeşillikle ne işim var?
Bağdan yeşillik yerine nasıl diken koparırsın?
Buluttan damla yerine nasıl taş yağar?

Benim için sizinle birlikte olmak daha hoştur. Araya bir engel girmesin. Musa arkadaşına yıllarca ararım anlamına gelen, "ev emzıye hukuba" demişti. Bu hukub; bir deyişe göre; kırk yıl, başka bir deyişe göre de seksen yıl veya seksen bin yıldır.[142]

---

142 MAKALAT, s. 220

Görülüyor ki Hz. Musa'nın Hızır ile arkadaşlığında olduğu gibi Şems de arkadaşlıkta ve dostlukta devamlılığı, kalıcılığı ve arkadaşların cevrine katlanmayı göz önüne alıyor. Makalat'ta anlatılan olaylar, bizim ibret almamız, hayatımıza çeki düzen vermemiz içindir. Değilse okuyanlara hoşça vakit geçirtmek, hikâye ve güzel söz dinletmek için değil.

Mutlu insan o kişidir ki, bir kula rastlayınca Hızır ve Musa olayını gönlünde saklayarak onu kendine önder sayar.

Hak yolcularının yolu, yakin mertebesinden geçer. Onlar ancak bu menzilden sonra son duraklarına erişirler. Asıl aranılan da o mertebedir. Âlemin görünüşü karşısında der ki; "nihayet ben sende bir âlem görüyorum." O da, "şu toprak âleminde ne yapacaksın?" deyince; "senin lütfun benimle beraber değil mi?" diye sorar. O; "ister olsun ister olmasın" karşılığını verir.[143]

Görünüşe Aldanma

Ben, elif harfinin dümdüz olduğunu görünce sırtım iki kat oldu. Lam harfi dedi ki, "ben de elif gibi dosdoğruyum." "sakın, laf atma. Hiç öyle söyleme. Sen lamsın, kendini lam bil. Bu halkı tanımak Hakk'ı tanımaktan daha zordur. Onu delil getirme yoluyla tanıyabilirsin. Yontulmuş bir ağaç görürsün, bilirsin ki, herhalde onu bir yontan vardır. Kendiliğinden yontulmamıştır. Ama bu halkı sen görünüşte kendin gibi sanırsın." dedi. [144]

Şems, görüşün insanı aldatabileceğini, hiçbir zaman zahire bakarak hüküm verilmemesi gerektiğini vurgular. Asıl olanın; Kur'an ve Sünnet ışığında yapılan uygulamalar olduğunu belirtir. Şems'i kahreden; riyakârlık, gösteriş budalalığı, samimiyetsizlik ve her hal ve harekette maske takın-

---

143 MAKALAT, s. 233
144 MAKALAT, s. 332

maktır. Zaten Kur'an da; "niçin yapmadığınızı söylersiniz?" demiyor mu?

İnsan

İnsan; bütün geçici varlıklardan ve yaratıklardan üstündür. Çünkü onun görüşü, bütün arş'ı, kürsüyü, yerleri ve gökleri, her ikisi arasında bulunan yaratıkları kapsayan genişliktedir. Allah'a ait sıfatlara ortak olan bu yaratığın görüşü, bütün görüşlerden daha yücedir.

Bir insan ki, gözünü göklere çevirse de melekler tarafına baksa, âyetteki; "onu yerle bir etti" anlamındaki hikmeti ve; "gök yarıldığı zaman" anlamına gelen öteki âyetin ilahi kavramını görür ve okurdu. [145]

Şems; insanın eşrefi mahlukat olduğunu, dünyanın onun için yaratıldığını ortaya koyuyor. Buradan hareketle bu şerefini koruması gerektiği, meleklerden üstünlüğünün hakkını vermesi lazım geldiğini anlatıyor. Yani; "elest bezmi" olarak mütalaa ettiğimiz ve ilk insan, ilk peygamber olarak gönderilen Hz. Âdem'in bu güzellik ve özelliği muhafaza ettiğini bize hatırlatıyor.

Bir kişi sizinle dervişler sohbetinden söz açarsa, inançla onu dinleyin. Madem ki dinlediniz onu inkâra kalkışmayın ve madem ki işittiniz, af dilemek resmi bir âdettir hiçbir değeri yoktur. [146]

Bu yolda yüz bin tane Âdem yüzlü İblis var,
Her insan yüzlüyü sakın insan sanma.

İnsan şeytanları bunlardır. Onların hali senin haline benzemez, gidişleri de senin gidişinden başkadır.

---

[145] MAKALAT, s. 258
[146] MAKALAT, s. 262

"Nefsini bilen Allah'ını da bilir" buyuruldu. Niçin aklını bilen veya ruhunu bilen denmedi? [147]

İbadet Anlayışı

Muhammed (AS)'in ibadeti ve işi istiğrak yani İlahi düşünceye dalmaktı. Kendi kendine; "iş, gönül işidir, hizmet gönül hizmetidir, kulluk da gönülden kulluktur" buyurdu. O biliyordu ki, herkese gerçek amel ve ibadet için yol yoktur. Kullardan pek az kimseye istiğrak mutluluğu verilmiştir. Ümmet için bu beş vakit namaz ile yılda otuz gün orucu ve haccı emretti ki, kurtuluşa ersinler, başka ümmetlerden üstün olduklarını anlasınlar.

Şeyhlerin birçoğu, Muhammed (SAV) dininin yol kesicileridir. Bütün fareler gibi bu dinin evini yakmaya çalışırlar. Ama Allah'ın aziz kullarından öyle kediler vardır ki; bu fareleri temizlemeye çalışırlar. Yüz binlerce fare toplansa bile, bir kediye bakmak cesaretini gösteremezler. Fare dağılmanın, kedi topluluğun remzidir. [148]

İyi kullar cihan yurdunu ibadetle, akılla bayındır hale getirirler. İki cihan bu iki şeyle yani ibadet ve akılla bağlanmıştır. Bilgiye dayanmayan amelin sonu sapkınlıktır.

Kişisel çaba

Bir Yahudi, bir Hıristiyan ve bir Müslüman arkadaş oldu. Yolda para buldular, onunla helva yaptılar. "Ama, şimdi erken, yarın yeriz, sonra zaten pek az. Helvayı, tatlı uykuyu rahat uyuyan yer." Dediler. Maksatları Müslüman'a yedirmekti. Ama Müslüman gece yarısı kalktı. Uyku ne gezer onda, âşık ve yoksun zavallı. "uyku ne zaman olsa uyunur." Dedi ve helvayı tamamen yedi bitirdi. Hıristiyan sabah kal-

---

[147] MAKALAT, s. 468
[148] MAKALAT, s. 268

kınca; "İsa gökten indi, beni göklere çekti." Dedi. Yahudi; "Musa da beni cennetlerde dolaştırdı, oradaki acayip şeyleri seyrettirdi." dedi. Müslüman da; "bana da Hz. Muhammed (SAV) geldi ve şöyle dedi; "Zavallı Müslüman! Onların birini İsa, semanın dördüncü katına çıkardı, ötekini Musa, cennetlerde dolaştırdı, sen de zavallı yoksun, bari kalk da helvayı yemeye bak" o öyle buyurunca ben de kalktım helvayı temizledim." Dedi. Yol arkadaşları dediler ki; "vallahi en iyi rüya senin gördüğün rüya imiş. Bizimkiler hep hayal ve batıl şeylermiş. [149]

Nefsine Hakim Olamayan Allah'ı Bulamaz

Kur'an'da; "rahman olan Allah bütün arşa hakimdir." Denilmiştir. Buna yakın hadis ise, "kim ki nefsini bilirse, Rabbini de bilir." dir. Bu sözlerde açık ve değişmeyen bir hazine bulunmaktadır. Kendi benliği ile uğraşan kişi, ne kendine ne de başkasına yararlı olabilir. Ayrıca Kur'an'da, "senin bağırarak konuşmana gerek yok, Allah gizliyi de bilir, kapalıyı da bilir." Denilmiştir. Nefsine düşkün kişi, eninde sonunda Allah'tan kaçar. [150]

Fani Şeylere Fazla Gönül Bağlama

Allah'ın rahmet denizi her zaman aktiftir. O'ndan neyi istersen sana onu verir. Herkes bir nesneye tapar. Kimi güzelliğe, kimi altına, kimi makam ve gösterişe. Onların tanrıları bu nesnelerdir. Hiçbir zaman İbrahim peygamber gibi, "Sönüp batanları sevmem" demezler. O peygamber gibi bu sözleri söyleyecek cesaret sahibi kişi nerede? Bu sözlerin sırrı öteki âleme aittir. O tarafta batmayan yıldızlar vardır. Bu nefsinden geçtin mi, bu zahiri varlıkların yok olduğunu gö-

---

[149] MAKALAT, s. 324

[150] TÜRKMEN Erkan; şems-i Tebrîzi'nin Öğretileri, NKM yayınları, Konya, 2009, s. 32

rürsün. Hayaller âleminden geçince bunları var edeni görür ve bu maddi dünyanın yok olacağını keşfedersin.[151]

İntikam Öfkesini Merhamete Çevir

Kahır (öfke ve baskı) eğer kendi gözüyle lütfa bakarsa, kahırdan başka bir şeyi görmez. Bu Allah kulu, bir keresinde kâfire dedi ki; "Sen de ben de O'nun kuluyuz ama sen O'nun kahır sıfatındansın, ben ise O'nun lütuf sıfatındanım. Lütuf, kahırdan daha üstün olduğu için sen de lütfa geç. Lütfün tadı daha hoştur. [152]

Allah'ı Kötüleyen Kendini Kötülemiş Olur

Allah'a küfreden kişi, kendine küfretmiş olur. Kişi, Allah'ı nasıl üzebilir? Ancak kendini üzmüş olur. Böyle sözler nasıl olur da ağzından çıkabilir? Acaba Allah'ı tanımazlar mı? [153]

Sabrın Sonu Selamettir

Eğer bir kişi sıkıntılı anda gülebiliyorsa, geleceğin tatlı günlerini de hissedebiliyor, yani onun gözleri gelecekteki tatlı günleri görebiliyor demektir. Sabır; geleceği iyi bilmek, sabırsızlık ise; geleceği iyi bilmemekten ileri gelir. Geleceğini bilen kişi, safların önüne geçer. [154]

Gerçek Mürid Kimdir?

Şeyh (eren) kimdir? O var olandır. Asıl mürid kimdir? O yok olandır. Mürid yok olmadıkça, mürid olamaz.

İlahi Denize Teslim Ol

Denize düşen kişi, elini kolunu sallasa ve aslan gibi güçlü de olsa, deniz onu parçalar. Kendini ölü gibi serbest bırak-

---

151 TÜRKMEN, a. g. e. s. 37
152 TÜRKMEN, a. g. e. s. 38
153 TÜRKMEN, a. g. e. s.46
154 TÜRKMEN, a. g. e. s. 93

mak lazım. Denizin huyu şöyledir; eğer canlıysan seni yutar yok eder. Batınca ve ölünce seni alır taşır. Öyleyse önceden bunu yap ki deniz seni taşısın ve sen onun yüzeyinde rahat rahat yüzesin. [155]

Allah Bencil Olanları Sevmez

Beyazıt hacca gitmek üzere yola çıktığı zaman hep yalnız yolculuk etmeyi tercih edermiş ve kimseyi yoldaş edinmezmiş. Bir gün yoldayken birisinin önünde gittiğini görmüş ve içinde onunla yoldaş olma isteği belirmiş, fakat tereddüd içindeymiş. Sonra bir daha düşünmüş; "en yüce dost Allah'tır, yalnız O'nunla dost kalayım" demiş. Ancak, birlikte olma isteği, yalnız gitme isteğine baskın gelmiş. Beyazıt bu çelişki içindeyken öndeki yolcu geriye dönerek; "önce araştır bakalım, ben senin refakatini kabul edecek miyim?" Beyazıt hayrette kalmış, kendi kendine şöyle demiş; "içimdekini nasıl bildi?" bu arada öndeki kişi hızlı adımlarla uzaklaşıp gitmiş.

Gerçek Zikir

Birisi dedi ki; "zikir istiyoruz." Şeyh şöyle karşılık verdi; "zikir öyle olmalı ki, zikir olunan asla akıldan çıkarılmamalı. Sadece dille yapılan zikir, zikir değildir. Asıl zikir; gönülden olanıdır. Beyazıt'ın zikri gönüldendi.

Zikir zaten; hatırlama, yad etme, unutmama demektir. Dille söyleyip de, gerçek anlamıyla Allah'ın isteklerine uymayan, O'nu sadece bayramlarda, dar ve zor günlerde hatırlayanlara zikir ediyor denmez.

Ayrıca zikir; elde tespih, herkesin içinde, kalabalıklarda sağa sola kafa sallayarak, bağırıp çağırarak insanların dikkatini çekmek de değildir. Halk içinde Hak ile beraber olabili-

---

[155] TÜRKMEN, a. g. e. s. 100

yor muyuz? Şehirdeki dervişliği tam olarak yerine getirebiliyor muyuz? İhlas adı verilen güzelliğe sahip olarak hayat sürüyor muyuz? İşte zikirden anlaşılan budur.

Unutkanlık Üç çeşittir

Unutkanlığı önce ikiye ayırabiliriz; birisi dünya ile ilgili unutkanlık. Yani dünyalık işleri ve meşguliyetleri öteki âlemi unutturabilir. İkincisi; kendini unutup tamamıyla öteki âlemle meşgul olmak. İkinci tür unutkanlığı olan kimse için bu dünya kedinin eline düşmüş bir fare gibidir. O Allah kulunun sohbetine eriştiği için bir şeyhin otuz yıllık secdelerinden elde ettiklerine kavuşmuştur. Üçüncü kişi ise, Allah'a âşık bir kişidir ki, hem bu dünyayı hem de öteki âlemi unutmuştur.[156]

Daima Affedici Ol

Eğer mümin isen; düşmana sevgiyle bak. Çünkü birisine sevgiyle yaklaşırsan, o düşman dahi olsa hoşuna gider. Aslında o senden sevgi değil, kin ve öfke beklerken sevgiyi görürse mutlu olur.

İnsanın İki Özelliği

İnsanın belirgin iki özelliği vardır; birincisi, niyaz yani yalvarma ve isteme. İkincisi, tokgözlülük. Sen, niyazsızlık ve tokgözlülükten ne beklersin? İsteyenin en büyük arzusu ne olabilir? Tabii ki istenen ve aranan; sevgili. O halde sevgilinin son isteği ne olabilir?[157]

Sıkıntı Çekmeden Manevi Mutluluk Elde Edilemez

Üzüntüler ve sıkıntılar insanı nasıl doğru yola sevk eder? Sıkıntılar olmayınca insanın benliği artar ve perdeler çoğalır. Şimdi, kedersiz olduğu zaman insan, gelecek sıkıntılara ve

---

[156] TÜRKMEN, a. g. e. s. 141
[157] TÜRKMEN, a. g. e. s. 145

belalara hazırlıklı olmalı ki onlardan korunabilsin. Muhammed (SAV); "kim ki (İlmini) ve hayatını genişletmek isterse, Allah ona genişlik ihsan eder." Muhammed'e (SAV) tabi olmayan kimse; kâfir ve inkârcı olmaz mı?

Az Yemek Mana Gücünü Artırır

Kimin kıblesi bugün mutfak ise,
Onun yarını ise cehennemdir.
Az yemek hikmeti artırır,
Çok yemek hikmeti yok eder.

Herkes mademki kendini açlıkla süslemek ister, o zaman dinle; bu dünyada bulduğun öğren ki sevaplar ve hikmette genişleme elde edesin, istenen sevgilinin yüzünü göresin. Gerçek oruç şöyledir; iki kişi vardır; birisi bir şey bulamadığı için yemez, diğer ise her şey bulduğu halde, Allah rızası için oruç tutar ve bir şey yemez.[158]

Ölüm Son Hedef Değildir

Birisi; "kardeşimi Moğollar (Tatarlar) öldürdü" diye ağlıyordu. Adam akıllıydı. Dedim ki; "eğer aklın varsa bil ki Moğollar onu kılıç darbesiyle ebedileştirmişlerdir (Şehit ederek). Fakat ölenler ve ölü gibi olan vaizler, öteki hayatı ne bilsinler? Minbere yanaşınca bağırmaya ve sızlanmaya başlarlar. "bu dünya müminler için cehennemdir" denilmiştir. Öyleyse birisi bir hapishaneden kurtulunca, onun için ağlamak mı lazım? "ne yazık ki hapishaneden kaçtı" mı demek gerek?

"Bir Saatlik Tefekkür (Düşünce), Altmış Yıl İbadetten Daha Üstündür"

Bu bir hadistir. Ve anlamı; dürüst ve ibadetlerinde riya (Gösteriş) olmayan bir dervişin huzurunda bulunmaktır.

---

158 TÜRKMEN, a. g. e. s. 150

Şüphesiz böyle bir dervişin huzurunda olmak, yalnız yapılan ibadetlerden daha iyidir. Namazın kazası olur ama O'nun huzurunun kazası olmaz. Bazı dervişler görsel ibadeti terk etmişlerdir, zira ibadet gönül huzuruyla olur ve namaz da Fatihasız olmaz. Onlara göre Fatiha suresi, Allah huzurudur ki Cebrail dahi girse tokat yer.[159]

Ancak Gözyaşları İç Pisliği Temizler

"Abdest üstüne abdest, nur üstüne nurdur" derler. İç âlem tamamlanınca bazıları zahiri temizliği pek önemsemezler. Kimileri bu hallerini kabul eder, kimileri ise kabul etmezler ve derler ki; "abdest üstüne abdest, nur üstüne nurdur". Onun için onların önderlik yapmaları doğru değildir. Halbuki içi temiz olanlar, hem bu âlemde, hem de ahrette insanlara destek olurlar ve onları korurlar. Şüphesiz iç temizlik şarttır ve içteki bir zerre kirlilik, dıştaki binlerce kirlilikten daha kötüdür. Üç veya dört tulum gözyaşı; iç kirliliğini ancak temizleyebilir. O her gözyaşlarından değil, içtenlikle akıtılan gözyaşlarından. Böyle bir iç temizliğinden sonra insan kurtulur ve huzur kokusu ona ulaşır.

Fakat niyazdan mahrum ve niyazsız kılınan namazlar insanı mezarın kenarına kadar götürür ve mezarın kenarından döner geri gelir, diğer dönenlerle birlikte. Ama niyazla birlikte yapılan ibadetler, mezarı içine kadar gelir, onunla haşir olur ve aynı şekilde cennete, Allah'a kadar beraber gider ve önden takip eder.[160]

Önce Layık Ol Sonra Dile

Sana bir zorluk çıkarsa, kendini suçla. Çünkü Allah kuluna onun layık olduğu gibi davranır. Bu böyle olmakla bera-

---

[159] TÜRKMEN, a. g. e. s. 157
[160] TÜRKMEN, a. g. e. s. 158

ber, kula verilecek daha nice mutluluklar ve güzel şeyler vardır.

Önce Allah'a layık kul ol, sonra isteyeceğini iste. Allah'tan isteyecek yüzün yoksa nasıl isteyebilirsin ki? Allah'ın bunca iyiliklerine, bunca lütuflarına rağmen O'na; ibadetlerle, ahlaklı tavırlarla gerçek kul olduğumuzu ispat etmek durumunda olmalıyız ki istemeye karşı haklı olalım.

Gerçek Dostu Tanı

Dostu düşmandan ayırmak için sana iki kez hayat gerek,
Dost şeklinde düşmanlar çoktur, sana dert ortağı dost gerek.

İlk bedenleri terk edip ölmeyen ve yeni beden bulamayanlara ikinci hayat gerek. İkinci hayatı bulabilen, her şeye Allah nuruyla bakar, düşmanı tanır, dostu bilir. Öfkesi, öfke gerektiğinde, lütfu, lütuf gerektiğinde baş gösterir. Onda bu iki nitelik bir arada olmalı.[161]

Gazel

Mende Mecnûn'dan Füzûn Aşıklık İsti'dâdı Var

Mende Mecnûn'dan füzûn âşıklık isti'dâdı var
Âşık-i sâdık menem Mecnûn'un ancak adı var

N'ola kan tökmekde mâhir ola çeşmüm merdümü
Nutfe-i kâbildürür gamzen kimi üstâdı var

Kıl tefâhur kim senün her var men tek âşıkun
Leylî'nin Mecnûn'u Şîrîn'ün eger Ferhâd'ı var

---

161 TÜRKMEN, a. g. e. s. 161

Ehl-i temkînem meni benzetme ey gül bülbüle
Derde yoh sabrı anun her lâhza min feryâdı var

Öyle bed-hâlem ki ahvâlüm görende şâd olur
Her kimün kim devr cevrinden dil-i nâ-şâdı var

Gezme ey gönlüm kuşu gâfil fezâ-yı ışkda
Kim bu sahrânun güzer-gehlerde çok sayyâdı var

Ey Fuzûlî ışk men'in kılma nâsihden kabûl
Akl tedbîridür ol sanma ki bir bünyâdı var

Şair Fuzuli

ŞEMS VE MEVLÂNA'DA İLÂHİ AŞK

İlahi Aşk

Mevlâna ile Şems-i Tebriz'i arasındaki muhabbetin derinliği herkes tarafından bilinmektedir. Tasavvuftaki ilahi aşk, bu iki Allah dostunun birbirlerini bulmasıyla yeni bir anlam kazanmıştır. Her ne kadar Şems, Mevlâna'nın hocası olsa da bu sadece öğrenci öğretmen ilişkisi değildir. Bu yıllarca arayış içerisinde olan iki dostun, iki sırdaşın birbirini bulmasıdır. Bu birliktelik üç yıl gibi kısa bir süre devam etmiştir ama asırlar boyu sürecek olan yeni bir ilahi aşkın temellerini atmışlardır.

Mevlâna'daki dönüşüm Şems-i Tebriz'le olmuştur. Mevlâna'nın hayatında Şems köşe taşı mesabesindedir. Şems olmasaydı Mevlâna da olamazdı ama bildiğimiz anlamda Mevlâna olmazdı. Şems-i Tebriz'i Mevlâna'nın ilham kaynağıdır. Mürşidi, sırdaşı ve dostu Şems-i Tebriz'idir. Mevlâna'yı anlamaya ve araştırmaya çalışanlar mutlaka Şemsi Tebriz'iyle karşılaşırlar. Tebriz'iyi anlamadan Mevlâna'yı anlayamayız. Mevlâna üzerine araştırmalar yapan Cemalnur Sargut: "Mevlâna Şems'le karşılaşmasaydı da tüm eserleriyle dünyaya tesir edecekti ama Mevlâna olmayacaktı." der.

Şems ulaştığı mertebeye onu da ulaştırmaya çalışır. Kendi ilminden, kemalinden ve ilahi aşkından ona da tattırır. Oysa Mevlâna hep ön plandadır. Şemsi Tebrîzi hep geri planda kalmıştır. Oysa Mevlâna'ya ilham kaynağı olan böyle bir şahsiyetin sıradan bir şahsiyet olduğu düşünülemez. O Mevlâna'yı Mevlâna yapmak için görevlendirilmiş âlim bir şahsiyettir. Hz. Şems'in hocası müritlerine şöyle der: "Diyar-ı Rum'da Celalettin isminde bir zatın irşat edilmesi murad edildi. Hanginiz talipsiniz? der. Hz. Şems sağ elini kalbinin üzerine koyarak boynunu sola doğru eğerek susar, "talibim" kelimesini bile kullanmaz. Hocası: " Sen anladın bu işin sonunda başını vermek var." der.

29 Kasım 1244 yılında gerçekleşen bu buluşma, tasavvuf anlayışında da bir dönüm noktasıdır.

Mevlâna Konya sokaklarında yanında ilim erbabıyla at üzerinde gezerken garip görünümlü bir adam yolunu keser ve Mevlâna'nın hayatını değiştirecek şu soruyu sorar: "Hz. Muhammed mi büyüktür, yoksa Bayazıd-ı Bistami mi? Molla Celaleddin bu küstahça soruya kızgınlıkla cevap verir: "Tabi ki Peygamberimiz büyük. Bayazıd-ı Bistami onun yanında kim oluyor ki?..." Garip yabancı bu soruya yeni bir soruyla karşılık verir: "Peki ulaşılabilecek en son noktaya vasıl olduğu halde Peygamberimiz "Ya Rab, seni hakkıyla bilemedim' derken ondan daha düşük makamlara ulaşan Bistami "Benim şanım en yücedir" dedi

Mevlâna üzerine araştırmalar yapan Cemalnur Sargut Şems'in bu soruyu sormadaki hikmetini şu şekilde açıklar: "Ya Mevlâna her şeyi biliyorsun da ben doydum artık istemiyorum mu dedin? Yoksa doyamıyorum bana öğret mi diyorsun?

Mevlâna bu soru karşısında sarsılsa da soruyu cevapsız bırakmaz: "Hz. Muhammed'in hafzalası bir okyanus misali ilahi feyzi ve marifeti almakta ama yine de dolup taşmamaktadır. Bu sebeple o ilahi rahmete mazhar oldukça Allah'ın büyüklüğünü daha idrak etmekte, kul olarak kendi acziyetinin de daha çok farkına varmaktadır. Oysa büyük bir veli olan Bayazıd-ı Bistami göl misali dolup taşmakta ve bu taşkınlıkta kendini kaybetmektedir."

Burada anlatılmak istenen: "Peygamber daha üstün, peygamber daha doyamadı Allah'a bende doyamadım gel öğret."

1244 yılında başlar dostluk ve yaklaşık 3 yıl sürer. Mevlâna'nın hocası, dostu, sırdaşı Şems hazretleri asırlara mal olacak Mevlâna'nın temellerini atmak için onun dış dünyayla bağlantılarını keser. Mevlâna hazretleri kendini Şems'e verir. Artık bütün vaktini Şems'le geçirmeye başlar. Dış dünyayla bağlantısını koparır. Mevlâna yeni yeni tatmaya başladığı ilahi aşk ile mest içinde bir hayat yaşar. Bu arada halk arasında ve Mevlâna'nın öğrencileri arasında kıskançlıklar baş göstermeye başlar. Çünkü Mevlâna artık kendileri ile ilgilenmemektedir. Şems'e karşı içten içe bir kızgınlık beslemeye başlarlar. Çünkü Şems gelmiş ve hocalarını elinden almıştır. İleri geri konuşmaya başlarlar. Bu konuşmalardan rahatsız olan Şems hazretleri ansızın ortadan kaybolur. Memleketine geri döner.

O zamanki yapılan ileri geri konuşmalar günümüzde de hale devam etmektedir. İzan sahibi insanların aklının ucundan dahi geçiremeyecekleri ağır ithamlara maruz kalmışlardır. Çok üzülerek ifade etmeliyim ki bu iki Allah dostunu eşcinsellikle bile suçlanmışlardır.

Mevlâna ve Şems'in ilişkisini eşcinsellikle açıklamaya çalışanlara en başta çok kızmıştım ama artık kızmıyorum sadece acıyorum. Mevlâna ve Şems'in ilişkisini eşcinsellik olarak yorumlayanlar sığ görüşlü sapkın insanlardır. Ancak aklınızda cinsellik varsa bu ilişkiyi böyle yorumlarsınız. Mevlâna'yı ve Şems'i tanımayanlar ancak böyle mesnetsiz ve aşağılık bir suçlamayla böyle Allah dost kişileri karalamaya kalkışabilir. Mevlâna'yı ve Şems'i az biraz tanıyanlar onların iç dünyasında ki Allah sevgisinin zerresini tadan insan böyle bir düşünceyi aklının ucundan bile geçiremez. Birbirini bu kadar çok seven iki dostun arasındaki ilişkiyi en güzel Mevlâna açıklar.

Hocasından, dostundan, sırdaşından ayrı kalan Mevlâna yemez, içmez, konuşmaz birisi olup çıkmıştır. Hatta yakın arkadaşları ve öğrencileri, Hz. Mevlâna'ya: "Böyle kendini parçalıyorsun, harap ediyorsun ama biz sana bir soru sormak istiyoruz, müsaade ederseniz? Dediler.

"Sen Şems gelmeden evvel kimsenin şüphesi olmayan dört dörtlük bir mümindin, hocaydın, öğretmendin, müderristin. Sen her şeyi biliyordun, sana üstelik Şam'daki hocan söylemedi mi? Senin bilemeyeceğin bir şey kalmadı." diye.

Hz. Mevlâna: "Evet doğrusunuz, doğru söylüyorsunuz." dedi. Peki, senin ibadetlerinde bir eksiklik var mıydı? diyorlar. Mevlâna: "Hayır." diye cevap veriyor. Peki, sen Şems'ten ne öğrendin ki böyle perişansın bu haline bak? dediler.

Mevlâna şu müthiş açıklamayı yaptı. Ve aslında bu açıklama Mevlâna ile Şems arasındaki ilişkiyi en güzel açıklayan örnektir.

Dedi ki:

"Evet dediklerinizin hepsi doğru, fakat ben Şems'e rastlamadan önce üşüdüğüm zaman ısınıyordum, ama Şems'ten sonra artık ısınamıyorum. Çünkü Şems bana bir şey öğretti. Yeryüzünde bir tek mümin üşüyorsa, ısınma hakkına sahip değilsin. Bende biliyorum ki yeryüzünde üşüyen müminler var, artık ben ısınamıyorum. Eskiden açken bir çorba içince doyardım. Ama şimdi hiçbir şey bana bir besin hassı vermiyor. Çünkü biliyorum ki açlar var. İşte Şems bana bunu öğretti. Bu öğrettiği şeylerse Fahr-ı Kâinat efendimizin ahlakının ta kendisidir."

Şems hazretlerinin ayrılışı Mevlâna Hazretlerini derinden etkiler. Dostunu, hocasını kaybeden Mevlâna dış dünya ile bağlantısını iyice koparır. Bu arada hocası ile birkaç kez mektuplaşır ve onu getirmek için ikna etmeye çalışır. En nihayetinde ikna eder. Ve eski günlerde ki gibi tekrar hocasıyla birlikte geçirmeye başlar. Yine aynı ileri geri konuşmalar devam eder. Bir geçe yedi sekiz kişilik bir grup Şems'i dışarı çağırır. Şems başına gelecekleri bilmesine rağmen çıkar. Çünkü o görevini yerine getirmiştir ve bu görevin sonunda başına gelecekleri de çok iyi bilmektedir. Çıkar çıkmaz bir Allaaah sesi duyulur. Dışarı çıkarlar Şems yoktur. Yalnız yerde birkaç damla kan görürler. Hz. Şems sırra kadem basmıştır.

Hz. Şems'in akıbeti hakkına net bir bilgiye sahip değiliz. Kuvvetle ihtimal öldürülmüştür. Ama cesedi bulunamamıştır. Sonra kim tarafından niçin öldürüldüğü de tam bir muammadır. Kimisine göre Mevlâna'yı sevenlerin kıskançlığının kurbanı edilmiştir. Hatta öldürenlerin arasında Mevlâna'nın küçük oğlu Alaaddin Çelebinin de olduğu rivayet edilmektedir. Kimisine göre de siyasi bir cinayettir. Moğol hükümdarı Guyuk Han'a yaranmak isteyen Anadolu Selçuklu Veziri Bahauddin tarafından öldürüldüğü öne sürülmüştür.

Bu iki Allah dostunun arasındaki muhabbet yıllarca şiirlere konu olmuştur. Günümüzde ise bu muhabbet üzerine romanlar yazılmaktadır. Ama maalesef gerekli titizlik, hassasiyet gösterilmiyor. Yanlış anlaşılmalara sebebiyet veriliyor. Farkında olarak ya da olmayarak insanların kutsiyetlerine dokunuyorlar. Ne olur bazı güzelliklerimize dokunmayın. Temiz olan şeyler ne olur bırakın temiz kalsın. Çekin ellerinizi güzelliklerimizin üzerinden.[162]

---

162 Hasan Başar, Burhan dergisi, 01 Nisan 2010

Hz. Şems ve Mevlâna

Hz. Mevlâna hayatının ilk döneminde mânâ bilimleri açılmadan evvel ilim, ahlâk, İslâmî ibadetlere saygı zerâfeti bakımından dört dörtlüktü. Maddî hiçbir problemi yoktu. O halinde çok büyük insandı. İbadeti, ahlâkı, ilmi olan insan elbette büyük insandır.

Ama Allah'ın asıl görmek istediği şey, Hz. Mevlâna'nın mânâ sahnesindeki patlamasıdır. Bu mânâ sahnesine adım atabilmesi, velâyetin başlayabilmesi için bir nokta vardı, o noktanın açılması lazımdı. Nedir o nokta?.."Bir insanın maddeden mânâya geçişi nasıl olur?… Hangi hadiselerle olur?… diye soran meraklılara cevap olarak; bunun baş formülü nazar'dır. Bir başka velînin Cenab-ı Hakk tarafından tayin edilmiş bir kimseye nazar etmesi, mânâ âlemine geçmesini sağlar…

Hz. Şems'in hocası yetiştirdiği her birisi mükemmel mânâ talebesi olan müridlerine "Diyâr-ı Rum'da Celâlettin isminde bir zatın irşad edilmesi murad edildi. "Hanginiz talipsiniz?" dedi… Hz. Şems sağ elini kalbinin üzerine koyarak, boynunu sola doğru eğerek sustu, talibim kelimesini bile söylemedi. Hocası, "sen anladın, bu işin sonunda başını vermek var" dedi.

Şems, Hz. Mevlâna'nın Şam'da ders verdiğini öğrenerek Şam'a gitti. O sırada da Hz. Mevlâna'nın hocası "Senin artık hadis sahasında öğreneceğin hiçbir şey kalmadı" diyordu. Hz. Mevlâna atıyla şehrin dışında giderken, başı koyu renk bir örtüyle örtülmüş esmer bir adam Mevlâna'nın önünde durarak, "Sen her şeyi biliyormuşsun, öyle ise benim de kim olduğu bil" dedi ve çekti gitti. Hz. Mevlâna dondu kaldı. "Ben, bana öğretilen şeyleri biliyorum, bir insanın kim olduğunu nasıl bilebilirim" diye düşündü.

Hz. Şems, ilk mesajını vermişti. "Mânâ âlemine geçersen her şeyi bilirsin" demek istemişti.

İki sene sonra Hz. Şems Konya'ya geldi ve artık Hz. Mevlâna'yı irşad etmek için fiiliyata başladı. Bu ihda dediğimiz yaratılışın kuvveden fiile çıkma safhasıydı. Hz. Şems mükemmel bir mürşiddi, hiçbir hata olmasın istiyordu. Bunu maddî bir ameliyata benzetirsek, nerdeyse iğnenin girdiği yer bile acımasın istiyordu.

Konya'da misafir olduğu handa Hz. Mevlâna'yı tanıyanlara, nelerden hoşlanıp hoşlanmadığını sordu. Onlar da "kibar, temiz düzgün giyimli insanlardan hoşlanır" dediler.

Hz. Şems en eski elbiselerini giydi, biraz da toza-toprağa bulandı. Ama Hz. Şems Konya'da mânevî bir hava bulamamış olmaktan dolayı rahatsızdı. Konya Selçuklu Devletinin başkenti idi. Hiç kimse ibadetinden sarf-ı nazar değildi, hiç kimse haram işleyemezdi. İslâm disiplini vardı ama Şems'in aradığı mânâ raksı yoktu.

O sırada dul bir kadın kendisine İNFAK edilen bir ciğeri Şems'in kaldığı hanın yanındaki fırıncıya kızarttırmak istedi. Fırıncı para istedi, kadın ise "param yok, bu ciğer de zaten İNFAK olarak verildi bana, öksüzlerime var onlara götüreceğim" diyerek ciğeri kızartmasını söyledi tekrar.. Fırıncı "ben de odun yakıyorum, para vermeden olmaz" dedi. O zaman Şems hüzünlendi, kadının elinden ciğeri alarak kalbinin üzerine koydu ve cızır cızır dumanları tüttürerek ciğerin iki tarafını da kızarttı. O kızartmadan çıkan bir mânevî rayiha vardı ki Konya'nın Atmosferine Mânâ Karışmış Oldu. Şems buna çok sevindi.

İşte, mânâ dediğimiz olay, şeriatın aslıdır. Konya Halkı İbadetini Yapıyor, Namazını Kılıyor, Zekatını Veriyordu Ama İnfak Yoktu... Onun İçin O Atmosferde Bir Mânevî İlkah Yapılamıyordu. Mânânın Özündeki Hikmetin Birisi Budur.

Ertesi gün toza toprağa bulanmış kıyafetiyle Hz. Mevlâna'nın evine döneceği yola çıktı. Karşılaştıklarında, Hz. Mevlâna'nın atının geminden tutarak, Şems bir nazar attı.

Hz. Mevlâna o anda bütün dünyasının yeniden yapılandığını hissetti. Şems'in bu bakışı "Ben kimim" dediği zamanki bakışı değildi. Hz. Şems'in en büyük hususiyetlerinden birisi nazarının âşikar oluşudur.

Hz. Şems, Hz. Mevlâna'ya "söyle bakalım Bâyezid Bestâmi mi daha büyük, Peygamber mi büyük?" diye sordu. Böyle bir soruyu sıradan bir adam soramaz, Bâyezid Bestâmi bir İslâm Velîsi, Peygamber ile nasıl kıyas edilir? diyerek, Hz. Mevlâna derhal attan indi ve "elbette bu tartışılmaz. Bâyezid "bana daha çok ver ya Rabbi derken Resulullah ise aman ya Rabbi ben seni hakkıyla bilemedim ben seni anlatamam senin tanıdığın gibi sana hamd ediyorum derdi, tabii Bâyezid bir bardak su gördü, Resulullah deryanın içindeydi" dedi. Bu izah Şems'in çok hoşuna gitti. Ama Hz. Mevlâna Bâyezid'i Resulullah'in ayakları dibinde secde ederken gördü ve zaman diliminden atlayarak mânâya geçmekle neler olacağının farkına vardı. Hz. Şems'e "misafirim olun" diyerek davet etti. Hz. Şems "Sen benim kahrımı çekemezsin" diye cevap verdi. "Olsun elimizden geleni yaparız" diyerek, aldı evinin baş köşesine misafir etti.

Bir gün, Hz. Şems, Hz. Mevlâna'ya "bir testi şarap getir" dedi. Hz. Mevlâna "hayhay" diyerek bir Rum meyhanesine gitti. Bir testi şarap istedi. Şarabı aldı cübbesinin kollarının arasına koydu, tam çarşının ortasında testi düştü kırıldı.

O an Hz. Mevlâna'nın geçirdiği NEFS FIRTINASINI hesap etmek çok güç… Hadis hocası ve rektör olan bir kişinin şarap testisi taşıması anlaşılamaz... Bütün halk koşup geldiğinde yere dökülen şarap gülsuyuna dönüşmüştü. Bütün çarşı gülsuyu kokuyordu... Hz. Mevlâna bir şarap daha almak için şarapçıya gittiğinde şarapçı elini ayağını öperek, kelime-i şahadet getirerek, "Sultanım senden sonra dükkanımdaki bütün şarap küpleri gülsuyu oldu" dedi ve müslüman oldu. Hz. Mevlâna büyük bir coşkuyla Hz. Şems'in yanına gitti.

Velîler Kur'an emirlerinin önceliklerinde veya sırasında bize yardımcı olurlar mı diye sorarsak; diyelim ki bir insan bir velînin yanına gidip namaza dair bir şey sorar, halbuki Velî biliyordur ki henüz iman-ı kemal etmemiş. "Sen şu namaz işini bir kenara bırak da evvela imanını tamamla" diyebilir. Bu Kur'an emirlerine tekaddüm değildir. İslâmiyet'in çektiği eziklik imânı bırakıp da ibâdet kalıbında kalmasıdır. Ne ibadet terkedilebilir, ne iman terkedilebir. Hiçbir velî ibadetlerden tâviz veremez. Eski bir şairin güzel bir sözü vardır "Şeriattan kim ki bir taş kaldıra başını oraya koya" der. Sen git üç rekat namaz kıl diyemez. Çünkü Velîlik demek Kur'an'a daha çok âşık olmak demektir.

Zahiri görüntülere verilen önem bakımından mânâ ilimleriyle kelam arasında bir yaklaşım tarzı farklılığı olmaması lazım ama yapanlar var. Bazı kimseler tasavvuf biliyoruz diye kelam ilimlerine soğuk bakmışlardır. Bu tamamen cahilliklerindendir. Kelam ilmi olmadan tasavvuf anlaşılamaz. Bugün kendilerini mürşid sayan bazı kişiler Kur'an'ın mânâsını bilmiyor. Tamamını bilmeyebilir ama bir bütün olarak kavramak şarttır. Yoksa nasıl ders verebilir?

Klâsik tarih bilgimiz içinde, Hz. Mevlâna ile Hz. Şems'in buluşması çok çeşitli şekilde tanımlanmıştır, ama mânâ ilimleri açısından önemi fevkalâde büyüktür. Çünkü, Hz.

Şems'in mânâya ait bir ışığı, Hz. Mevlâna'nın gönlüne yansıtması alenî olmuş bir olaydır.

Tasavvuf tarihinde pek çok velî birbirlerine bu ışığı yansıtmışlardır. Fakat bunları hangi anda nasıl yaptıklarını, hangi imtihan perdeleri içersinde seyrettirdiklerini bilemeyiz. Halbukü Hz. Mevlâna ve Şems olayı'nda alenî, herkesin gözü önünde olmuştur. Mânâ ışığı bir insana nasıl yansıtılır ve onun gönlünün önündeki mânâyı gölgeleyen perde, nasıl kalkar? Bu aleni olmuştur. Onun için fevkalâde önemlidir tasavvuf tarihi bakımından.

Aleniyetin özünde yatan hikmet de, İlâhî sırların herhangi bir çevre putu olmamasıdır. Yani diğer insanlar bunun gibi görürse görür, çünkü bu bir İlâhî emirdir. Mevlâna hazretleri, Hz. Şems'e bir gün;

-Sultanım, pek çok yerlere uğradın, orada irşâd edecek insanlar bulamadın mı ki buraya kadar zahmet ettin? mânâsına gelen bir soru sorar. Hz. Şems'in o zaman yaptığı espri çok güzeldir. Bu zarif, hikmetli bir tasavvuf esprisidir ve pek çok hakikatı olan bir espridir. Hz. Şems;

- Gittiğim yerlerde hep hâşâ Allah'lık dâvâsında olanlara rastladım. Hiç "kul" olana rastlamadım, ilk defa kul'a rastlıyorum, o da sensin, demiş.

Bunun anlamı nedir? Herkes tasavvuf yapıyorum, tarikat yapıyorum, yahut dindarım diye kendisini ilâhlaştırmış. Her şeyi ben biliyorum, ben yapıyorum, ben, ben, ben... Hz. Şems; bu benler var ya, işte gönlün önünde, parçalanması lazım gelen putlardır bunlar. Bunların az sayıda olması, ancak bir kula nasiptir ki, "Sen böyle bir kuldun, onun için seni tercih ettim" diyor. Yine bu meâlde Hz. Şems'in çok güzel bir sözü vardır; "Biz kıyamete kadar Mevlâna'nın yüzde biri kadar kabiliyetli bir kul bulursak mutlaka teşrif eder, kendisini irşad ederiz." diyor...

Onun için ilk buluşmanın hikmeti, sırrı, İlâhi emânetin, gönül cereyanının aktarılması tasarrufudur. Onun içinde çok kıymetlidir. O ânın yaşanması, o ânın içerisinde bulunanlar ve o ânı tekrar tekrar yaşayan pek çok dervişler vardır.

Hz. Şems, Mevlâna'yı gerçek kulluğa götürmek istiyordu. Gerçek kulluk kendi ifadelerinde de söyledikleri gibi kendi gönlünde nefsin bütün silüetlerini kaldırıp Cenâb-ı Hakk'a hâzır hâle getirmektir. Bunu gönlü takîy etme, nakîy etme işi diye kabul ediyoruz. İşte bu eğitimi verdi ve Hz. Şems'in Mevlâna ile sohbetlerindeki ilk dönem esas nokta bu eğitimi vermesidir.

Bu eğitimi verirken Hz. Mevlâna'nın o gün için dünya tutkusu sayılabilecek olan iki önemli hâdise vardı… Bunları kaldırdı… Mevlevî tarihi okunurken bunlar gözden kaçıyor. Bunlardan bir tanesi; Mevlâna'nın hocalığı idi. Yani Üniversitede ders verme, bunu da âlemi İslâm adına yapma göreviydi. Ama bu da nefse ait bir tutkuydu aslında. Nefsin tamamen tezkiye olması lazımdı. Birinci perde de onu kaldırdı. Hz. Mevlâna'nın etrafında teşekkül eden dünya sınırlarını bir alev makinasıyla yakıyordu Hz. Şems…

İkinci önemli hadise de, Hz. Mevlâna'nın evinde çok zarif bir havuz ve havuzun başında bir gül bahçesi vardır. Burada da kütüphanesi vardı. Kütüphanesi yarı döner vaziyetteydi. Akşamları odasına doğru, gündüzleri ise bahçeye doğru dönüyordu. Bu kütüphanede, sekiz yüzsene evveline kadar gelmiş geçmiş İslâm dünyasına ait bütün kıymetli eserler vardı. Hz. Mevlâna'nın âlim yanını nazara aldığımız zaman, bunların hepsini okumuştu.

Hz. Şems, "Sen bunlarla mı meşguldün" diye sorunca "evet" cevabını aldı. Hz. Şems kütüphaneyi bir anda eliyle tuttuğu gibi havuza attı. Bu da Mevlâna'nın bir başka dünya tutkusuydu. Onların bir tanesi bile feda edilebilinecek kitaplardan değildi. Hz. Mevlâna'ya hafif bir mahzunluk çökünce "Niye üzüldün?.." dedi. "Sizin emirleriniz benim için üzüntü vesilesi olamaz. Feriddüddin'in bana imzaladığı bir kitap da vardı içlerinde" dedi... (Feridüddin Attar'ın çok önemli meşhur bir eseri Pendnâme) "O imzalı olduğu için bir hâtıra kıymeti taşıyordu" dedi Bunun üzerine de "Peki onu verelim o zaman" dedi ve elini havuza atarak PENDNÂME'Yİ çıkardı verdi...

Ondan sonra Mevlâna hayretle artık mesajların satırlarda değil, sadırlarda, gönüllerde olduğunu sezmeye başladı...

Çünkü, Mevlâna daha düşünmeden Şems anlatıyordu. Hz. Mevlâna, "Acaba şu konuyu bir sohbet konusu yapsak mı?" diye düşündüğü zaman, Şems anlatıyordu ve anlattığını Hz. Mevlâna ezberliyordu. Acayip bir şey!.. Çünkü Şems, gönülden gönüle eğitime başlamıştı. Hz. Mevlâna bir beytinde, (Mecalis-i Seb'a yahutta Divan-ı Kebir'de olsa gerek) "Hani diyor,"bir gün âlemleri seyretmek, Cenâb-ı Hakk'ın hikmetlerini öğrenmek için, senden niyazda bulunmuştum da birdenbire timsah oluvermiştik. Timsahın gözlerinden deryaları seyrettirmiştin bana. Ben de hayretler içerisinde kalmıştım. Çünkü timsahın gözünde deryanın bir bardak su kadar küçüldüğünü bilmiyordum" diyor...

Şimdi bu ne demektir biliyor musunuz?.. Cenâb-ı Hakk'a yakınlık için, Cenâb-ı Hakk'ın her yerde hâzır ve nâzır olan kudretini herhangi bir eşyanın bir noktasından seyredebilmektedir. Bunu da Allah'a yaklaştığımız zaman seyretmek, sezmek zorundasınız. Bu büyük mârifeti öğretiyordu Hz. Şems.

Nitekim, aynı sistem içerisinde eğitim devam ederken hiç Üniversiteye gidemediği, kitaplarına da uzak kaldığı sırada, bir gün nasıl olduysa misafirleri okula geldi ziyarete. "Ne oluyor acaba?.. Mevlâna niye yok" diye merak etmişlerdi. Misafirlerle birlikte iken bir konu açıldı ve bir hâdis üzerinde tartışmaya başladılar. (Birisi dedi ki, O hadîs şu cümle ile ifade edilmiş, diğeri, şu hadîs kitabında var ama, ben daha çok başka bir hadîs kitabındaki şu cümlesine daha çok inanırım.) Hz. Mevlâna'ya, "Üstad sen ne buyurursun?... Sen hadîs'in ustasısın... Mevlâna daraldı, cevap veremeyecek bir pozisyondaydı. Acaba bu cümlelerin hangisi doğru diye düşünürken, gayr-i ihtiyarî yanında oturan Hz. Şems'e baktı. Hz. Şems diz çökmüş oturuyordu.

- Bana ne bakıyorsun, git kendisine sor" dedi. Bir anda Asr-ı Saadet açıldı ve orada Efendimizi hadîs-i söylerken seyretti. Daha sonra da dedi ki "Doğrusu budur". İşte Hz. Şems, böyle bir dünyanın eğitimini yaptırıyordu.

Hz. Şems ile Mevlâna arasındaki dostluğun, aşk kelimesiyle ifade edilen bir sevdanın boyutlarını, bugünkü insanoğlu, bağırsaklarından kurtulamamış, bağırsaklarını kendi boynuna takıp da kendi kendini idam etmiş olan insanoğlu nasıl anlayacak?... Nasıl bir yaşamdır bu?... ALLAH'ı terennüm eden, ALLAH'ı konuşan, ALLAH'ı yaşayan bir birliği yaşıyorlar. Bunun içersinde şu ders de böyle miydi, şöyle miydi, yahutta niye bu kadar samimi ve dayanılmaz arzu vardı diye aptal aptal bakmak mümkün değil!... Allah lezzetini almamış insanlar ne düşünürse düşünsünler. O ikisi Allah sohbetinin lezzetini alıyordu. İnsanların ne düşündüğü önemli değil ki!...

Hz. Şems'in Konya'dan ilk ayrılışındaki hikmetine bakarsak; her ikisinin arasındaki sohbetler, kulluktan İlâhî rakslara geçen o akıl almaz titreşimler meydana gelirken, demek ki Hz. Şems'in, Mevlâna'ya, kendi plânında bir istirahat vermesi lâzımdı. Yani bu sevdalaşma operasyonuna gönlünün yahut zihninin ilerdeki vazifeleri açısından dayanmasında bir zorlama olduğunu sezdi. Hiçbir şey yokken: "Bize yol göründü, murâd-ı ilâhî bizim Şam'a gitmemizi istiyor" dedi... Şam'a gitti. Hz. Mevlâna ağladı, yüreğini parçaladı. Artık dünyaya nasıl dönecek, o insanlarla nasıl görüşecek, Cenâb-ı Hakk'ın bütün boyutlarındaki ışığını seyretmiş bir insan, sıkıştığı zaman Resulullah'ın devrine intikâl edebilen zaman ötesi tasarrufa ermiş bir insan, tekrar insanlarla bir araya gelecek de, "Ahmet şöyle dedi, Mehmet böyle dedi diye bunları nasıl konuşacak". Hz. Mevlâna tahammülü imkânsız öyle bir yalnızlığa itildi ki, birçok kasidelerinde, rubailerinde o devrin yalnızlığını, isyanlarını, acısını dünyaya nasıl dönüş yapacağının zorluğunu anlatır...

Bu sırada içine bir ferahlık geldi, sanki Hz. Şems'in ambargosu kalkmış gibiydi. Gönlünde yeniden gelmesine ait bir ümit ışığı belirdi. Oğlu Sultan Veled'e dedi ki, "git Hz. Şems'i getir"..

Çok enteresan bir tablo halinde gelişti Hz. Şems'i getirme olayı. Şam ile Konya arası gitmek bir buçuk ay sürüyor. Atına atladı ve Şam'a gitti, Hz. Şems'i herkese sordu, böyle bir derviş tanıyor musunuz diye araştırdı... Falan yerdeki kahvede satranç oynar, gidip orada bulabilirsin dediler. Hz. Şems'in yanına geldiğinde hasırda oturmuş, bir rahle üzerinde satranç oynuyorlardı. Hasırın kenarına gelince ayakkabılar çıkarılır, hasıra öyle oturulurdu.

Sultan Veled şehzade olduğu için, tıpkı babası Hz. Mevlâna gibi çok şık kıyafetlerle kahveye gelmişti. O havanın atmosferinde çok yabancı kaldı. Bir şehzade geliyor, ayakta duruyor, babası gibi elini kalbinin üzerine koyup, başını sol omzuna doğru eğiyor Sultan Veled ve niye geldin sözüne bir cevap olsun diye, Hz. Şems'in ayakkabılarını alıyor, Konya'ya doğru çeviriyor. Bu o kadar nazik bir hâdisedir ki... Babam bekliyor diyemiyor... Bu nezaket-i Muhammedî'ye ters düşer, çünkü Şems bir gönül sultanıdır, ona bir şey söylemeye lüzum yoktur, anlamıştır konuyu. Ama bir jest yapması lâzım, bunun için ayakkabılarını alıyor, Konya'ya doğru çeviriyor...

Karşısındakini kumar oynayan, onu sıradan bir adam gibi gören Yahudi şoka giriyor. Çünkü Yahudi'nin en büyük tutkusu servet ve gösteriştir. Bir şehzadenin gelip de Hz. Şems'e bu şekilde itibar gösterdiğini görünce çok şaşırıyor. O şokun tesiriyle bir nazar ediyor. Yahudi o anda yere düşüyor, elini ayağını öpüyor, Kelime-i Şehadet getiriyor.

Hz. Şems: "Eğer Sultan Veled gelmeseydi, senle daha çok satranç oynardık biz" diyor... "Çünkü kalbindeki put'u yıkmakta zorlanıyordum, ama bir şehzade gelip de bana itibar edince, gönlündeki bütün putlar yıkılıverdi bana karşı" diyor... O geliş anı bile bir başka insanın kurtulması için vesile olarak kullanılmış Hz. Şems tarafından...

Hz. Mevlâna'nın Hz. Şems'in gelişiyle o müthiş olayla ilgili o kadar güzel şiirleri var ki, Şems'in gelişi, başlı başına bir edebiyat, edebiyat değil bir duygu: "O geliyor, o geliyor... Gül kokusu geliyor, bahar geliyor" diye öyle müthiş bir şiiri var ki... Bu sevginin müziğidir... Mevlâna'nın müziğe olan ilgisi, rağbetidir.

Hz. Şems'in Konya'ya ikinci gelişinden sonra meydana gelen değişimler daha çok Hz. Mevlâna'ya gelecekti Mevlâna'yı hazırlamak devri diye kabul edilir. Yani, Hz. Şems'in yaptığı birinci operasyondaki hâdise: bizzat Mevlâna'nın gönlünde aşk ateşini alevlendirmek ve bütün dünyadan tecrit etmek, mekânları, zamanları, zaman ötesini tanıtmak devridir.

İkinci kez geldiği zaman hazırladığı operasyon ise; Hz. Mevlâna'yı geleceğin Mevlâna'sı olarak yetiştirmek, yani insanların gönlüne mesajlar verebilen bir Mevlâna yetiştirmektir. Bu sebeple ikini gelişinde sohbetleri daha çok Hz. Mevlâna'nın Hz. Şems'den sonra yazacağı Divan-ı Kebir, Mecâli-

Seb'a, Mesnevi gibi eserlerinin temel hikmetlerini ona lütfetmiştir, daha önemlisi bu devre içerisinde Şems Hazretleri Mevlâna'nın gönlünde yanan o aşk ateşinin ışığı altında mânâ ehli olmanın, hakiki, gerçek mü'min olmanın hikmetlerini anlatmıştır.

Hz. Şems'in yemesi, içmesi, oturması, kalkması hayret uyandıran birşeydi. Ne zaman yer, ne zaman içer bilinmezdi. Bir bakarsınız az, bir bakarsınız sırf Hz. Mevlâna'nın hatırı için yerdi.

Nihayet bir gün, gül bahçesinde sohbet ederlerken, Hz. Mevlâna'nın gönlünde Hz. Şems'i Konya'ya bağlamak için, burada evlense kalsa gibi bir temayülün uyandığı sırada, Kimyâ Hâtun'a bakarak teşekkür eder, o anda Kimyâ Hâtun bayılır, içeriye götürürler. Hz. Şems, Hz. Mevlâna'ya "İstediği oldu, kızcağızı zorla bize bağladın" der... Madem ki sen bunu böyle istiyorsun, bizim için bir nazar meselesidir bu.

Nitekim, Kimyâ Hâtunla, Hz. Şems evlenirler, Kimyâ Hâtun'un, Hz. Şems'in ağırlığını kaldıracak bir yapısı olmamakla beraber, daha evvelden bir saray terbiyesiyle yetişmiş Mevlâna'dan eğitim görmüş bir kimse olarak, bir müddet bu yüke dayanır ama, bir seneyi bulmayan bir zaman içerisinde dünyasını değiştirir Kimyâ Hâtun.

Hz. Şems, Kimyâ Hâtun'un dünyasını değişme hâdisesiyle Mevlâna'ya, gösterdi ki, "Bizim bir yere bağlılığımız öyle senin düşündüğün gibi hâdiselerle mümkün değildir" şeklinde bir yorumu, reçeteyi de vermiş oldu aynı zamanda.

Bundan sonraki safhada, geçen günler içerisinde, Hz. Şems enteresan bir teşebbüse geçer. Mevlâna'ya, "Ben Sultan Veled'i bir tarîkat kurma konusunda eğiteceğim" der ve (Mevlevîlik Tarîkatı aslında Sultan Veled tarafından kurulmuş, Hz. Şems dersleridir) Sultan Veled her yatsı namazından sonra gelip, Hz. Şems'in huzuruna diz çöktükten sonra, (Hz. Şems tenbih etmiştir: Sakın bir şey sorma gönlüne al ne istiyorsan diye) gönlünde hangi bahsi, hangi bölümü murad etmişse, Hz. Şems onu bir saat kadar anlatır, sonra da git, istirahat et, derdi. Sonra Mevlâna Hazretleri gelir, sohbetlerine başlarlar... bir tarz MEVLEVÎLİK dediğimiz tasavvuf edebiyatında, ilimlerinde fevkalâde kıymetli olan bir dokümantasyon çıkar meydana.

Tabii her şeyi anlatmak mümkün değil... Bizim amacımız Hz. Mevlâna'yı (bir teşehhüd miktarı derlerdi eskiden) bir görüntü olarak gösterip çekmektir. Çünkü, diğer velîlerimizin de hikmetlerini nakletmek isiyoruz. Bütün teferruatıyla ayrıntılı bilgi vermem çok zor, ancak şunu söyleyeyim ki, bir tarîkatın, bir mânevi yolun temel bir takım "Ahlâk-ı Muhammedî yolları vardır ki, bu yollar fedakârlık, hoşgörü, merhamet, sevgi, infak gibi kaçınılmaz, Efendimiz'e (sav) ait meziyetlerle donanması gerekir.

Hz. Şems, Sultan Veled'e verdiği derslerin en önemli ayrıcalığı budur. Yalnız ahlâk öğretmiştir. Şimdi herkes sanır ki, Mevlevîlik tarîki içerisinde birtakım formüller, formalitesi ehemmiyetli sanır. Bunlar o kadar dışta kalmış şeylerdir ki... Hz. Şems'in öğrettiği, insan ahlâkıdır Sultan Veled'e... Bu ahlâkın içerisinde merhametin, sabrın, hoşgörünün ve insanlara güzel bakmanın tarzı öğretilmiştir. Tabiî bu öğretim sırasındaki her dinleyen için bir soru vardır. Hz. Şems Kur'an'ın yorumunu intikâl ettirirken, sevdiği insanlara bir tarz, vaaz ve hikmetler verirken bunların içerisindeki kaynağın özündeki sırları çıkarıp sunması mümkün değildir, bu böyledir diye ifade eder.

Nitekim Hz. Mevlâna'ya bir gün: (Şems'ten birkaç yıl sonra) "Böyle kendini parçalıyorsun, harap ediyorsun, onun gaybubetiyle ama biz sana bir soru sormak istiyoruz, müsaade edersen" dediler...

"Sen Şems gelmeden evvel kimsenin şüphesi olmayacağı dört dörtlük bir mü'mindin, hocaydın, öğretmendin, müderristin, -o zamanki- Selçuk Üniversitesi rektörüydün... (ne öğrendin o'ndan anlamına getiriyorlar) sen her şeyi biliyordun, sana üstelik Şam'daki hocan söylemedi mi "senin bilemeyeceğin bir şey kalmadı" diye...

Hz. Mevlâna, "evet doğrusunuz, doğru söylüyorsunuz" diyor...

- Peki senin ibadetlerinde bir eksiklik var mıydı?... diyorlar. Mevlâna,

- Hayır diye cevap veriyor.

- Peki sen Şems'ten ne öğrendin ki böyle perişansın, şu haline bak, dediler...

Mevlâna'nın Hz. Şems'in son gaybubetinden sonraki tablosu bembeyaz bir çehre idi. Aşıkların rengi sarı olur, renkleri beyaz bir çehre ile, bitmiş tükenmiş manzarasındaydı. İşte onun hikmet-i sebebini sordular,

O zaman Hz. Mevlâna'nın mânâ ilimleri ve tasavvufun özüne ait müthiş bir açıklaması oldu.

Dedi ki:

- Evet, dediklerinizin hepsi doğru, fakat ben Şems'e rastlamadan önce üşüdüğüm zaman ısınıyordum ama Şems'ten sonra artık ısınamıyorum. Çünkü, şems bana bir şey öğretti...

"Yeryüzünde bir tek mü'min üşüyorsa, ısınma hakkına sahip değilsin"

Ben de biliyorum ki, yeryüzünde üşüyen mü'minler var, artık ben ısınamıyorum. Eskiden açken bir çorba içince doyardım. Ama, şimdi hiçbir şey bana bir besin hazzı vermiyor. Çünkü biliyorum ki açlar var. İşte Şems bana bunu öğretti...

Bu öğrettiği şeylerse, Fahr-i Kâinat Efendimiz'in ahlâkının tâ kendisidir...

Efendimiz'in en hikmetli taraflarından bir tanesi, bütün insanların ızdırabını çekmesidir. Her üşüyen insanın, her aç olan insanın, her darda kalmış insanın ızdırabını çekmesidir. Allah, Efendimize hitap ederken diyorki Sûre-i İnşirah'ta "Habibim ne kadar yük yüklendin, senin omurganın çatırtısını hissediyorum." Bu maddî çatırtı olduğu anlamında değil, mânevî çatırtısını, yani o kadar yük yüklendin ki sen bütün beşerin yükünü yükleniyorsun. İşte bu Fahr-i Kâinat Efendimiz'in sırrıdır. Şems'in Mevlâna'ya öğrettiği Ahlâk-ı Muhammedî de Fahr-i Kâinat Efendimiz'in sırrıdır. Bu sırdan dolayıdır ki, o öğrendiği şeyi, o yakaladığı, bulduğu şeyi başka şeylerle kıyas etmemek lâzım...

Aslında, Mevlâna'nın Mesnevî hikâyelerinde anlattığı gibi, yani, (Sen ölmeden diriliği bulamazsın". İşte o ölümü sağlamak, canlıyken ölümü sağlamak o beden ve gerçek diriliği bulmak.

O dirilik nedir?... Ahlâk-ı Muhammedî'dir...

Onun İçin Hz. Şems'in Mevlâna üzerine etkisini sıradan, gazete okur gibi, pehlivan tefrikası okur gibi seyredemeyiz. Çok müthiş şeylerdir bunlar...

Nitekim, Hz. Şems'le Mevlâna böyle çok derin bir sohbetteyken, ders saati gelen Sultan Veled içeri girdi. (O sırada Konya'da dedikodular yine devam ediyor: "Bu dervişte ne buldu? Geldi bizim elimizden âlimimizi aldı, biz onun sohbetinden yararlanamıyoruz, bu kim oluyormuş Mevlâna'nın yanında?" gibi dedikoduların sürdüğü bir sırada bir an için düşündü ve gönlünden dedi ki "Bugün şunu niyaz edeceğim; sen istersen ey Şems, Konya'daki bütün bu vızırtıları söndürürsün, babam da, sen de, ben de huzur içinde olur bu mânâ sofrasının ziyafetine iştirak ederiz" Hz. Şems, peki otur bakalım Veled dedi... 15-20 dakikalık bir ders yaptıktan sonra hızla kalktı ve çıktı gitti...

Sultan Veled'in de Mevlâna'nın da beklentisi, bütün Konya'yı ihya edeceği, gönüllerdeki bu toz toprağı gidereceği idi ama öyle yapmadı. Şems Alâddin tepesine çıktı, orada bir takım kalabalık, bir kimsenin idâmını bekliyorlardı. İmsaktan bir saat önce yapılacak olan idâm törenini bekleyen kalabalık, Hz. Şems'i orada görünce bir fis-kos, dedikodu yaydılar. "Hani ya bu derviş Allah adamıydı, o da bizim gibi birisiymiş, gelmiş burada bir insanın nasıl asılacağını seyrediyor, biz haklıymışız, diyorlardı. Hz. Sultan Veled'in niyazı yerine büsbütün bir ufûnet fırtınası doğdu. Tam o sırıada cellat geçiyordu. (Cellât eskiden hep çingenelerden olurdu, onun vazifesi olmasına rağmen ve bu işle görevlendirilmiş olmasını halk yadırgardı. Cellâda kimse dokunmazdı, sanki gusül abdesti bozulacak gibi telâkki ederlerdi) Herkes sağa, sola ayrılarak ve değmemek için yol açıyordu. Tam Hz. Şems'in önüne gelince, Şems eliyle Cellâtı okşadı "Allah kuvvet versin..." dedi. Bu söz iki dakika sonra bütün Konya'ya yayıldı. Cellât gitti ve idâm gerçekleşti...

Hz. Şems eve döndüğü zaman, Hz. Mevlâna ve Sultan Veled sabah namazlarını kılmışlar, bir hasırın üzerine oturup neticeyi bekliyorlardı. Hz. Şems geldikten sonra bir de baktılar ki arkadan tozu toprağa katmış sekiz onbin kişi geliyor. Belli ki bir isyan var halkta. Aslında Şems'e, o halk çok büyük zulümler yapabilirlerdi ama Mevlâna'nın Selçuk Hükümdarı yanındaki hatırından dolayı Mevlâna'dan korkuyorlardı. Sultan'dan korkuyorlardı cezalanacakları için, yoksa öyle gariban olsa paramparça edeceklerdi, tahammülü yoktu insanoğlunun Hz. Şems'e...

Nihayet, göya sultandan korktukları için aralarından yirmi kişilik bir heyeti göndererek "Şems bizim sorularımıza cevap versin" diye gürültülü bir şekilde geldiler. Hz. Şems'in rahatsız olduğunu anlayan Hz. Mevlâna olaya yavaş yavaş yaklaşmak istedi, Fakat bu Şems fırtınası...

Hz. Şems:

- Gelin bakalım manyaklar, ne istiyorsunuz?...dedi. Tabii büyük bir panik oldu onlarda. Hz. Şems'in böyle "ne istiyorsunuz siz?" dediğinde, işte siz de geldiniz idâmı seyrettiniz diyecek oldular.

Hz. Şems:

- Ben siz değilim? Ben sizin suratınıza tükürebilsem hepiniz Mü'min olursunuz, eğer sırtınızı okşasam velî olurdunuz, bunu biliyor muydunuz?... Haydi defolun! dedi. Halk panik içerisinde, ilerde intikam almak üzere dağıldılar.

Hz. Şems döndükten sonra, Sultan Veled'e dedi ki:

- Sana son dersini vereceğim, sen de kulağını aç iyi dinle! (ama müthiş bir celâl vardı Hz. Şems'in üzerinde) Oraya gittik, çünkü o idam olacak şahıs bir Hak aşığıydı, benim de yoldaşımdı... Biz onunla beş sene önce nice dervişlikler yapmıştık. O Hakk'a kavuşmak için dua ederdi ama Hakk müsaade etmezdi. İslâmiyet'te kendine kıymak olmadığı için, çatır çatır yanar, fakat Hakk'a kavuşamazdı. Bana bir haftadır yalvarıyor. "Ne olur Şems, duâ et de Hakk'a kavuşayım" diye. Ben de Rabb'ıma elimi açıyorum her namazdan sonra, nitekim bir iftiraya kurban gitti, kâtil zanlısı olarak bugün asılacağını anladım. Ben nasıl gidip te şimdi cellada "Allah kuvvet versin" demeyeyim. Bir Velîyi asmak, bir Hak âşığını asmak öyle kolay mı sanıyorsunuz siz, kimse asamaz. Cellada bir mânevi ceryan verdim, gitsin assın, benim sevgili dostum da Rabbına kavuşsun diye...

Tam o sırada toz toprak içerisinde cellat geldi, yerlere kapandı Şems'in önünde, "Aman Sultanım, benim başıma gelen nedir?" dedi... Hz. Şems'in Sultan Veled'e dönerek, Celladın Velî olduğunu biliyor musun? dedi... Çünkü benim arkadaşım Hakk'a teslim olurken "Ya Rabbi, ben sana beş seneden beri yalvarıyorum benim emânetimi al diye. Almadın. Şimdi ben de Senden bir ricada bulunuyorum, canımı vermem yoksa, bende dünyalık olarak ne varsa al, beni sana kavuşturmaya vesile olan bu cellâda ver.

Sen de şahitsin ki şu yırtık gömleğimden başka birşey yok. Bende çok kıymetli bir şey var. Velîlik... O velîliği al, bu cellada ver ben sana saf bir kul olarak geleyim." dedi O Hak âşığı... Cenab-ı Hakk da kabul buyurdu ve onun velîliğini aldı bu cellada verdi.

Hz. Şems ile Hz. Mevlâna'nın arasındaki mânevî iletişimleri seyretmek yalnız onlara ait tarihsel bir olayı değil, tasavvufa ait de birçok ipuçlarını meydana çıkaracaktır. Biz bir hayat öyküsü anlatmıyoruz, yalnızca mânâ yönünü alıyoruz olayın. Vak'a diyebileceğimiz hayata yansımış şeyler, zaten bütün kitaplarda mevcut, bunları isteyen okuyucularımız tetkik edebilirler. Ama mânâ ağırlıklı hâdiseleri (zaten olay mânâ olayıdır) alıp da güncelleştirmek, edebî kalıplara sokmak, bence yanlış olur.

Şimdi, Hz. Şems'in o günkü volkanik çıkışından, yıldırımvâri çıkışından sonra arkada bir başka kader sayfasının açılacağı belliydi. Niçin Şems böyle bir fırtınalı girişimde bulunmuştur? Halbuki bunu herkesin gözünden saklayabilirdi.

Yatsı namazından sonra, beraber otururken, sükûtî sohbet vardı. (Sukûtî sohbet: Gönül dostları bazen bir araya gelirler hiçbir şey konuşmadan, gönüllerinden birbirlerine karşı olan sevgilerini terennüm ederler yahut gönüllerinden Efendimize ait bir olayı tefekkür ederler, bunlara Sukûtî

Sohbet denir) Hz. Mevlâna, hz Şems ve Sultan Veled, üçü de böyle bir sukûtî sohbet sırasındayken, bir aralık kapı çalınır oldu, gürültüyle kapı çalınması arasında bir hâdise zuhur etti...

Hz. Şems, yerinden hemen fırlayarak:

- Ayrılık zamanı geldi, bize müsaade dedi... Nereye, nasıl, ne oluyor diyecek vakit bırakmadı. Ne Sultan Veled, daha genç olarak kapıya ben bakayım, ne oluyor diyecek fırsatı bulabildi, ne Hz. Mevlâna aman sultanım nereye gidiyorsunuz, buna biçim ayrılık diyecek mecâli bulabildi. Çünkü takdirin düğmesine basılmıştı o anda... Hz. Şems kapıya fırladı ve açar açmaz sekiz, on bağı (eşkiya kılıklı adam) hançeriyle Hz. Şems'e saldırdılar...

Hz. Mevlâna ve Sultan Veled yalnız bir "AH" sesi işittiler o kadar. Kapının önüne fırladıkları ve o mecâli kendilerinde buldukları zaman, kaçışan birtakım adamlar gördüler, fakat ŞEMS YOKTU... Kapının önü kan izleriyle doluydu, o kan izlerini takip ettiler, bir yerde bir insanın öldürülmesine yol açacak miktarda kan izi gördüler. Tabiî ilk yorum kapının önünde yaralandı, bir müddet, yürüdü, sonrada bulundukları yerde de bütün kanını akıtmış gibi bir görüntü biçimindeydi.

Nitekim, Hz. Şems'in hâdisesi hemen duyulmuş, o zamanın Emniyet Müdürü (Asesbaşı derlerdi) hemen koştu geldi. (Hz. Mevlâna yine bunu şiirler halinde terennüm etmiştir.) "Asesbaşı, Şems'i bul bana" dedi Mevlâna, Assesbaşı dedi ki, "Şems burada olmalıdır, çünkü yerdeki kan miktarı bir insanın, bir adım dahi atmasını imkânsız kılacak kadar çok, bütün kanı boşalmıştır". dedi. Hz. Mevlâna; "Nerde peki?" diye sordu. "Bir adım atması dahi imkansızdır" cevabıyla karşılaştı...

Hz. Şems ölmüş müdür? Ölmüşse bedeni nerdedir? Ölmemişse bu kan nedir? Bu ikisinin arasında tereddütlü bir geçiş vardır. Allah'ı bulmak açısından ümitsizdir. Çünkü NEFS vardır. Tıpkı kan gibi, o nefs orda bulundukça Allah'ı bulmak imkânsızdır. Ama nasıl ki Şems'in bedeninin yok olması onun ölmediğine bir varsayımsa, insanın da bütün nefsine rağmen, Allah'ı bulamaması diye bir şey yoktur.

Çünkü insanda gönlün bulunulması, gönlün varlığı, bir tarz Hz. Şems'in kaybolması gibi perde arkasına geçişi simgeler... Hz. Şems de bedenini perde arkasına geçirmiştir. Onun için yoktur. Acaba tekrar gelecek mi sorusu, Hz. Mevlâna'yı son nefesine kadar şems gelebilir diye bekletmiştir...

Bu geliş aslında mânâ perdesinin arkasından bir geliş olabilirdi. Böyle bir geliş oldu mu, olmadı mı, gözlemlerimiz dışında, bunu biz bilemiyoruz. Bilmekte mümkün değildir. Ancak bu Şems'in birinci Şam gezisine benzemiyor. Birinci Şam gezisi, maddesel bir mesafedeki ayrılıktı. Bu ayrılık ise, kesinlikle mânâ âlemine bir intikaldır. Ama, bedeniyle intikal etmiştir Şems...

Burada yine tasavvuf âleminin çok üzerinde durarak, çok enteresan bulduğu husûsiyetleri vardır. Hz. Mevlâna üzerine de pek çok şeyler söylenmiştir. Bir de ayrıca kendi eserleri var, herkes yarım yamalak eserlerinden kıyasen anlatabilir. Onun mânâsını anlatmak çok güç. Hz. Şems ise büsbütün mânâ ehlidir, O'nu anlatabilmek çok daha güçtür. Hz. Şems için derler ki; Dünyaya metelik vermezdi. İşte o Konyalıların kalabalığına karşı restleri, bütün bunlar Hz. Şems'in hususiyetlerindendi, ama dünyaya ait iki şeye çok özen göstermiştir. Bunların bir tanesi; yemezdi içmezdi ama Resulullah Efendimiz (sav) tiridi severdi (Ekmek ve et suyu ile yapılmış bir yemek) diye mutlaka sık sık tirit yerdi, sırf Resulullah Efendimizin sünnetini uygulamak açısından...

"Mânâ ehli, hangi derecelerde, ne olursa olsun ancak Resulullah Efendimizin sünnetlerinden birini taklit ederse makbuldür" Bunu izah ederdi Hz. Şems. Yani siz beni nasıl görürseniz görün der bunu önemsemezdi. Çat bakıyorsun orda, burda evrenin en gizli yerlerinden gelip raporlar getiren bir adam ama satranç oynarken bile görüyorsunuz O'nu. Ancak "Resulullah'ın sünnetine uyarak, ayakta durur mânâm" diyor. Bu çok önemli bir şey.

Bir de dünyayı terk ediş şekli ile Hz. Ali Efendimizin sünnetini icra etmiştir. Çünkü Hz. Ali'de bedenini kaybetmiştir. Bu yalnız alevilerin kendi öykülerinde değil, tasavvuf âleminde de, Hz. Ali'nin şahadetinden sonra kaybolduğuna inanılır. Hz. Ali gerçekten bedenini alıp gitmiştir. Mânâ perdesini bedeniyle geçmiştir. Bu Hz. Ali Efendimizin sünnetini, Hz. Şems uygulamıştır.

Hz. Şems, dünyadan iki büyük örnek aldı. Biri Hz. Ali sünnetini gidişinde yapması, diğeri de Resulullah gibi "tirit" yiyerek, ancak O'na benzeyerek insanlığın varlığını ayakta tutabileceğini göstermesidir derler...

Hz. Şems'in şehâdete giderken "ayrılık geldi" demesi çok mühimdir. Ölüm geldi demiyor, dikkat ederseniz "ayrılık geldi" diyor. Buradaki ince hesap, acaba nasıl bir ayrılıktır, sorusunu getiriyor. Niçin gitti? Şehid olacağını bile bile, niçin böyle bir kadere sıcaklık duydu?... Çünkü, kaderin önüne geçilemez, kaderde olduktan sonra, elbette olacaktır diye düşünebiliriz ama bir sıcaklık meselesidir kadere. Herkes kaderini seçse bile kaçacak yer arar bilfarz, halbuki Şems koşacak yer arıyordu...

Arkadaşının idam hâdisesinde olduğu gibi kadere koşuşta ki sıcaklık var ya... İşte bu sıcaklığı, bu ayrılığı tercih etme olayı acaba nasıl bir hikmet taşıyor diye tasavvufta uzun boylu düşünülmüştür.

Çünkü Hz. Şems'in şehâdetinden sonra, Hz. Mevlâna'nın hayatının üçüncü perdesi başlamıştır. Ondan evvelki bir devreydi, "HAMLIK DEVRİ" kendi şiirinde hamdım der. İkinci devresinde "PİŞME DEVRİ" Hz. Şems'in eğittiği devrede piştim buyuruyor. Üçüncü devresinde de "YANDIM" diyor. Burada Hz. Şems'den sonra Mevlâna raksının titreşimi üçüncü devrede başlamıştır. Onun için çok önemli bir olay.

Hz. Şems kendi şehâdetini biliyordu, kaderine sıcak yaklaştı diyoruz, peki Hz. Mevlâna, şehadeti biliyor muydu, mâni olabilir miydi, ya da niçin olmadı diye sorarsak, Böyle bir ânı bilmiyordu. Günün birinde her an Hz. Şems'in avucundan kaçabileceğini, her an bir yansıma üzerine olacağını biliyordu. Çünkü, artık Hz. Şems'deki İlâhî ceryanı farketmişti. Çat bu dünyada, çak kapı bir mânâ âleminde, bunları seyrettiği için, Hz. Şems'in herhangi bir ân'da gaybubetini düşünebiliyordu ama, o ânı bilmiyordu. Yani şehâdet anını bilmiyordu.

Hz. Şems'in gaybubeti şartmıydı veyahut gaybubet olmasaydı da devam etseydi... Hz. Şems'in murâdı şuydu: Hz. Şems gönül aynasından bir şeyler seyrettiriyordu Hz. Mevlâna'ya. Şems varken, Mevlâna vardı, İlâhî sıcaklık, sevgi ancak Şems'in sayesinde vardı. Şems'in olmayışı, onu buruşturup sanki herşeyden, beşeriyetten bile alıkoyuyordu. Hz. Şems ise, meydana gelen bu mânevi eserin kendi kendine, kendindeki aşk-ı bulmasını istiyordu. Yani, Şems kaybolmalıydı ki, Hz. Mevlâna gönlündeki Allah'ı bulabilsin.

Bu tasavvufun çok önemli rükünlerinden birisidir...

Kendindeki Allah'ın sırrı (Sakın, Allah bir insana geldi, oturuyor gibi, bir saplantılara gitmemek lazım. Gönülde bir Allah makamı vardır insanın, oraya bir İlâhî tecellî olur, ama bir gram olur ama trilyonlarca ton olur, her insanın kendi kâbiliyeti nisbetinde Cenâb-ı Hakk'a karşı olan yakınlığını tesbit eden bir hikmettir ki, bu ancak mânâ eğitiminden sonra, gönüldeki ilâhî tecellî, kapılanmanın açılmasından sonra meydana gelebilen bir hâdisedir. Yani böyle yarım yamalak eğitimlerle, bilgilerle, olacak bir hâdise değildir. Nitekim *"Men arefe nefsehû fakat arefe rabbehû"* hadis-i şerifinde Fahri Kainat Efendimiz şöyle buyurmuştur: Kim ki nefsine ârif oldu bildi, Allah'ı bilmiş ârif olmuştur") meydana geldikten sonra, bunu bulması lâzım Mevlâna'nın. Ama Şems kalırsa bulamaz. Kendine dönüp, kendi gönlündeki ilâhî ceryanı bulamaz. Onun için, Hz. Şems'in mutlaka ayrılması lâzımdı...

Hz. Şems, çok zarif bir cümle sarfetmiştir bir başka âlemden. Âlemin bir başka sayfasına çekmek isterim sizi, Hz. Mevlâna ile mânâda buluştukları zaman, (hangi anda?.., her ikisi de dünyasını değiştirdikten sonra mı, yoksa Şems gaybubetindeyken mi geldi de konuştumu diye tasavvur edelim) *"Bu gönül seni o kadar seviyor ki Celâleddin, senin uğrunda ölmeden huzur bulmadı"* Onun için Hz. Mevlâna, mânâ âleminden telsizle aldığı bu cümlesinden sonra, Hz. Şems'den bahsederken "AŞK ŞEHİDİ" diye bahseder. Yine ilâve ederek *"Aşk şehidi'nin kanı tazedir, kurumaz ve kokusunu kaybetmez"* diyor...

Hz. Şems'in gaybubetindeki iki esrarın, bir tanesi, Hz. Mevlâna'nın kendi kendini bulma eğitimi, (üçüncü safhası) Mevlâna'nın üçüncü perdesini sağlamak için, kendi kendinde İlâhî sırrı bulmasıdır. İkincisi de Aşk Şehidi dediğimiz hâdiseyi bir anlamda repertuara kazandırmak için kabul etmiştir bu gaybubeti.

- Hz. Şems'in gaybubetinden sonraki, o İLK FIRTINALAR Hz. Şems'in bedenini aramak, kanının hesabını sormak gibi fırtınalar geçtikten sonra, Hz. Mevlâna'da müthiş bir yangın oldu. Bu yangın, her hücresinde seyrettiği, izlediği bir yangındı. Hiçbir şeyi düşünememek, hiç kimseyle konuşamamak gibi dertleşmek şöyle dursun, ifade edememek, bakamamak... Baktığı zaman Şems'le bakmaya alışmış, O'nunla baktığı zaman başka şey görüyor, Şems'siz baktığı zaman her şey bomboş... Bir sahne düşünün, o sahnede insanlar vardı... birden bire ışıklar söndü âdeta kartondan silüetler kaldı...

Evet... Hiçbir şey kalmadı, Mevlâna eridi... gidiyor, herkesin gözünün önünde... Başta Sultan Veled olmak üzere, gerçekten çok seven yakînleri vardı yanında. Bunlar perişan oldular. Gözlerinin önünde mum gibi eriyip sönüyordu. Aynı böyle idi Mevlâna'nın o safhası. Her gün bir adım, her gün bir adım daha eriyordu... Beden bitmek üzere idi. Böyle bir bitkinliğe doğru giden bir çöküş... Rengi bembeyazdı... Öyle sarı filân değil. Yemek yok, içmek yok... Bir an için Sultan Veled Hazretlerinin "Baba sünnete riayet etmeyecek misin?" yani (tirit yemeyecek misin? anlamındaki ikazından sonra) haftada bir gün tirit yemeğe başladı Mevlâna...

Şimdi buradaki bu iniş, çöküş ve yokluğa doğru gidiş, madde gözüyle görülürse, (Hani mum gibi eridi, bir insan için, bir ağır hasta için kıyas olmaz ama iyi anlaşılması için söylüyorum) nasıl böyle çöker denir ya... Biran için ölümün eşiğine gelecek gibi olur ya... İşte öyle eridi. Peki niye bu kadar eridi?.. Ne oldu?.. Bir sıfır noktasından geçmesi lâzım ki, gönlündeki ilâhî aşkı bulabilsin. İşte o sıfır noktasına çekiliyordu...

Vuslat ve Firkat Eğitimi

Hz. Şems'in sağlığında yaptığı eğitim, vuslat eğitimiydi. (Vuslat eğitiminden kasıt şu: Karşı karşıya geçip her şeyi öğretmek, ceryanını ona aktarıp bilmediklerini göstermek, evreni seyrettirmek, bu bir vustal eğitimidir)

Çok hoş bir şeydi ama, sıfır noktasından geçmesi lâzımdı. Bu sıfır noktasından geçmesi için de bedensel olarak en asgâriye indi. İşte o en asgâri düzeye inipte, neredeyse öldü ölecek, kurudu kuruyacak dedikleri an, çat diye sıfır noktasından geçti ve gönlünde yavaş yavaş İlâhî Aşkı sezmeye başladı. Hikmetlerin en incesidir ki, bu seyrettiği, sezdiği AŞK'TI. Şems'in sedasını duymaya başladı.

İlk, Cenab-ı Hakk'ın kendisine tecellisi, Şems'in fotoğrafını getirerek tecelli etti gönlüne… Bu o'na yepyeni bir dirilik verdi. Bu dirilikle o zayıf bedeninde, bembeyaz çehresinin arkasından öyle bir dinçliğe kavuştu ki cihan pehlivanı oldu bu sefer. Yani onun bedene yenilmesi, onun hücrelere tâbi olması tamamen kalktı artık. Tam mânâsıyla bir cihan pehlivanı oldu. Çünkü gönlüne aşk-ı ilâhî bir iksir gibi akmaya başlamıştır…

İşte ondan sonra da takdirdeki; "Gel bakalım, sen bu köprüyü geçtin, şimdi gönlündeki bu ilâhî aşk-ı insanlara aktar bakalım" emri zuhur etti ve ondan sonra, o zayıflama, o çöküş devrinde oğluyla bile konuşmaktan imtina eden Mevlâna bir anda bütün dünyayla konuşmaya başladı. Çünkü Cenâb-ı Hakk'ın akıttığı aşk ceryanını öyle kendi kendine frenlemek mümkün değildir. İşte o sırada, Hüsamettin Çelebi ve başkaları rastladı. Vaazları oldu, sohbetleri oldu ve hiç kesiksiz dağıtmaya başladı bu sefer İlâhî sırrı. Bu dağıtım sırasında da, (pek çok öyküleri var) Mevlâna, üçüncü sayfa diye tarif ettiğim hayatında insanlara yansıyor. İlâhî Aşk Şems'e, ondan da Mevlâna'ya yansıyor…

Hz. Şems'in Mevlâna'ya ikinci eğitimi "firkat eğitim" dir.

(Mânâ ilimlerinde buna Fîrkat Eğitimi, *Yakan Ayrılık* denir) *Yakan Ayrılık*'ta bir eğitimdir. Şems'in gitmesi yakıcı bir ayrılıkla, onu eritip sıfır noktasına getirip, ondan sonra bırakıverir tekrar gönül sath-ı mailine. İnsanları yetiştirme faslına geçti. Hayatının bu safhasında çok ilginç hâdiseler olmuştur. (Fakat bunları biraz evvel söylediğim gibi bizim kastımız Hz. Mevlâna biyografisi değil, bunların teferruatını okuyucularım kitaplarından okuyabilirler) Benim çok hoşuma giden iki önemli öykü var, onları size anlatmak isterim...

Benim çok hoşuma giden iki öyküsünden bir tanesi; Konya'da saray kuyumcusu olan Selâhattin Zerkubî'nin (Zerkubî demek: Kuyumcu, altın alan, işleyen anlamına geliyor) öyküsüdür. Selâhattin Zerkubîn'nin köşe başında bir dükkanı vardı... Mevlâna bir gün 8, 10 talebesiyle o dükkanın önünden geçerken, o sırada da altın çekiçliyordu Selâhattin. Altın çekiçleme; eskiden kuyumculukta böyle silindirler gibi, altın işleyecek fazla mekanizmalar yok, çekiçlerle bir örsün üzerinde ince ince, tık tık tık... vuruşlarla vurularak bilezik haline getirilirdi. Kuyumculuğun ustalığı işte odur. Hassas bir şekilde, belli bir tazyikte vurulacak ki altın dağılmayacaktır. Böyle bir operasyon içerisindeydi Selâhattin Zerkubî. Mevlâna'yı tanırdı ama onun âşıklarından, dervişlerinden değildi, özel bir yakınlığı yoktu.

İşte tam o sırada Mevlâna oradan geçerken... bu tin tin tin... ince ince... o altının kendine has güzelliğinde, tık tık tık... o çekicin darbelerindeki hassasiyette... ve bu ritimde, bir İlâhî cezbe buldu... Yani bir anda raks meydana geldi... Bu raks hâli dolayısıyla, dönmeye başladı Mevlâna... dükkanın önünde...

Hz. Mevlâna'yı Konyalılar çeşitli kademelerde çok iyi tanıdıkları için herkes toplandı, Hz. Mevlâna'yı seyretmeye başladı. O anda da bileziğin kıvamı geldi, bir daha vurulursa ezilir, çekicin bırakılması lâzım... Fakat Selâhattin o raksı bozmak istemedi, vurmaya devam etti... bilezik parçalandı... Yenisini aldı taktı, yenisini aldı taktı, yenisini aldı taktı... üçbuçuk saat semâ etti. Mevlâna Hazretlerinin nihayet ayakları yerden kesildi... Durdu... Selâhattin çekici masasının üzerine bıraktı...

- Ey Konya halkı! Dükkanım helâldir, yağmadır, gelin boşaltın diye haykırdı Selâhattin Zerkubî; halk şaşırdı... Koskoca saray kuyumcusunun dükkânındaki altınlar nasıl yağma edilir. Tekrar: helâldir, benim için zevktir. Allah razı olsun benim malımı yağmalayanlardan... dedi. Sonra da Hz. Mevlâna'nın peşine takılıp, bir numaralı talebelerinden birisi oldu.

Buraya kadar coşkulu bir insanın, Hz. Mevlâna karşısında erimesini irşad olma olayını seyrediyoruz ama bunun arkasından bambaşka bir hâdise geldi.

Bir gün Selâhattin'in kızı, "babacığım sana hayırlı bir haberim var, Vezirin oğlu beni istiyor. Biz birbirimize meftunuz... Babasına söylemiş, babası da Selâhattin gibi bir kuyumcunun kızı, ancak bizim (küfüv derler eskiden, denklik) asâletimize yakışır diyerek sevinmiş.

Ama Selâhattin bir an düşündü ki; o eski Selâhattin değil, artık. Şimdiki Selâhattin'de bir şey yok ki... Bozuk para bile kalmamış, bırak altını... O eski denk olma hâli kalmamış. Bir vezirin oğluna verilecek kızın çeyizi, hatırından hayâlinden geçmez bile... Üç arkadaşı yardım edecek olsa, nihayet normal ev eşyasını ancak alabilirlerdi. Böyle bir bunalım içerisinde kızına hiçbir şey söylemeden, Hz. Mevlâna'nın huzuruna gitti, hiçbir şey belli etmeden oturdu.

Hz. Mevlâna:

- Selâhattin gönlünde bir yük var, kaldır. Bu yük beni de bunaltıyor... dedi.

- Yok efendim dediyse de Selâhattin Zerkubî,

- Hayır bunalıyorum, lütfen anlat dedi...

Selâhattin de bu emir üzerine aynen anlattı...

Hz. Mevlâna sohbetten sonra ayağa kalktı "Rabbim bilir, kendi bilir diye niyaz etti" Yani üstü kapalı olarak sen bizim için bütün altınlarını feda ettin, kızın şimdi mahcup olacak, yahut kızı beş parasız bir kuyumcunun kızı olduğu için vezir oğluna istemeyecek gibi bir tezat doğdu.

O zamana kadar da, şehrin ileri gelenleri, zenginleri, devlet adamları, Mevlâna'ya her ziyaretlerinde veya rastladıklarında saygıyla eğilirlerdi. "Efendim, bir emriniz var mı diye usulen sorarlardı. Mevlâna'da hayır, sağolun. Allah razı olsun der, bir şey istemezdi. Hiç kimseden bir şey istemezdi. Ama, Cenâb-ı Hakk'ın tecellisi, o gün Sultan Keykubat yanından geçiyordu. Mevlâna'yı görünce, gayet hürmetkâr ve bir şekilde sultanlığını üzerinden atarak, büyük bir tevâzuyla selâmladı ve biz size hizmet edemiyoruz, dünyaya daldık bizi hoş gör, bir emrin var mı, dedi...

Bunun üzerine Mevlâna Hazretleri "VAR" dedi. "Şu benim adamımdır. Bunun kızını vezirin oğlu istiyormuş, kız babası sen olacaksın dedi...

Sultan,

- Başüstüne efendim dedi ve Selâhattin Zerkubî'nin kızına çeyiz yaptı. Hem öyle bir çeyiz yaptı ki, eğer Selâhattin, Mevlâna'ya gelmeyip, kuyumcu olarak kalsaydı, bunun onda birini bile yapamazdı... Hattâ o düğün için derler ki, develer üzerindeki çeyizler geçemediği için, Konya'da üç, dört sokağın duvarları yıkılmıştır. Tek o saltanat yerine gelsin diye...

İşte gözyaşları içerisinde, Hz. Mevlâna, Selâhattin'e dedi ki (Taa o zaman aklına gelmişti, Allah bunu öder diye) Sen altınlarını bizim için dağıttın, Allah ödedi bunu dedi. Bir hususiyet yok bunda, fazla gözünde büyütme dedi...

Bu öyküsü çok hoşuma gider. Çünkü Selâhattin gerçekten de çok ileri derecede bir aşka sahip, gönle sahipti ve

Mevlâna'nın dünyasını değiştirdiği güne kadar hizmet etmiş, bir rivayete göre cenazesini kıldırmış, bir rivayete göre de cenazesinin önünde bulunmuş gibi yakînliği olmuştur. Bu çok hoşuma gider, bir de hâlen Konya Meram'da bulunan Tavus Sultan öyküsü çok hoşuma gider...

TAVUS SULTAN Hindistan'da bir şeyhin talebesidir. 25-30 yaşlarında bir hanımefendidir. Şeyhi Mevlâna'yı çok severmiş. Sohbetleri sırasında Mevlâna'nın yazığı şiirleri okurmuş. Mevlâna'nın şiirleri, ticârî kervanlarla üç ayda, beş ayda, altı ayda Hindistan'a ulaşırmış. Selçukluların bir devlet olması ve devletin kendine has birtakım ihtiyaçları bulunması dolayısıyla, Hindistan'la ticârî münasebetleri devamlı surette işlerdi, onun için sık sık Hindistan'a gidilir gelinirdi.

Tavus Sultan, o beyitler Hindistan'a geldikçe, alır, okur, Hz. Mevlâna'ya hayranlığı, sevgisi dürüle dürüle yumak haline gelirdi... Son kez bir Rubâisi daha geldi ki; müthiş derecede yakıcı...

Ne duruyorum, ne yürüyorum,

Üzengideki ayak gibi...

Ne susuyorum, ne konuşuyorum,

Kitaptaki yazı gibi...

Ne varım, ne yokum,

Gülsuyundaki koku gibi...

Bu Rubâi gelince, Tâvus Sultan gönlünün coşkusuna, gönlünün tazyikine sahip olamadı. Şeyhi farkına vardı ve:

- Hadi kalk Konya'ya git sen... dedi.

Tâvus Sultan çok zengindi. Konya'ya geldi ve Meram'da bir ev aldı... Bir tanburu vardı. Tâvus Sultan, tanburunu kendi başına çalar dururdu... Mevlâna hazretleri de on günde, bazen yirmi günde bir Meram'a sabah namazına giderdi talebeleriyle. Bir gün yine Sabah namazından dönerken bir tanbur sesi duydu... Şems'den bir selâm erişti... Bu ses, Şems'in selâmı olmadan çıkmaz... Ben buna bakacağım dedi... (Talebelerden bazıları oraya bir hanımefendinin geldiğini biliyorlardı, hiç ağızlarını açmadılar) Hz. Mevlâna kapıyı açtı, içeri girdi... Baktı ki tanbur çalan bir hanımefendi. Oradaki sohbetleri ve muhabbetleri üç buçuk gün devam etti.

Bu müddet zarfında talebeleri hiçbir şey söylemeden Efendi Hazretleri tekrar çıkacak diye beklediler. Ama bu bir nev'i Şems gaybubeti gibi bir şey olmuştu. İçerdekinin bir hanımefendi olması nedeniyle yavaş yavaş yine o hain dudaklara bir takım dedikodu silüetleri geldi. Artık Mevlâna Hazretleri böyle dedikodu gibi ilkelin de ilkeli hadiselerden o kadar uzaktı ki, kim ne konuşmuş, kim ne yapmış, üzerinde bile durmuyordu.

Talebeleri, kapı açılıp Hz. Mevlâna görününce hepsi saf olmuştu. Mevlâna Hazretleri, talebelerine, sizden ummam da belki ileri geri konuşanlar vardır, açın da bakın Tâvus Sultan'a dedi... Kapıyı açtılar ki, BİR AVUÇ KÜL... Yandı dedi... Bu kadarmış tahammülü... Üç buçuk gün yanma operasyonuydu...

Bu ne anlama geliyor, bunun hikmeti nedir, nasıl oldu diye sorarsanız,

- Bu aşkın maddeye yansımasıdır. Yakma... maddeyi yakmadır... Biliyorsunuz, Aslı'da aşk ateşiyle yanarak ölmüştür. Yani aşk ateşi çok şiddetli geldiği zaman resmen yakar, kül eder. Bu samimiyetini gösteriyor. Hiç kimse kendi kendisini, beşeri sevgiler, mecâzi sevgilerle, ben İlâhî aşka kıyasla bu sevgiyi duyuyorum diye, aldatmasın... O nefse aittir. Çünkü ilâhî aşkla karşı karşıya gelen kimsenin hâdisesi mutlaka yangınla biter. İlâhî Aşka aitse o birliktelik, onun dışı mecâzi aşk dediğimiz beşeri aşka aittir. Ama bir mü'minin, bir mü'mine sevgisi fazla olabilir. Bilhassa karı koca arasında çok sıcak olabilir, bunlar mahzurlu şeyler değildir. Şeriatların emrettiği güzel şeylerdir. Öyle kendi kendilerine aşklarını yüceltenler Tâvus Sultan'nın külünü unutmamalıdırlar…[163]

Bir Gün Hesap Sorulur

Kavramlara, sözlere,
Eylemlere, özlere,
Sana kanan bizlere,
Bir gün hesap sorulur.

Yapıp ettiklerinden,
Koşup gittiklerinden,
Bütün yittiklerinden,
Bir gün hesap sorulur.

Be hey nâdan, be hey cahil,
Allah'tan korkmayan gafil,
Fikirden yoksun sail,
Bir gün hesap sorulur.

Sanma ki dünya kalır böyle,
İster ağla, ister söyle,
Lal olur dillerin, kalırsın öyle,
Bir gün hesap sorulur.[164]

---

[163] www.semazen.net/ onk. dr. Haluk Nurbaki
[164] www.antoloji.com/kazim_ozturk

Hz. MEVLÂNA'NIN DOSTLARI

Şefik Can (Mesnevîhan)

Büyük veliler güneş manzumesine benzerler; onlar birer güneş gibi etrafa ışık saçarak karanlıkları aydınlatırlar. Etrafında bulunanlar da onların uyduları gibidir.

İşte Hazreti Mevlâna'nın etrafında bulunan o büyük insanlar adeta güneşin etrafındaki uydular gibi O'nu tamamlamakta, O'ndan aldıkları ışıkları da etraflarına saçmakta, bilgisizlik karanlığını aydınlatmaktadırlar. Bu bakımdan Hazreti Mevlâna'yı mütalaa ederken O'nun etrafında bulunan o büyük insanları da ilahi birer uydu olarak kabul etmek, onların da görüşlerinden, fikirlerinden yararlanmak gerekmektedir.

Büyük şair Yahya Kemal merhumun dediği gibi; "Ruh ufuksuz yaşamaz..." İşte Hazreti Mevlâna, önce Şems-i Tebrîzi'de, sonra Selahaddin-i Zerkubî'de, daha sonra Hüsâmeddin Çelebi'de birer ruh ufku buldu. Kendisiyle beraber isimleri geçen diğer bütün velilerle manevi bir bağlantısı vardı. Onlarla aynı görüşleri paylaşmış, aynı duyguları ifade etmişti.

Seyyid Burhaneddin Muhakkık Tirmizi

Babasını kaybeden Mevlâna, içinde büyük boşluk duyuyordu. Çünkü o, yalnız bir baba kaybetmemişti. Bir şeyh, bir mürşid, bir gönül dostu, ilim ve fazilet timsali, bir insan-ı kamil kaybetmişti. Her ne kadar Sultanü'l-Ulema'nın ebedi aleme göç etmesinden sonra, onun müridleri tarafından bir şeyh, bir pir olarak tanınıyor, genç yaşında zamanın büyük alimi sayılıyor, etrafında hayli ilim ve irfan meraklısı toplanıyorsa da, o, kendini babasının yerine koyamıyor, manevi yalnızlığını hissediyordu. Bir sene böyle geldi, geçti. Sultanü'l-Ulema'nın vefatından, bir yıl sonra, halifelerinden Tirmizli Seyyid Burhaneddin Muhakkık, şeyhinin Konya'ya yerleştiğini duymuş ve onu görmek için Konya'ya gelmişti. Çok sevdiği şeyhinin bir sene evvel vefat etmiş olduğunu ve yerine oğlu Celaleddin'in geçtiğini görmüştü. Konya'ya gelen bu Seyyid Burhaneddin kimdi? Bilginlerin sultanı Bahaeddin Veled, Belh şehrinde iken Seyyid Burhaneddin hazretleri de orada idi. Ve Sultanü'l-Ulema'nın müridleri arasına girmişti. Daha Celaleddin Muhammed bir çocuk yaşında iken, onun terbiyesini üzerine almıştı. Seyyid Burhaneddin'in Konya'ya gelişine, Hazreti Mevlâna çok sevindi. Baba dostu, eski hocasının elini öptü. Belh'de geçen mutlu günleri hatırladılar. Büyük manevi zevk duydular. Seyyid Konya'ya niçin geldiğinin manasını anladı. O, aziz şeyhinin oğlunun eskiden beri mürebbisi iken, şimdi mürşidi olacaktı.

O günden sonra Mevlâna, Seyyid Burhaneddin'e mürid oldu ve şeyhinin ona talim ettiği Kübreviyye tarikatının evrad ve tesbihine devam etmeğe başladı. Seyyid, önce onu, kırk gün bir odaya kilitlemiş, Mevlâna'ya halvet yaptırmıştı. Baba dostu, Seyyid Burhaneddin'i bulunca Mevlâna, manevi yalnızlıktan kurtulmuş, şeyhinin verdiği virdleri aşkla, şevkle okumakta ve tesbihleri çekmekte idi. Mevlâna her ne kadar, babası ve aynı zamanda hocası olan Sultanü'l-ulema'dan çok şeyler öğrenmişse de Seyyid Burhaneddin Hazretleri, din ve şeriat bilgisini de kuvvetlendirmesi için onun Halep ve Şam'a gitmesini tavsiye etmiş, Mevlâna da şeyhinin emrine uyarak birkaç derviş arkadaşı ile beraber Halep'e gitmişti. Talebesini ve müridini tahsilini derinleştirmesi için Halep'e gönderince Seyyid Burhaneddin hazretleri Konya'da kalmadı. Kayseri'ye gitti. Bu gidişi muvakkattı. Sevgili müridi Konya'ya dönünce o da Konya'ya gelecekti. Mevlâna Halep'te iki sene kadar o devrin en meşhur medresesi olan Halaviyye medresesinde kaldı. Ve oranın en tanınmış alimi Kemaleddin İbnü'l-Adim (ölümü 660/1262)'den fıkıh tahsil etti. Hazreti Mevlâna, Şam 'da bulunduğu sıralarda tahsilini daha çok derinleştirmişti. Artık Konya'ya dönmesi gerekiyordu. Hazreti Mevlâna Anadolu'ya dönünce, önce Kayseri'ye uğrayarak, şeyhi Seyyid Burhaneddin'i ziyaret etti. Sonra onunla birlikte Konya'ya geldiler.

Şeyh, durumdan memnundu. Mevlâna'yı çok değişmiş buldu. Bilgisi, olgunluğu, şeriata bağlılığı bariz bir şekilde dikkati çekiyordu. O gerçekten mürşidlik, babalık vazifesini yapmış, şeyhinin oğlunu, ilmin, imanın yolunda kemale sevk etmişti. Şimdi artık onunla şahsen meşgul oluyor, onu telkinleri ile görüşleri ile daha mükemmel bir hale getirmeğe gayret sarfediyordu. Seyyid hazretleri Mevlâna'yı yetiştirmek için çok uğraştı. Ona babası Sultanü'l-ulema'nın Maarif adlı eserini tekrar tekrar okuttu. Böylece aylar, yıllar geçti. Her geçen yıl Mevlâna'yı bir kat daha olgunlaştırdı. Oruç ve çile günleri, geçti. Mevlâna'yı istediği gibi yetiştirmişti. İçinde vazifesini tamamlayan bir mürşidin iç rahatlığı vardı.

Şam dönüşünde Hazreti Mevlâna, Kayseri'ye uğrayıp şeyhini Konya'ya getirdiğini biliyoruz. Sipehsalar'a göre Seyyid, Mevlâna'dan Kayseri'ye gitmek üzere müsaade istediği halde Mevlâna şeyhinden ayrılmak istememiştir. Burhaneddin Hazreti Mevlâna'nın isteğine uymayarak Kayseri'ye gitmek istedi ise de, yolda atının ayağı kaydı. Seyyid attan düştü, ayağı incindi. Dönüp Konya'ya gelerek, Mevlâna'ya neden yolunu bağladığını, gitmesine müsaade etmediğini sordu. Bu soruya karşılık Mevlâna, "Şeyhim, neden bizi bırakıp gitmek istiyorsun?" sorusunu sordu. Bu soruya karşılık

Seyyid, şu cevabı verdi: "Konya'da güçlü bir arslan peyda oldu. Ben de bir arslanım. Aynı şehirde iki arslan bir arada olamaz. Biz artık birbirimizle geçinemeyiz. Ben bu yüzden gitmek istiyorum." Bunun üzerine Mevlâna, Seyyid Burhaneddin Tirmizi hazretlerinin ellerini öptükten sonra onu, bir kaç müridi ile birlikte Kayseri'ye uğurlamıştı.

Seyyid Burhaneddin Tirmizi Kayseri'ye geleli daha bir yıl tamamlanmamıştı. O mübarek, ömrünün son günlerini yaşadığını hissediyordu. Bir gün hizmetçisine, sıcak su hazırlamasını söyledi. İstediği su hazırlanınca, kalkıp boy abdesti aldı. Sonra, hizmetçisine: "Git, kapıyı sıkıca kapa ve dışarıda gördüklerine 'Garip Seyyid dünyadan göçtü' diye sala ver!" dedi. Ve odasının bir köşesine çekilerek şu son duasını yaptı: "Ey büyük Allah'ım! Ey dost, beni kabul et ve canımı al. Beni, benden al. Beni her iki dünyadan da al, göllir. Ben seni istiyorum. Sensiz olan her şeyi benden al."

Hizmetçi koşarak Sahib Şemseddin'e haber verdi. Seyyid'in ölüm haberi Kayseri'de kısa zamanda duyulmuş, büyük bir kalabalık hücresinin önünde toplanmıştı. Sahib Şemseddin, cenazeyi hazırlatırken Mevlâna'ya da haber ulaştırdı. Cenaze dua ve tekbirlerle kaldırıldı. Mevlâna şeyhinin ölüm haberini alınca, büyük bir kedere kapılmış, hemen Kayseri'ye hareket etmişti. Kayseri'ye gelince doğru, Seyyid'in mezarı başına gitmiş, orada saatlerce niyazda bulunmuştu. Sahib Şemseddin, Mevlâna'ya, şeyhinin kitaplarını teslim etti. Mevlâna hocasının kitapları ile birlikte üzgün, içi yaralı olarak Konya'ya döndü. Bu kitaplar arasında Seyyid'in Makalat adlı meşhur eseri de vardı. Seyyid Burhaneddin Tirmizi Hazretleri 1241 senesinde vefat etmişti.

Tebrizli Şemseddin Hazretleri

Eflaki Şems'in babasının Melikdad oğlu, Ali olduğunu yazıyor. Tebriz'de doğduğuna göre Azeri Türklerinden olsa gerek. Çok iyi bir tahsil gördüğü, devrinin bütün bilgilerine sahip olduğu Makalat adlı eserindeki sözlerinden belli. Bir yere bağlanıp kalmadığı, çok yer dolaştığı için, ona "Şems-i perende" (Uçan Şems) denmiştir. Kamil bir insan oluşu sebebiyle "Kamil-i Tebrîzi" diye de anılır. Şems büyük bir varlıktı. O da Mevlâna gibi büyük bir Hak aşıkı idi. O da çeşitli memleketler dolaşmış, çeşitli alimler, şeyhler görmüş, kendi ifadesine göre hiçbirinde aradığını bulamamıştı. Hiçbir kimse onun haline muttali olamamıştı. Hiç kimse, onun sırlarının hakikatini bilememişti.

O devirlerde konuştuğu, tanıştığı, sohbetlerinde bulunduğu, muhtelif yerlerde yaşayan, meşhur şeyhlerin hiç birisinde, Şems, aradığını bulamamış, onlara tam olarak bağlanıp kalamamıştı. O insan-ı kamil, mükemmel, bir mürşid arıyordu. Onun kafasında kusursuz, tam Muhammedi yolda, yaşayan bir sahabe gibi lekesiz, tertemiz bir şeyh mefhumu vardı. Bu yüzden şeyh diye, mürşid diye karşısına çıkan kişilerde kusur görüyor, onlara gönül veremiyordu. Herkesin eline sarıldıkları, saygı gösterdikleri şeyhlerde, İslâmi yaşayış, İslâmi ahlak bulamayınca üzülüyor, onlardan uzaklaşıyordu.

Şems menfaat ve gösteriş peşinde koşan şeylerden daima uzak kalmış, ömrü boyunca Mevlâna'yı görüp tanışıncaya kadar herhangi bir şeyhe bağlanıp kalamamıştı. Muhyiddin-i Arabi hazretleri de dahil birçok şeyh gören, birçok ariflerle sohbetlerde bulunan, kendisi de Sipehsalar'ın yazdığı gibi Velilerin sultanı olan Tebrizli Şems hazretleri, Mevlâna Celaleddin hazretlerini tanıyınca, ondaki hakikati görünce "Ben aradığımı, Hüdavendigarım, Mevlâna'da gördüm" demiş ve Konya'da kalmıştı.

Mevlâna İle Şems'in Buluşmaları

Eflaki, Mevlâna ile Şems'in Konya'da buluşmalarından önce, Mevlâna Şam'da iken Şems'le buluştuklarından bahseder: "Bir gün Mevlâna Şam çarşısında iken, başında külah bulunan siyahlar giymiş bir adamın Mevlâna'nın elini öperek "Ey manalar aleminin sarrafı, beni bul, beni anla" diyerek kalabalığa karıştığını yazar. Ve bu adamın Şems olduğunu hikaye eder." Mevlâna ile buluşmaları hakkındaki rivayetler çeşitlidir. Eflaki'nin rivayetine göre Mevlâna bir gün, İplikçi medresesinden çıkarak rahvan bir estere binmiş, talebeleri ve müridleri ile beraber gidiyordu. İşte tam bu sırada Tebrizli Şemseddin, Mevlâna, hazretlerine rastladı.

Halbuki Sipehsalar (Midhat-ı Bahari Tercümesi s.168) Mevlâna ile Şems'in buluşmalarını şöyle anlatır: "Şemseddin-i Tebrîzi Konya'ya gece vakti geldi. Pirinçiler hanına nazil oldu, hanın kapısı önünde oturmak için süslü bir sedir vardı. Ekseriya büyük kişiler o sedire oturuyorlardı. Şems sabahleyin o sedirin üstüne oturdu. Hazreti Mevlânaya velilik nuru ile Şems'in geldiği malum oldu. Hane-i mübareklerinden çıkarak ol tarafa doğru yürüdüler. Yolda halk, Hazret'in elini öpmek için her taraftan ol mübareke yaklaşmağa, yol bulmağa çalışıyorlardı. Hazreti Mevlâna da bi'l-mukabele hepsini okşayıp gönüllerini hoş ediyordu. O sırada ansızın Şems-i Tebrîzi'nin nazarı Mevlâna'ya tesadüf etti. Rüyasında kendisine haber verilen mübarek zatın, bu zat olduğunu anladı. Hiçbir şey söylemedi.

Bu iki büyük velinin buluşmaları ve birbirlerini Hak dostu olarak sevrneleri, daima sohbetle vakit geçirmeleri, etrafta bulunanlar tarafından iyi karşılanmıyordu. Mevlâna'nın öğrencileri, müridleri, ileri gelen imamlar, din adamları, hatta ailesinin ferdIeri, Mevlâna'yı bu kadar tesiri altında bırakan Şems'teki hakikati, aşk ve iman gücünü göremedikleri, sezemedikleri için Tebrizli'ye nefret gözü ile bakıyorlardı. Şems'in Mevlâna'ya bu kadar yakın oluşu, onu tesiri altına alışını İbtida-name'de Sultan Veled şöyle anlatmakta: "Halk bu bağlılığı, bu vefayı, bu coşkunluğu, bu sevgiyi görünce hasede düştü, herkes kınamaya koyuldu. Şeyhler, büyükler, yüce kişiler, 'bu ne biçim bir adamdır ki, Mevlâna'yı bu hale getirdi. Hiçbirimiz Şems'de bir hayır görmediğimiz halde Mevlâna neden onu böyle üstün bir adam olarak tutmada, ağırlamada? Onda ne hal var, ne ilim var, ona nazar ehli dememize, gönül gözünün açık olduğuna hükmetmemize imkan var mı? diye açıkça onun hakkında dedikodu yapmağa başladılar.

Şems işin çığırından çıktığını, herkesin kendisine düşman olduğunu görünce, bir gün ansızın kayboluverdi. Şems, 643 yılı Şevvali'nin 21. günü Konya'yı terk etmişti (15 Şubat 1246). Şems Konya'da tam 15 ay yirmi gün kalmıştı.

Şems-i Tebrîzi'nin Konya 'ya İkinci Gelişi

Sultan Veled İbtida-name adlı eserinde: Mevlâna'nın Şems'in gidişinden çok üzüldüğünü, Şems'in gidişine sebep olanların, yüzlerine bile bakmadığını yazıyor. Bunun üzerine sebep olanların yaptıklarına pişman olduklarını, Mevlâna'nın da onları affettiğini bildiriyor. (İbtida-name, s.45-47) Sultan Veled, Şems'in Konya'dan doğruca Şam'a gittiğini yazıyorsa da Sipehsalar önce Şems'in nereye gittiğinin bilinmediğini bildirmektedir. Bir müddet sonra Şems Mevlâna'ya Şam'dan bir mektup göndermiş, bu suretle Şems'in Şam'a gittiği anlaşılmıştır. Şems Şam'dan Mevlâna'ya mektup yazınca, Mevlâna da ona mektuplar yazdı.

Mevlâna, Şems'in mektubunu aldıktan sonra Sultan Veled'i çağırdı. Ona bir miktar para vererek "Sen elçi olarak git. Bu paraları ayağına saç. Benim tarafımdan rica et. Kendisine kötü davrananların pişman olduklarını söyle, lütfetsin, gelsin artık." dedi. Sultan Veled bu hizmeti canla başla kabul etti. O da babası gibi Şems'e aşıktı. O da babası gibi Şems'in hakikatini görmüş, büyüklüğünü anlamıştı. Sultan Veled Şam seyahatini anlatırken diyor ki: "Yorulmadan, ovalarda koşuyor, dağları bir saman çöpünden bile ehemmiyetsiz görüp aşıyordum. Yoldaki dikenler, bana güller gibi görünmede idi. "

Eflaki, Sultan Veled'in yirmi kişi ile gittiğini yazıyor. Şam'da Şems hazretlerini buldular. Sultan Veled babasının dediğini yaptı. Paraları ayağına saçtı. Şems paraları görünce, gülümsedi. Muhammed huylu Mevlâna bizi altınla, gümüşle ne diye oyalıyor? Onun dileği kafi, dedi ve Konya'ya gelmeği kabul etti. Sultan Veled ve arkadaşları, Şam'da birkaç gün kaldılar. Sema meclisleri kuruldu. İstirahat ettiler sonra Şems hazretlerini yanlarına alarak yola düştüler. Şam kervanı Konya'ya yaklaşınca, Sultan Veled babasına bir müjde gönderdi. Mevlâna müjdeyi alır almaz, dervişler, beyler ve Mevlâna'nın adamları Mevlâna ile beraber karşı çıktılar. 8 Mayıs 1247 günü Şems hazretleri tekrar Konya'yı şereflendirdi. Şems Mevlâna'yı görünce attan indi, kucaklaştılar. İki mana denizi tekrar birleşti.

Şems-i Tebrîzi'nin Kayboluşu

Şems tekrar Konya'ya geldikten sonra, önce, onun aleyhinde bulunanların hepsi yaptıklarına pişman oldular. Şems de Mevlâna gibi onların hepsini bağışladı. Çünkü Mevlâna da, Şems de Muhammed huylu idiler. Malum olduğu üzere Peygamber Efendimiz Taifte kendini taşlayanları, mübarek ayaklarını kanatanları bile affetmişti. Zaten Şems gelmeden önce Hazreti Mevlâna da kötülük edenleri, dedikodu yapanları affetmişti. Şems de aynı yolda yürüdü. Kendisiyle uğraşanları hoş gördü. Suçlarını affetti. Sema meclisleri tertip edilmeğe başlandı. Mevlâna da, Şems de her gün bir yere davet edilmekteydiler. Fakat, sema neşe ve şevkle geçen günler de uzun müddet devam etmedi. Yine kin ve nefret uyandı. Şems aleyhinde, yine dedikodular başladı. Yalanlar, fitneler yine aldı yürüdü. Bu defaki fitne daha şiddetliydi. Onu Konya'ya tekrar geldiğine pişman etmişlerdi. Makalat'ında şöyle dert yanıyor: "O kadar zahmet çektim. Bu son yolculuk beni o kadar yordu ki, yorgunluğum iki yılda çıkmaz. Yollara düştüm. Öyle zahmetlere katlandım ki şu Konya'yı altınla doldursalar, yine gözümde yok, bu cefalar çekilemez. Fakat Mevlâna'nın sevgisi üstün geldi de bu sıkıntıya katlandım." (Makalat s.26)

Cenab-ı Şems, kendini çekemeyen, kötü niyetli kişilerin davranışlarını dedikodularını, iyi huylu olduğu için kendi içine gömüyor, Mevlâna'ya açmıyordu. Şems'in çok sevdiği karısı Kimya da evlendiklerinden pek az zaman sonra vefa etmişti. Ne kadar üstün bir varlık olursa olsun, Şems de insandı. Bir taraftan sevdiği karısının vefatı, bir taraftan dedikodular onu çok sarsmıştı. Küfür ve tehditlere artık dayanacak hali kalmamıştı. Mevlâna'ya olan bağlılığı, Mevlâna da gördüğü hakikat onu yaşatıyordu. O, Sultan Veled'e birkaç defa "Ben bu sefer öyle bir gidiş gideceğim, izimi kimse bulamayacak yahut onu bir düşmanı öldürdü diyecekler" diye söylediği gerçekleşti. 1247 senesinin Aralık ayının perşembe günü Şems hazretleri ortadan kayboldu.

Sipehsalar'ın yazdığına göre, Şems'in ortadan kaybolduğu sabah Hazreti Mevlâna medreseye gelip de Şems'i odasında bulamayınca çok mahzun oldu. Hemen Sultan Veled'in yattığı yere gitti: "Bahaeddin, ne yatıyorsun! Kalk, şeyhini ara. Yine can burnumuz, onun latif kokusundan mahrum kaldı." diye seslendi. (Sipehsalar Tercümesi, s.179) Şems gerçekten "Öyle bir gidiş gideceğim ki kimse bulamayacak" dediği gibi kayıplara mı karıştı? Dönülmez bir seyahate mi çıktı? Yoksa şehid mi edildi? Doğrusunu Allah bilir. Yine Eftaki'nin rivayetleri üzerinde durulunca, bu rivayetlerden şöyle bir netice çıkarılabilir: Şems, Hazreti Mevlâna'nın yanında iken dışarı çağrılmış, fakat bir daha Mevlâna'nın yanına geri dönmemiş ve ortalıkta görülmemiş. Onu çağıranlar onu alıp götürdüler mi? Öldürdüler mi? Onun Konya'dan başka bir yere gitmesini mi sağladılar? Acaba, Şems, evvelce, gittiği Şam'a mı gitti? Bütün bunlar kat'i olarak bilinmemektedir. Bilinen bir hakikat varsa, o da Mevlâna'nın Şems'in şehid edilmesini bilmediğidir. Bu faciayı Mevlâna'ya duyurmadılar mı? Yahud böyle bir facia vuku bulmadı mı?

Şems Hazretlerinin Kayboluşundan Sonra Hazreti Mevlâna'nın Hali

Sultan Veled, Şems'ten sonra Mevlâna'nın halini şöyle anlatır: "Şeyh, onun ayrılığından sonra adeta deli oldu. Fetva veren şeyh, aşkla şair kesildi. Zahiddi, meyhaneci oldu. Fakat üzümden yapılan şarabı içip satan meyhaneci değil, nura mensup olan can, nur şarabından başka bir şeyi içmez. (İbtida-name, s.53) Mevlâna, gece gündüz sema etmede, ağlayışını, feryadını küçük, büyük herkes işitmedeydi. Eline geçen altını, gümüşü çalgıcılara veriyor. Nesi varsa bağışlıyordu. Şems'i gördüm diyenlere, parası yoksa, üstündeki elbiseyi bağışlıyordu.

Sultan Veled'in İbtidaname'de yazdığına göre, Hazreti Mevlâna birkaç sene sonra müridleri ile beraber tekrar Şam'a gitti. Aylarca orada kaldı. Bütün araştırmalarına rağmen Şems'i bulamayınca, ümidini kesti. Onun öldürüldüğüne dair dedikoduları da duymuştu. Oğlu Alaeddin Çelebi'nin de bu işte parmağı olduğunu artık biliyordu. Sevgi ve hasret şiirleriyle duygularını ifade etmekle avunuyordu.

Şems mi Mürşid, Mevlâna mı?

Birbirlerinde bulunan hakikatleri gören, birbirlerine hayran olan bu iki büyük veliden hangisi üstündür, büyüktür? İlahi aşkta fani olan velileri, birbirleri ile mukayese etmek hatadır. Bütün beşeri kirliliklerden arınmış, nefsani arzulardan kurtulmuş, Hakk'ın tecellisine mazhar olmuş, vahdet deryasına dalmış, yok olmuş bu yüce varlıklar, birbirlerinden üstün görülemezler. Tozlardan, paslardan temizlenmiş, çeşitli aynalarda parlayan güneşin nuru, aynı nur değil midir? Bunlar birbirinden ayırdedilebilir mi?

Hazreti Mevlâna; gönlü hasret ateşiyle yana yana Şam'da Hazreti Şems'i ararken, Mevlâna'nın ilmine, irfanına, aşkına hayran olan, nuruyla gözleri kamaşan Şam'ın arifleri, nasıl oluyor da; bir mürşid, mürşid arıyor? diye düşünmüşlerdi. Mevlâna Şems'i aradığı gibi, Şems de vaktiyle Mevlâna'yı aramıştı. Şems de dolaştığı şehirlerde; meşhur şeyhlerin, mürşidlerin hiç birisinde aradığını bulamamış; Mevlâna'yı bulunca; "Memleketten çıkalı Mevlâna'dan başka şeyh görmedim. Ben aradığımı Hüdavendigar'ım Mevlâna'da buldum" demişti. Bunlar birbirlerinde ne gördüler? Ne buldular? Bunlar, birbirlerine ayna oldular. Bunlar, şeyhlik, mürşidlik, halifelik, müridlik makamlarının ötesine geçtiler de birbirlerinde bulunanı gördüler. Bu sebeple bunlardan herhangi birisini ötekinin mürşidi sanmak, evvelce de arzedildiği gibi boş bir düşüncedir. Yersiz, lüzumsuz bir fikre kapılmaktır.

Eğer, insanlar, Mevlâna ile Şems gibi, birbirlerinde bulunanı, birbirlerinin hakikatini görebilselerdi, dünya cennet olurdu. İnsanlar daimi bir barış halinde yaşarlardı, harpler ortadan kalkar, bütün dünyada silah fabrikaları kapatılır, Afrika'da şurada, burada açlık çeken insanlar bulunmazdı. Dünya refah içinde yaşardı. Hazreti Mevlâna: "Şu dünyada gördüğümüz tenlerimiz, vücutlarımız, bizim gölgelerimizdir. Biz aslında bu gölgelerin üstesinde yaşıyoruz" diye buyurmaktadır. İşte Mevlâna ile Şems birbirlerinin, maddi varlıklarının ötesinde bulunanı gördüler, onu sevdiler.

Hazreti Mevlâna'nın Hayatında Sükun Devri

Hazreti Mevlâna, Şems'in yaşadığından ümidini kesmiş, artık onu, aramaktan vazgeçmişti. Şems'i, artık, ne Şam'da, ne de başka yerde bulamayacağını anlamış da, Sultan Veled'in dediği gibi onu, kendi gönlünde, kendisinde bulmuştu. Bulmuştu ama, hala, gözleri Şems misilli bir gönül dostu arıyordu. Mevlâna'nın etrafında ailesi, oğulları, dostları, talebeleri, müridleri bulunduğu halde içinde bir boşluk duyuyor, adeta kendisini yalnız hissediyordu.

Muhakkak ki insanın en büyük dostu Allah'tır. Cenab-ı Hak "Nerede olursan ol, ben seninle beraberim."(57/4) diye buyurmuyor mu? Mevlâna da bir şiirinde bu hakikati şöyle ifade eder:

"Burada gizli birisi var, Kendini yalnız sanma!"

Fakat Mevlâna'nın bu duyguyu paylaşan, kendinde bulunanı, kendine hissettiren Şems gibi bir Hak dostuna, bir can aynasına, bir ruh ufkuna ihtiyacı vardı.. Bu yüzden huzura ve sükuna kavuşamıyordu. Mevlâna'ya, Şems'ten sonra, gönül dostu, can aynası Konyalı Selahaddin hazretleri oldu, Bu hemdem, bu gönül dostu ile Mevlâna manevi yalnızlıktan kurtuldu. Huzura, sükuna kavuştu."

Konyalı Kuyumcu Şeyh Selahaddin

Selahaddin Feridun, Konya köylerinden birinde doğmuştu. Babasının adı Yağı Basan idi. Köyleri Beyşehir gölü civarında olduğu için, bu aile balıkçılıkla geçinirdi. Selahaddin Konya'ya gelip yerleşmiş, orada kuyumculuk sanatını öğrenmiş, bir dükkan açmış, çalışıyor, rızkını temin ediyordu. Dindar ve faziletli bir kişi olan Selahaddin, Mevlâna'nın babasının aziz dostu ve halifesi Seyyid Burhaeddin'e intisap etmiş, ahlakı, hulusu ve ibadete düşkünlüğü ile sufilik yolunda hayli ilerlemiş ve şeyhi Seyyid Burhaneddin'den hilafet alarak, şeyhlik makamına yükselmişti. Şeyhi, bu temiz kişiyi, bu Hak aşıkını çok severdi. Gerçekten de Selahaddin ümmi yani hiç okuma yazma bilmiyordu, ama muttaki, ibadetine çok düşkün, çok nurlu bir mümindi. İlahı aşka gönlünü vermiş, birçok haller elde etmişti. Selahaddin-i Zerkubi yani Kuyumcu Selahaddin, şeyhi Seyyid Burhaneddin Kayseri'ye gidince, köyüne dönmüş, orada evlenmiş, çoluk çocuk sahibi olmuştu.

Bir cuma günü Konya'ya gelmişti. Cuma namazı kılmak için, Ebu'l-Fazl Camii'ne girdi. Namazdan sonra Mevlâna vaaza başladı. Mevlâna çok heyecanlı, çok güzel konuşuyordu. Mevlâna o günkü vaazında, şeyhi Seyyid Burhaneddin'in hallerinden, faziletinden, aşkından bahsediyordu. Kuyumcu Selahaddin can kulağı ile Mevlâna'yı dinlerken, birdenbire Mevlâna'nın zatında, büyük bir nur gibi şeyhi Seyyid Burhaneddin'i gördü. Sanki, Mevlâna gitmiş, yerine Seyyid Burhaneddin gelmiş, oturmuş, heyecanlı, güzel sözler söylüyordu. Selahaddin hazretleri, kendine hakim olamadı, ayağa kalktı, deli gibi feryad ederek Mevlâna'ya doğru koştu. Mevlâna'nın vaaz ettiği kürsünün altına geldi. Mevlâna'nın ayaklarına kapandı. Bu vaka, Seyyid Burhanüddin'in ölüm tarihi olan 1241'den sonra ve Şems'in Konya'ya geliş tarihi olan 1244'ten öncedir.

Selahaddin-i Zerkubi, Hazreti Mevlâna'yı çok seviyordu. Ona derin hürmeti vardı. Çünkü her ikisi de aynı şeyhten

Burhaneddin-i Tirmizi'den feyz almışlardı. Her ikisi de aynı tarikatta Kübreviyye tarikatında idiler. Her ikisi de Hak'ta fani olmuşlardı. Mevlâna da, Şeyh Selahaddin'i çok seviyordu. Ona lütuflarda bulunmaktan geri kalmıyordu. Fakat Mevlâna ilk zamanlarda Selahaddin'den daha kuvvetli bir gönül dostu ile meşgul olduğundan, onunla pek ilgilenmiyordu, Şems'i bulmaktan ümidini kesince, bütün kalbiyle, bütün himmetiyle Selahaddin'e yöneldi. Onu, kendi yerine halife, şeyh olarak seçti. Dostlarını, müridlerini ona tabi olmağa çağırdı. Mevlâna, kendisinden el almak isteyen kimselerle, taliblerriyle kendisi uğraşmıyordu. Şems ile buluştuktan sonra bu vazifeyi seçilmiş dostlarından, kamil bir şeyhe havale ediyordu. Selahaddin hazretleri'ne şeyhlik görevi verdiği zaman da aynı yolu tutmuştu. Üstelik, bu yeni gönül dostunda, bu kuyumcu şeyhte, Şems'in nurunu görüyor, onu Şems yerine koyuyordu.

Mevlâna, bu ümmi ihtiyar kuyumcuda, Şems'in nurunu gördükten sonra ona çok bağlanmıştı. Eflaki'nin yazdığına göre Mevlâna, kendisini sevenlere: "Selahaddin'in yanında Şems'ten, Hüsameddin'in yanında da Selahaddin'den bahs açmayın, bunların aralarında bir fark yoktur amma, bu iş edebe sığmaz. Erenlerde, ilahı kıskançlık vardır", derdi. Selahaddin hazretlerinin de Mevlâna'ya karşı bağlılığı sonsuzdu. Bir gün Mevlâna'ya "İçimde nur kaynakları varmış da haberim yokmuş. Sen onları keşf ettin, coşturdun. "demişti. Sipehsalar'ın yazdığına göre (s.181) bir gün Mevlâna, Selahaddin'in kuyumcu dükkanının önünden geçerken, onun ahenkli çekiç vuruşundan heyecanlanmış, cezbelenmiş, hemen orada sema etmeğe başlamış, Selahaddin de onun bu halini görüp, çekiç altındaki altının ezilip zayi olacağını düşünmeden vurmaya devam etmişti.

Konyalılar, Mevlâna'nın Kuyumcu Selahaddin'e Gösterdiği Sevgiyi, Saygıyı Çekemediler

İlahi aşktan nasipsiz olanlar, ibadetle, riyazet ile, heva ve heveslerini: yenemeyenler, Şems'i çekemedikleri gibi şimdi de Kuyumcu Selahaddin'i çekemiyorlardı. Çünki Mevlâna, Şems kaybolduktan sonra, bu kuyumcuyu, kendine hemdem, Hak dostu seçmiş, onlara Selahaddin'i şeyh tanıyarak ona uymalarını istemişti. Sultan Veled'in İbtidaname'sinden başka hiçbir kitap, bu hali gereği gibi açıklamamıştır: Firuzanfer'in Mevlâna'nın hayatına dair yazdığı kitabın 129. sayfasından itibaren İbtidaname'den alınan bazı beyitlerin tercümesini aynen buraya koydum: "İnkarcılar diyorlardı ki: Birinden kurtulduk, (yani Şems'ten) daha beterine çattık. Önceki nurdu, bu ise kıvılcım. Şems'in sözü dinlenirdi. Anlatışı güzeldi. Faziletli, bilgili bir kişi idi. Çok anlamlı sözler yazdırırdı. Keşke Mevlâna'ya o hemdem olarak kalsaydı.

Sultan Veled'in yazdığına göre, Selahaddin'deki imanı, aşkı ve manevi üstünlüğü göremeyen Konyalılar, bu faziletli kuyumcuyu ortadan kaldırmaya karar verdiler. "Bu karar, her hakikat yolunu görenlerin, gözünün nuru ve çerağı olan şah Selahaddin'in kulağına kadar geldi. Hazret, bu kararı duyunca, latif ve manalı bir surette gülerek buyurdu ki: O körlerin, o imansızların, o kaba görüşün, Hakk'ın emri olmadıkça bir saman çöpünün bile yerinden kımıldamayacağını bilecek kadar olsun Hak'tan haberleri yoktur. Hakk'ın emri olmadan, beni öldürmeğe, benim kanımı dökmeğe, kanımla bulanmağa kim kalkışabilir?" (Sultan Veled, İbtidaname)

Mevlâna'nın Selahaddin'e Olan Bağlılığı

Mevlâna, Şems'in yerine koyduğu bu Hak dostuna, bu gönül aynasına kendisi çok bağlandığı gibi, gerçek müridleri de, oğulları da, Selahaddin'i manevi bir baba yerine koyarak marifet yolunda ona uyuyorlardı. Hazreti Mevlâna'nın bu kadar gönül verdiği kuyumcu Selahaddin ümmi, hiç okumamış bir kişi olmakla beraber büyük bir arifti, büyük bir veliydi. Zaten Hazreti Mevlâna gibi büyük bir Hak aşıkının gönül verdiği, sevdiği, kendisine hemden seçtiği her insan muhakkak velidir, muhakkak insan-ı kamildir. Ne yazık ki Konyalılar bu Hak dostlarını gereği gibi anlayamadılar.

Şeyh Selahaddin çok sakin, temkinli bir insandı. Aşırı derecede ibadete düşkün, riyazatla kendisini ezen, zayıf düşüren bir kişi olarak bilinmektedir. İbadet ve riyazatın onun iradesini kuvvetlendirdiğini de, kendisini öldürmek isteyenlerin kararlarını soğukkanlılıkla karşılaması, hiç korkmaması ve telaş göstermemesinden belli olmaktadır. Sultan Veled hazretleri, onun temkinini ve irşaddaki kudretini şöyle anlatmaktadır:

"Mevlâna'nın coşkunluğu, onun sayesinde yatıştı. Onun irşadı başka bir çeşitti. Tesiri herkesten fazlaydı. Erenlerden yıllarca müddette elde edilen şey, ondan bir anda, bir nefeste elde edilirdi. Dilsiz, dudaksız sırlar söylerdi. İnsanın gönlüne seslenir gibi kulaklar bir harf duymadan, bir ses işitmeden faydalanırdı. Sözleri gönülden gönüle sessiz sedasız girerdi." Selahaddin-i Zerkubi hazretlerinin halini, manevi büyüklüğünü anlamayanlar, Hazreti Mevlâna'nın kuyumcuya karşı duyduğu saygı ve sevgiyi her vesile ile görünce yaptıkları dedikodulardan utandılar, hasetliklerinden pişman oldular. Zaten bu aleyhte bulunanlar, sohbetlere de gelmedikleri için hüsran içindeydiler. Nihayet dayanamadılar, yine hep birden bir karara vardılar. Şeyh Selahaddin'e ve Hazreti Mevlâna'ya ayrı ayrı baş vurdular, üzüntülerini, pişman olduklarını söylediler, ağladılar, yalvardılar, tevbe ettiler ve affedildiler. Artık dedikodular durdu, çekiştirmeler son buldu. Artık sema meclisleri tertip ediliyor, aşk ve neşe içinde vakit geçiriliyordu. Bu sıralarda Hazreti Mevlâna Selahaddin'in kızı Fatıma Hatun'u, Sultan Veled ile evlendirdi.

Hazreti Mevlâna, çok sevdiği, hemdemi, halifesi, Selahaddin'in kızını oğluna almakla çok sevinmişti. Sultan Veled, babasının Şeyh Selahaddin'le on sene zevk ve şevk içinde yaşadıklarını, Konya halkının her ikisinden de manen faydalandığını, on yıl sonra Selahaddin'in hastalandığını, vefat ettiğini yazar. Şeyh Selahaddin 1258 yılının Aralık ayının 29. günü vefat etmişti. Hazreti Mevlâna, sevgili dostunun zahiri ölümlerinden çok mütessir oldular. Bütün Konya'nın ileri gelenleri ile birlikte cenazesini uğurladılar.

Hazreti Selahaddin, vefatı zamanının yaklaştığını hissedince; "Benim için sakın ağlamayın. Bugün benim en mutlu günümdür. Çünki bugün ben, sevgilime kavuşuyorum. Cenazemi, davullar, kudümler, defler çalarak neşeli, sevinçli bir halde ellerinizi çırpa çırpa kaldırınız. Beni mezarıma kadar sema ederek götürün" (İbtida- name, s.108) diye vasiyyette bulunmuştu. Mevlâna, sohbet arkadaşının, gönül dostunun vasiyyetini tamamıyla yerine getirdi: Şeyh Selahaddin hazretlerinin cenazesi, davullar, kudümler, defler çalınarak, güzel sesle ilahiler söylenerek kaldırıldı. Cenaze bu coşkunlukla götürülürken Mevlâna da, baş açık sema ediyordu. Şeyh Selahaddin, Sultanü'l-ulema'nın yanına defnedildi. O gün Hicretin 657 senesinin Muharrem ayının birinci günüydü. Bu tarih, Miladi 1255'e tekabül etmektedir. Hayatta iken de, ölümünden sonra da Hazreti Mevlâna, Kuyumcu'ya olan bağlılığını daima göstermiştir. Yalnız Selahaddin'le değil, onun ailesi efradı ile de meşgul olmuştur. Nitekim, Selahaddin'in kızı Fatıma Hatun yazı yazmayı, Kur'an okumayı Mevlâna'dan öğrenmiştir.

Çelebi Hüsameddin

Kuyumcu Selâhaddin hazretlerinin vefatından sonra, Çelebi Hüsameddin, Mevlâna hazretlerine hemdem ve halife oldu. Sipehsalar'ın "İlahi nurların mazharı, hakikat ve marifet sırlarını öğreten, tam şeri'at yolunda olan velilerin iftihar ettikleri büyük bir varlık" olarak tavsif ettiği Çelebi Hüsameddin hazretleri'nin aslen Urumiyeli olan ailesi Konya'ya muhacir olarak gelmişler ve bu şehre yerleşmişlerdi. Çelebi Hüsameddin'de 1225 yılında Konya'da doğmuştu. Mevlâna'nın neslinden gelenlere verilen Çelebi adı ile, Hüsameddin'in Mevlâna'nın kanından gelmiş bir kişi olduğu sanılmamalıdır. Buradaki "Çelebi", efendi, kibar, nazik bir insan manasına kullanılan bir kelime olup halkın sevdiği kişilere verdiği bir lakaptır.

Hüsameddin'in, "Çelebi" lakabından başka "Ahi Türkoğlu" ünvanı da vardır. Çelebi Hüsameddin'in adı, Hüsameddin Hasan'dır. Babasının adı Muhammed, onun babasının adı da Hasan'dır. Çelebi Hüsameddin'in dedesi, büyük velilerden olup 1107 senesinde Bağdat'ta vefat eden ve aslen Kürt olan Şeyh Taceddin Ebu'I-Vefa hazretleridir. Bu büyük veli ümmi, yani anadan doğma cahil bir kişi olduğu halde arif bir zat idi. Hüsameddin'in babası Konya ve havalisinde yurt edinmiş olan Ahi'lerin başkanı olduğundan kendisini" Ahi-Türk" diye çağırırlardı ve Hüsameddin'e "Ahi Türkoğlu" denirdi.

Çelebi Hüsameddin'in babası vefat edince, onu, babasının yerine reis yapmak istediler. Fakat şöhretin, zenginliğin, mevkiin insana birşey kazandırmadığını idrak eden bu büyük insan, kendisine uyan, kendisini reis yapmak isteyen bütün adamlarını aldı, Hazreti Mevlâna'ya gitti. Hazreti Mevlâna'nın eşiğine baş koydu. Çelebi Hüsameddin, adamlarından her birinin kazançlarıyla, işleri ile sanatları ile uğraşmalarını ve kendisine düşen payı getirmelerini istemiş, kendisi, nesi varsa hepsini Mevlâna'ya bağışlamıştı. Öyle ki, hiçbir şeyi kalmadı, hatta bu yüzden lalası: "Hiçbir geçim vasıtası ve mülk kalmadı" diye ona ta'rizde bulundu, o da evin eşyasını satmalarını emretti. Birkaç gün sonra evde hizmette bulunan adamlar geldiler: "Artık bizden başka bir şey kalmadı" dediler. Bunun üzerine Çelebi Hüsameddin hazretleri: "Allah'a hamd olsun. Peygamberimizin sünnetine hiç değilse zahiren uymamız müyesser oldu. Sizi de Allah'ın rızasını kazanmak için ve Mevlâna'nın aşkı ile hepinizi azad ettim, hepiniz kendi işinize gidiniz." dedi.

Mevlâna'nın Hüsameddin İle Dostluğu

Çok cömert olan, herşeyini Mevlâna'ya feda eden bu büyük Hak aşığı Mevlâna'ya ne kadar bağlı ise, Mevlâna da ona o kadar bağlı idi. Bir toplantıda Çelebi Hüsameddin hazretleri bulunmazsa, Mevlâna'nın neşelenmesine imkan yoktu. Mevlâna eline ne geçerse bir puluna bile dokunmadan, hepsini Çelebi'ye gönderir, o da herkesin istihkakı neyse onları dağıtırdı. Bir gün Emir Taceddin Mu'tezi Horasan, Aksaray'dan Hazreti Mevlâna'ya epeyce bir para göndermiş, dervişlere ziyafet verilmesini, sema' meclisi tertib edilmesini ve kendisine de dua edilmesini rica etmişti. Mevlâna, kendisine gönderilen bu paranın hepsini Çelebi Hüsameddin'e verince oğlu Sultan Veled'in canı sıkılmış: "Evde hiçbir şey yok, ne gelirse hepsini Çelebi'ye gönderiyorsun. Biz ne yapacağız?" diye sızlanınca, Hazreti Mevlâna oğluna: "Bahaeddin vallahi, billahi, tillahi yüzlerce olgun zahid açlıktan ölüm haline gelse, bizde de tek bir ekmek bulunsa onu da yine Çelebi'ye göndeririz." demişti. Böylece Çelebi'nin ne kadar güvenilir, merhametli, ne kadar yoksulları düşünen bir kimse olduğunu Veled Çelebi'ye hatırlatmak istemişti.

Gerçekten de Çelebi Hüsameddin hazretleri öyle asil ruhlu, öyle mükemmel bir insan idi ki, Mevlâna hiçbir halifesine, Çelebi'ye gösterdiği sevgiyi ve iltifatı göstermemişti. Onu o kadar büyük tutardı ki, gören Hüsameddin Çelebi'yi Mevlâna'nın şeyhi sanırdı. Nitekim Mevlâna'nın, Mesnevi'de yeri geldikçe Çelebi Hüsameddin hazretleri hakkında kullandığı yüceltici sözler, sevgi ifadeleri insanı şaşırtır. Yedi asır önce bu iki insan-ı kamilde tecelli eden ilahi nur, sevgi nuru, onları nasıl hayran bırakmışsa, asırları aşarak gelen o mübarek nur, Mevlâna'yı ve eserlerini seven biz naçiz kulların da gönlünü aydınlatmada, onlara karşı duyduğumuz hayranlığı arttırmaktadır. Eğer Çelebi Hüsameddin hazretlerini, Hazreti Mevlâna Hak dostu edinmeseydi, ondaki hakikati görmeseydi, o hakikate gönül vermeseydi, bugün, insanlık Mesnevi-i Şerif gibi eşsiz bir eserden mahrum kalırdı.

Muhyiddin-i Arabi (İbn'ül Arabi)

İslâm aleminde yetişmiş en büyük mutasavvıflardan sayılan Muhyiddin-i Arabi (1164-1241) Hazretleri de Mevlâna'nın çağdaşıdır. Mevlâna'yı seven ve Mevlâna tarafından da sevilen büyük veli Konyalı Sadreddin Hazretleri de İbn-i Arabi'nin üveyoğlu olup onun namına kurulan Ekberiyye Tarikatı'nın mümessili idi. Bu bakımdan İbn-i Arabi Hazretlerinden kısaca bahsetmemiz faydalı olacaktır.

Büyük veliler ilhamı aynı kaynaktan aldıkları için, fikirleri birbirine ters düşmez. Sadece meşreplerine göre aynı hakikati başka başka şekilde açıklarlar. Velileri, birbiri ile mukayese etmek, herhangi birisinde, aklımızın ermediği bir hususu kusur sayarak onu aşağılamak, sevdiğimiz bir veliyi de göklere çıkarmak insafa sığmayacağı gibi, Mevlâna'nın da yolu değildir. Çünkü Mevlâna'nın yolu sevgi yoludur, müsamaha yoludur. Mevlâna'yı seven bütün velileri, hatta bütün insanları sevecektir ve bilhassa velilerde bir kusur aramayacaktır. Elbette meşrep ve ifade tarzı bakımından veliler arasında fark bulunabilir. Fakat veliler birbirinden fikir alış verişinde bulunurlar. Şems-i Tebrîzi Hazretleri, Muhyiddin-i Arabi Hazretlerinden bahsederken Hazreti Mevlâna'ya diyor ki: "Ondan iyice faydalar elde ettim. Amma sizden elde ettiğim faydalara hiç benzemez. İnci bülbül nerede? Çakıl taşı nerede? (Mevlâna Celaleddın, Gölpınarlı, s. 52)

Sayın Prof. Annemarie Schimmel de bir bildirisinde: "İbn-i Arabi'nin üvey oğlu Sadreddin Konevi, Mevlâna'nın dostu idi. Böylece İbn-i Arabi'nin bazı ana fikirleri, Mevlâna'nın eserlerine sirayet etmiş olabilir. Hâlbuki Mevlâna'nın eserleri bin bir renk ifade eden büyük bir halıya benziyor. Ondördüncü asrın ortasına kadar, İslâm Tasavvufunda ne gibi ceryanlar zuhur etmişse de onların aksini Mesnevi'de görmek kabildir. (Mevlâna ve Yaşamak Sevinci, s.74, Konya Turizm Derneği, 1978) Demek ki Tasavvuf ilminde, en ileri olan bu iki veli, birbirlerinden haberdardır. Bunları nasıl birbirlerinden ayrı sayabiliriz ki. Fikirlerinden ötürü Muhyiddin-i Arabi'ye saldıranlar, aynı fikri taşıdığı için Mevlâna'ya da saldırmışlardır. (İsmail Fenni, Vahdet-i Vücud ve Muhyiddin-i Arabi, 1928, s. 114)

Şimdi İbn-i Arabi ile Mevlâna'nın görüşleri arasındaki birliği, birbirlerine benzeyen ve benzemeyen taraflarını kısaca gözden geçirelim: "İbn-i Arabi'nin yolu bilgiye, yorumlamaya dayanıyordu. Halbuki Mevlâna'nın yolu aşk ve cezbe yolu idi" diye düşünenler ve yazanlar var. Sanıldığı gibi İbn-i Arabi eğer bilgi yolunu tutsaydı, çok büyük bir bilgin, bir allame olurdu amma, Şeyh-i Ekber olamazdı. Nasıl ki Mevlâna zamanının ilimlerini babası kadar bildiği halde, Sultanü'l-ulema olmadı da, Sultanü'l-aşikîn olduysa, İbn-i Arabi de, yalnız akıl yolunda yürüse, aklına güvenle bir İbn-i Rüşd olurdu, amma İbn-i Arabi olamazdı. Aslında Muhyiddin-i Arabi de, Mevlâna Hazretleri gibi aklın mahsulü olan bilgiyi çok gerilere atmıştır. O da Mevlâna gibi iman yolunda, aklı kurban etmiştir de gönül yolunda, keşf ve ilham yolunda yürüyerek Şeyh-i Ekber olmuştur.

Felsefe ve filozoflara değer vermeyen Mevlâna'dan bu hususta İbn-i Arabi ayrılmaktadır. Çünkü filozoflar hakkındaki görüşlerinde İbn-i Arabi çok müsamahalıdır. Peygamber efendimiz (s.a.v.) in, "Allah'ı inkar eden müşrikler de söyleseler, hikmeti kabul ediniz". (Vahdet-i Vücud, s.64, Ferid Bey) hadisini benimseyen İbn-i Arabi aynen şunları yazmaktadır: "Sakın bir filozofun veya Mutezile aliminin ileri sürdüğü fikri inkara kalkışıp da bu filozofun, bu Mutezile'nin görüşüdür demeyiniz. Bu tahsili ve bilgisi olmayanların hareket tarzıdır. Zira filozofun her sözü batıl değildir. Mümkündür ki, filozofun savunduğu mesele ondaki Hak fikrindendir.

Vahdet-i vücud inancının kendine has bir tarzda açıklanması ve filozoflar hakkındaki bu müsamahalı görüşleri, dar fikirli, mukallid ve mutaassıb Şeriatçılar tarafından hiç de iyi karşılanmamıştır. Bu yüzden Muhyiddin-i Arabi kafirlik ve zındıklıkla suçlanmıştır. Fakat o kendisine küfredenleri bile hoşgören, affeden büyük bir veli idi. Celaleddin Suyuti'nin yazdığına göre (Vahdet-i Vücud ve Muhyiddin-i Arabi, s.289, İsmail Fenni, 1928) İbn-i Arabi bir gün sokakta giderken kendisini sevmeyenlerden birisi ile karşılaştı. Adam şeyhe küfretmeye başladı. Şeyh ona cevap vermedi. Şeyhin yanında bulunan hizmetçisi: "Efendim baksanıza bu adam size neler söylüyor" demesi üzerine İbn-i Arabi "O adamın içine bir takım kötü huylar sinmiş, onları bende görüyor, onlara küfrediyor. Onun gördüğü kötülükler, kötü sıfatlar bende yok" diye cevap verdi.

Hazreti Muhyiddin-i Arabi Şam'da bulunduğu senelerde birçok aydın kişilerin hürmet ve sevgisini kazanmıştı. Zenginlerden, hükümdarlardan kendisine maddi yardımda bulunanlar oluyordu. Bilhassa Sultan Ebu Bekir Eyyub ona, pek çok iltifatta, ikramda bulunmuştu. Şeyh, kendisine verilenlerden pek azını, geçinebileceği kadarını alıkoyuyor, üst tarafını aynen Konya'da Hazreti Mevlâna'nın yaptığı gibi yoksullara dağıtıyordu.

Sadreddin Konevi

İshak oğlu Konyalı Sadreddin Muhammed hazretleri (ö.673/1274) Hazreti Mevlâna'nın zamanında Konya'da yaşayan en büyük şeyhlerden, mürşidlerden olup, büyük şeyh manasına gelen "Şeyh-i Kebir" diye anılmakta idi. Bu mübaret zat, Muhyiddin-i Arabi Hazretleri'nin üveyoğlu olmak dolayısıyla, onun en yakını ve ona nisbetle kurulan "Ekberiyye Tarikatı"nın en tanınmış mümessili idi. İbn-i Arabi gibi büyük bir velinin üveyoğlu olmak, onun terbiye ve irşadı ile yetişmek, her şeyhe nasib olacak bir mazhariyyet değildi.. Sanki Endülüs'te doğan İbn-i Arabi, Mekke, Medine, Konya'ya gelmiş ve ona yakın olmak takdiriyle, onun dul kalan annesi ile evlenmişti. Konyalı Sadreddin de üvey babasının ve şeyhinin en hayırlı bir halefi oldu. Onun eserlerini şerh etti. Vahdet-i vücud inanışının yayılmasına gayret sarfetti. Sadreddin Konevi, tasavvufta olduğu kadar, şer'i ilimlerde, zahiri fenlerde de çok ileri gitmişti. Bilhassa hadis ilminde en yüksek dereceye ulaşmıştı. Hadisten icazet (yani diploma, hadis okutma yetkisi) verirdi. Dergahına zamanın emirleri, beyleri, bilginleri, vezirleri, sultanları devam eder, feyz alırlardı.

Padişahlar gibi yaşayan, dergahı bir sarayı andıran, kapıcıları, perdedarları bulunan Sadreddin Konevi'nin yaşayışıyla, mütevaziane, dervişane bir hayat süren, tam bir halk adamı ve fakirlerin, yoksulların dostu olan Mevlâna'nın yaşayışı arasında dağlar kadar fark olduğu halde bu iki mana sultanı, birbirlerini pek sayıyor ve seviyorlardı. Ne Mevlâna, Sadreddin'in ihtişamlı hayatını kıskanıyor, ne de Sadreddin, Mevlâna'nın dervişane hayatına yukardan bakıyordu. Aralarında meşreb ve yukarda arzedildiği gibi bazı konularda fikir ve görüş ayrılıkları vardı. Bu ayrılık, onları benlikle, kinle, nefretle birbirinden ayırmıyor, sevgi, müsamaha, hoşgörürlükle birbirine bağlıyordu. Bu iki sultan, ikisi de ayrı ayrı usul ile, ayrı ayrı yaşayış tarzı ile, fakat aynı gaye ile Allah yolunda yürüyerek insanları irşad ediyorlar, yol gösteriyorlardı.

Bir gün Hazreti Mevlâna, Sadreddin Konevi hazretlerini ziyarete gitmişti. Şeyh-i kebir, hadis dersi okutmakla meşguldü. Mevlâna'nın geldiğini görünce edeben, onun yanında hocalık yapmaktan utandı. Hadis dersinin okutulmasını Mevlâna'dan rica etti. Hadis dersini o gün Mevlâna okuttu ve dinleyenleri hayretler içinde bıraktı. Hadislerin ışığında ne hakikatler söylendi, ne manevi zevklere varıldı, Hazreti Muhammed'in mübarek sözleri, Hak aşıkı Mevlâna'nın gönlünde tesirini artırdı. Başka manevi bir hal aldı. Sanki o gün yüce peygamberimiz o dergaha geldi de sevdiği Mevlâna'nın dili ile konuşmuş oldu.

Yine bir gün Sadreddin Konevi hazretlerine Mevlâna'nın sireti, manevi ahlaki hakkında sorulduğunda, şeyh heyecana kapılarak: "Eğer Bayezid'le Cüneyd bu devirde olsalardı, Allah erinin gaşiyesini (sınnalı at örtüsünü) omuzlarında taşır, bu hizmeti, canlarına minnet sayarlardı. Muhammed dininin fakirlik sofracısı odur. Biz, onun sofracısından manevi gıdalar almaktayız, bütün zevkimiz, şevkimiz onun kutlu ayağının bereketindendir." (bkz. Firuzanfer, Mevlâna Celaleddin Tercümesi, s.160)

Abdurrahman Cami hazretlerinin Nefehatü'l-Üns adlı meşhur kitabının 633. sahifesinde bulunan bir bölümü aynen almadan geçemeyeceğim: "Bir gün Sadreddin dergahında büyük bir toplantı vardı. Konya'nın en tanınmış şeyhleri, emirleri, beyleri, bilginleri hep orada idiler. Şeyh Sadreddin, toplantı odasında baş köşede bir seccade üzerinde oturmuş, konuşma yapıyordu. Ansızın Mevlâna içeri girdi. Şeyh Sadreddin ve orada hazır bulunan bütün büyükler ayağa kalktılar, onu karşıladılar. Şeyh, oturduğu seccadeye Mevlâna'nın oturmasını niyaz etti. Mevlâna, "Bu büyük şeyhin seccadesine oturursam kıyamette ne cevap veririm" diye özür diledi, seccadeye oturmadı. Bunun üzerine Sadreddin, seccadenin yarısına sen otur, yarısına da ben oturayım diye teklifte bulundu. Mevlâna, yine oturmadı. Bunun üzerine Şeyh-i kebir, "Mevlâna'nın oturmak istemediği bir seccade bizim ne işimize yarar, biz de artık buna oturmayız" dedi.[165]

Sakın terk-i edebden

Sakın terk-i edebden kûy-ı Mahbûb-i Hudâ'dır bu

Nazargâh-i ilâhidir, Makam-ı Mustafâ'dır bu

Felekde mâh-i nev, Bâbüsselâm'ın sîne-çâkıdır

Bunun kandili Cevzâ, matla'-i ziyâdır

Habib-i Kibriyâ'nın hâbgâhıdır fazilette

Tefevvuk-kerde-i Arş-ı Cenâb-ı Kibriyâ'dır bu.

Bu hâkin pertevinden oldu deycûr-i adem zâil

Amâdan açdı mevcûdât düş çeşmin tûtiyâdır bu.

Muraât-ı edep şartıyla gir Nâbî bu dergâha

Metâf-ı Kudsiyandır cilvegâh-ı enbiyâdır bu

(Nabi)

---

[165] www.konyakultur.gov.tr

Açıklaması:

Burası Allah'ın sevgilisinin beldesidir. Cenâb-ı Hakk'ın nazar buyurduğu, Ravza-i Nebî'dir. Bu gökteki yeni ay, Bâbüsselâm kapısının yüreği yanık âşığıdır. Ayın kandili Cevzâ yıldızı bile ışığının nurunu ondan almaktadır. Burası, Allah (cc)'ın sevgilisinin ebedî istirahatgâhının, türbesinin bulunduğu yerdir ve fazilet bakımından Cenâb-ı Hakk'ın arşının bile üstündedir. Bu toprağın ziyâsından, yokluğun karanlıkları ortadan kalktı. Bütün yaratılmışların görmeyen gözleri açıldı, çünkü bu toprak, gözlere şifa veren sürmedir. Bu dergaha edep ölçülerini gözeterek gir; çünkü burası meleklerin tavaf ettiği ve peygamberlerin tecelli ettiği bir yerdir.

ŞEMS'İN KERÂMETLERİ

Şems'in Kerametleri

Bir gün Şems Hazretleri bir cemaatle bir köşede oturmuş konuşuyordu. Çok şiddetli bir kışın ortasında idi. O cemaatteki azizlerden biri, bir deste gül arzusunda bulundu. Şems-i Tebrizî Hazretleri kalkıp dışarı çıktı, tekrar içeri girince o azizin önüne bir deste güzel gül koydu. Bunun üzerine hepsi baş koydular.

Hz. Şems "Bu keramet değildir, bu dostların dileğiyle oldu. Yüce Allah(cc) arzunuzu yerine getirmek için gaip alemlerinden bir hediye gönderdi" buyurdu.

Mevlâna Hazretleri rivayet etti ki; bir gün Şems Hazretleri medresenin kapısına oturmuştu. Kapının önünden bir cellat geçti. Şems Hazretleri:

Bu adam velidir buyurdu. Dostlar ise:

Bu divanın cellatıdır, dediler. Şems Hazretleri de:

Evet, o bir veliyi öldürdüğü, onu beden zindanından ve cisim kafesinden kurtardığı ve öldürülen veli de kendisine velayetini bağışladığı için velidir, buyurdu. Cellat ertesi gün tövbe ederek ibadet edenlerin en ileri gelenlerinden olup Şems Hazretlerine iradet getirdi.

Şems-i Tebrîzi Güzel Halleri ve Kerametleri İle Meşhur Oldu

Sirâceddîn anlatır: "Kış mevsiminin ortasıydı. Bir kimse bahçesine gül dikmişti. Bunu Şems-i Tebrîzî'nin bulunduğu bir mecliste; "Efendim! Ben bu günlerde bahçeye gül ağacı diktim. Acaba tutup gül verir mi? Yoksa emeğim boşa mı gider?" diye sordu. Bu kimsenin tereddütlü hâlini gören Şems-i Tebrîzî; "Cenâb-ı Hak isterse böyle sebepsiz de yaratır." derken hırkasının altından bir demet gül çıkardı. Orada bulunan bizler bu kerâmeti görünce hayretimizden şaşırıp kaldık."

Sultânın bir oğlu vardı. Çok yiğit ve yakışıklı idi. Fakat bir şeyi hemen ezberleyemez çok kısa zamanda da unuturdu. Hocaları onun unutkanlığından usanmışlardı. Babası bir gün Şems-i Tebrîzî'nin huzûruna gelip oğlunun durumunu anlattı ve himmetini istirhâm edip Kur'ân-ı Kerîm öğretmesini istedi. Şems-i Tebrîzî de kabûl buyurup; "İnşâallah her gün Kur'ân-ı Kerîm'in bir cüzünü (yirmi sahife) ezberler." dedi. Orada bulunanlar bu söze şaşırdılar. Ertesi günden îtibâren çocuk derse gelmeye başladı ve her gün yirmi sahife ezberledi. Bir ayda Kur'ân-ı Kerîm'in tamamını ezberlemiş oldu.

Şems-i Tebrîzî hazretleri ile Mevlâna mehtaplı bir gecede medresenin damında oturmuş sohbet ediyorlardı. Bir ara Şems etrâfına bir göz gezdirerek; "Hiçbir pencereden ışık görünmüyor herkes ölü gibi yatıyor. Keşke uyanık olsalar da âhiret için birazcık çalışıp kıyâmet gününde güç durumda kalmasalar. Yoksa bu hâlleriyle ölüden farkları yok." dedi. Bunun üzerine Mevlâna hemen ellerini kaldırıp; "Yâ Rabbî! Şems-i Tebrîzî hazretlerinin hürmetine bu uykuda ölü gibi yatan kullarını uyandır!" diye duâ etti. Duanın akabinde gökyüzünde bir anda bulutlar toplanmaya şimşekler çakmaya ve gök gürlemeye başladı. Bu şiddetli gürültülerden uyuyan herkes uyandı. Yakın evlerden "Allah! Allah!" sesleri gelmeye başladı. Bir müddet bu sesleri dinlediler ve Şems; "İnsanların Rabbimizin hıfz-u emânında (korumasında) olabilmeleri için âlim kâmil bir rehbere ihtiyaçları vardır. Ancak böyle bir rehbere kavuşanlar yer ve gök âfetlerinden maddî ve mânevî bütün zararlardan korunabilirler. Görüldü ki şu insanların uykudan uyanıp "Allah! Allâh!" demeleri gök gürlemesinden dolayıdır. Onun gibi bu insanların hakîkî uykudan uyanmaları cenâb-ı Hakk'ın sevdiği bir âlimi veya velîsi sebebiyle olmaktadır." buyurdu.

Mevlâna bir gün talebelerine Şems-i Tebrîzî hazretlerinin üstünlüklerinden bâzı kerâmetlerinden ve onun üstün vasıflarından bahsetti. Bunları işiten Sultan Veled şöyle anlatır; "Babam Mevlâna Şems-i Tebrîzî'yi o kadar çok medhetti ki hemen Şems'in huzûruna koştum. Geldiğimi görünce; "Ey Behâeddîn! Baban Mevlâna'nın hakkımda söyledikleri doğrudur. Fakat Mevlâna'nın yanında bin tâne Şems onun yanında zerreler gibi kalır. Bunun için onu bırakıp da benim hizmetime gelmek münâsib olmaz." buyurdu."

Şems-i Tebrîzî hazretleri bir gün kalb gözüyle gayb âlemini seyrederken kırk bin talebesi olan evliyânın büyüklerinden birini gördü. Ellerini açmış büyük bir gönül kırıklığı içerisinde cenâb-ı Hakk'a; "Yâ Rabbî! Yâ Rabbî!" diye duâ ediyordu. Öyle bir yalvarışı vardı ki bütün rûhlar onunla birlik olmuşlar "Yâ Rabbî! Yâ Rabbî!" diyorlardı. Şems-i Tebrîzî de o anda cenâb-ı Hakk'a münâcaat edip yalvardı. Bu sırada yalvarışlarına cevap olarak; "İste ey Şems! Bütün dileklerin yerine getirilecek." diyen bir ses işitti. Bunun üzerine Şems-iTebrîzî; "Yâ Rabbî! Sana bütün rûhlarla birlikte"Yâ Rabbî! Yâ Rabbî!" diye yalvaran bu velî kuluna ihsân eyle." dedi. Şems-i Tebrîzî hazretlerinin bu şefâatiyle o velî derhal isteğine kavuştu.

Mevlâna Celâleddîn ile Şems-i Tebrîzî hazretlerinin zâhiri ve bâtınî çalışmaları devam ederken onların bu sohbetlerini hazmedemeyen ve Mevlâna'nın kendi aralarına katılmamasına üzülen bâzı kimseler Şems-i Tebrîzî hakkında uygun olmayan sözler söylemeye başladılar. Bu söylentiler Mevlâna'nın kulağına kadar geldi. Diyorlardı ki: "Bu kimse Konya'ya geleli Mevlâna bizi terk etti. Gece gündüz hep birbirleriyle sohbet ediyorlar da bizlere hiç iltifât göstermiyorlar. Yanlarına kimseyi de koymuyorlar. Mevlâna Sultân-ül-ulemâ'nın oğlu olsun da Tebrîz'den gelen ve ne olduğu belli olmayan bu kimseye gönül bağlasın. Onun için bize sırt çevirsin. Hiç Horasan toprağı ile (Mevlâna hazretlerinin memleketi) Tebrîz toprağı bir olur mu? Elbette Horasan toprağı daha kıymetlidir." Bu söylentilere Mevlâna; "Hiç toprağa îtibâr olunur mu? Bir İstanbullu bir Mekkeliye gâlip gelirse Mekkelinin İstanbulluya tâbi olması hiç ayıp sayılır mı?" diyerek cevap verdi. Fakat söylentiler durmadı. Şems-i Tebrîzî hazretleri artık Konya'da kalamayacağını anladı. O çok kıymetli dostunu o mübârek ahbâbını bırakarak Şam'a gitti.

Şems-i Tebrîzî hazretlerinin gitmesi Mevlâna'yı çok üzdü. Günler geçtikçe ayrılık acısına sabredemiyor kendisinde tahammül edecek bir hâl bırakmıyordu. Şems'in ayrılık hasreti ve muhabbeti ile yanıyordu. "Şems! Şems!" diyerek ciğeri yakan kasîdeler söylüyor göz yaşlarıyla dolu yazdığı mektupları Şam'a Şems-i Tebrîzî hazretlerine gönderiyordu. Eğer bir kimse; "Şems-i Gördüm." diye yalan söylese ona müjdelik olarak üzerindeki elbisesini verirdi. Bir defâsında birisi; "Şems-i Tebrîzî'yi Şam'da gördüm. Sıhhati yerindeydi." dedi. Mevlâna ona elinde bulunan ne varsa hepsini verdi. Orada bulunanlardan biri; "O Şems-i Tebrîzî'yi görmedi. Yalan söylüyor" deyince Mevlâna da; "Ona verdiğim bu elbiseler sevdiğimin yalan haberinin müjdesidir. Onun hakîkî haberini getirene canımı veririm." diye cevap verdi. Böylece aylar geçti. Mevlanâ artık dayanamayacağını anlayınca oğlu Sultan Veled'i Şam'a göndermeye karar verdi. Oğlunu çağırıp;

"Süratle Şam'a varıp filanca hana gidersin. Şems-i Tebrîzî hazretlerinin o handa bir genç ile sohbet ettiğini görürsün. O genci küçümseme sakın. O Allahü Teâlâ'nın sevdiği evliyânın kutuplarından biridir. Selâmımı ve duâ isteğimi kendilerine bildir. İçinde bulunduğum şu vaziyetimi hasretimi dile getir. Buraya acele teşriflerini tarafımdan istirhâm et." dedi. Sultan Veled hemen hazırlıklarını tamamlayıp yola çıktı. Şam'da babasının târif ettiği handa Şems-i Tebrîzî'yi bir gençle konuşuyor buldu. Durumu dilinin döndüğü kadar anlattı. Konya'da bu hâdiseye sebeb olanların tövbe ettiğini ve Mevlâna'dan çok özürler dilediklerini de sözüne ekledi. Bunun üzerine Şems-i Tebrîzî Konya'ya tekrar gitmeye karar verdi. Hemen yola çıktılar. Sultan Veled Şems hazretlerini ata bindirdi kendisi de arkasında yaya olarak yürüyordu. Şems-i Tebrîzî Sultan Veled'in ata binmesi için ne kadar ısrâr ettiyse o; "Sultânın yanında hizmetçinin ata binmesi bizce yakışık almaz." diyerek ata binmedi. Sultan Veled Konya'ya yaklaştıklarında Mevlâna'ya haberci gönderip Konya'ya girmek üzere olduklarını bildirdi. Mevlâna hazretleri müjdeyi getirene o kadar çok hediye verdi ki o kimse zengin oldu. Konya'da tellâllar bağırtılarak Şems'in Konya'yı teşrif etmek üzere olduğu bildirildi. Konya'da başta pâdişâh olmak üzere ileri gelen vezîrler hâkimler zenginler ve bütün halk yollara döküldü. Büyük bir bayram havası içinde Şemseddîn Tebrîzî ile Sultan Veled göründüler. Sultan Veled atın yularından tutmuş Şems de atın üzerinde başı önünde ağır ağır ilerliyorlardı. Bu muhteşem manzarayı seyredenler büyük bir heyecana kapıldılar. Mevlâna koşarak ilerledi atın dizginlerine yapıştı. Göz göze geldiler. Şems'in attan inmesine yardım eden Mevlâna üstâdının ellerinden sevinç gözyaşları arasında doya doya öptü. Bu arada yanık sesli hâfızlar Kur'ân-ı Kerîm okumaya başladılar. Herkes büyük bir haz içinde Kur'ân-ı Kerîm'i dinledikten sonra sıra ile Şems-i Tebrîzî hazretlerinin ellerini öptüler. Sonra Mevlâna'nın medresesine geldiler. Şems-i Tebrîzî Sultan Veled'in kendisine gösterdiği hürmeti ve yaptığı hizmetleri Mevlâna'ya anlattı. Bundan çok memnun olduğunu bildirerek; "Benim bir serim (başım) bir de sırrım vardır. Başımı sana fedâ ettim. Sırrımı da oğlun Sultan Veled'e verdim. Eğer Sultan Veled'in bin yıl ömrü olsa da hepsini ibâdetle geçirse ona verdiğim sırra yâni evliyâlıkta yükselmesine sebeb olduğum derecelere kavuşamaz." dedi.

Mevlâna Celâleddîn ile Şems-i Tebrîzî eskisi gibi yine bir odaya çekilip sohbete başladılar. Hiç dışarı çıkmadan yanlarına oğlundan başka kimseyi sokmadan mânevî bir âlemde ilerlemeye başladılar. Halk Şems gelince Mevlâna'nın sâkinleşeceğini aralarına katılıp kendilerine nasîhat edeceğini sohbetlerinden istifâde edeceklerini ümîd ederlerken tam tersine eskisinden daha fazla Şems'e bağlandığını ve muhabbetinin ziyâdeleştiğini gördüler.

Şems-i Tebrîzî hazretleri Mevlâna'yı velîlik makamlarının en yüksek derecelerine çıkarmak için elinden gelen bütün tedbirlere başvuruyor her türlü riyâzet ve mücâhedeyi yaptırıyordu. Günler bu şekilde devâm ederken halk Mevlâna'nın hiç görünmemesinden dolayı Şems'e kızmaya başladı. Bir gün bu söylenenleri Şems-i Tebrîzî işitince Sultan Veled'e; "Ey Veled! Hakkımda yine sû-i zan etmeye başladılar. Beni Mevlâna'dan ayırmak için söz birliği etmişler. Bu seferki ayrılığımın acısı çok derin olacak!" dedi.

1247 senesi Aralık ayının beşinc rastlayan Perşembe gecesiydi. Mevlâna ile Şems hazretleri yine odalarında sohbet ediyorlar Allahü Teâlâ'nın muhabbetinden ve çeşitli velîlik makamlarından anlatıyorlardı. Bir ara kapı çalındı ve Şems hazretlerini dışarı çağırdılar. Şems-i Tebrîzî Mevlâna'ya; "Beni katletmek için çağırıyorlar." dedi ve dışarı çıktı. Dışarda bir grup kimse bir anda üzerine hücûm ettiler. Şems-i Tebrîzî hazretlerinin "Allah!" diyen sesi duyuldu. Mevlâna hemen dışarı çıktı fakat hiç kimse yoktu. Yerde kan lekeleri vardı. Derhal oğlu Sultan Veled'i uyandırıp durumun tetkîkini istedi. Yapılan bütün araştırmalarda Şems-i Tebrîzî hazretlerinin mübârek cesedini bulamadılar. Bu cinâyeti işleyenler yedi kişi idi. İçlerinde Mevlâna'nın oğlu Alâeddîn de vardı. Yedisi de kısa bir süre sonra çeşitli belâlara yakalanarak öldüler. Bir gece Sultan Veled rüyâsında Şems-i Tebrîzî'nin cesedinin bir kuyuya atıldığını gördü. Şems-i Tebrîzî hazretleri ona; "Ben falan yerdeki kuyudayım. Beni buradan alıp defneyleyin." buyurdu. Sultan Veled uyanınca yanına en yakın dostlarından birkaçını alarak gördüğü kuyuya gittiler. Cesed hiç bozulmamıştı. Bulunduğu yerden alıp cenâze hizmetlerini gördüler ve Mevlâna'nın medresesine

Kendi Dünyasında Yapayalnız

Şems-i Tebrizî, Tebrizli bir güneş. Yapayalnız bir Allah eri. Gençliğinde kendisini anlayabilen kimse bulamamış etrafında, İlâhî marifeti, ulvî sırları paylaşabileceği bir dosta kavuşamamış. Kendisine kulak verelim: "Dost bir tarafa, babam bile beni anlamamıştı. Kendi dünyamda yapayalnızdım."[166] Devam ediyor sırlı veli: "Kendi şehrimde bile gariptim, babam bana bir yabancı. Gönlüm ondan ürküyordu, öyle sanıyorum ki üstüme gelecek; bana güzellikle söz söylerken bile beni dövecek, evden kovacak sanıyordum. Ve diyordum ki kendi kendime: 'Eğer benim manevî varlığım,

---

[166] Şems-i Tebrizî, *Makâlât*, (çev: Nuri Gencosman; 1974-1975) I, 234; Erkan Türkmen, *Şems-i Tebrizî'nin Öğretileri,* Konya, 2005, 40.

onun mânasından doğmuş olsaydı, gerekirdi ki bendeki mâna onun yavrusu olsun; onunla uyuşsun. Kümes tavuğunun altına konmuş bir kaz yumurtasıydım sanki. (Bunları düşündükçe) gözlerimden yaşlar boşanırdı."[167]

Çevresindeki insanlardan hep daha farklıydı, kimse derdini anlayamıyordu: "Çocukluğumda bana hep neden hep tasalısın?' diyorlardı; 'Sana elbise mi lazım, yoksa paran mı yok?' 'Keşke' derdim, 'üstümdeki elbisemi de alsalar'".[168]

Şems-i Tebrizî, önceleri Ebu Bekr Tebrîzî-i Sellebâf adlı bir zata mürid olmuş, onun gözetiminde seyr ü sülûkunü tamamlamıştı. Ancak Allah vergisi üstün yaratılışı, idrâk ve kavrayış kuvveti, gönlündeki doymak bilmez manevî açlık sürekli bir arayış içine itmişti onu. Kalıplara sığmayan, coşkun tabiatı, onu bir şeyhlik-müritlik içerisinde tutamazdı. Suyu pınarın kaynağından içmek istiyordu. Diyordu ki: "Herkes şeyhinden bahseder. Bizeyse rüyada bizzat Resulullah aleyhisselam hırka giydirdi. Fakat öyle iki günde eskiyip yıpranan, yırtılıp giden, külhanlara atılan hırkadan değil, sohbet hırkası. Öyle anlayışa sığacak sohbet de değil, öylesine bir sohbet ki ne dünü var, ne bugünü, ne de yarını. Aşkın dünle, bugünle ne işi var ki?" [169]

Seyahate koyuldu, yeryüzünü dolaştı. Bütün iklimleri birkaç defa dolaştığı rivayet edildi. Birçok veliler gördü; kutuplar, efrâd, evtâd ile karşılaştı. Dünya şeyhlerini kendisine mürid yaptığı söylendi sonraları. Ruhunun aynasını, kalbindeki sırrı açacak kilidi arıyordu.

Gittiği her yerde bir hana inerdi Şems. Hep kara bir keçe giyerdi. Dünyayı dolaştıktan sonra Bağdat'a geldi. Orada büyük âriflerden Evhadüddin Kirmânî ile karşılaştı. "Ne ile

---

[167]   MAKÂLÂT, I, 234.
[168]   MAKÂLÂT, II, 99.
[169]   MAKÂLÂT; A. Gölpınarlı, *Mevlâna Celâleddin*, İstanbul, 1985, 51.

meşgulsün?" diye sordu ona, "Ay'ı leğendeki suda görüyorum." cevabını aldı; yani "dünyadaki çeşitli güzelliklerde, mutlak güzelliği arıyorum" demek istedi. Şems bunun üzerine şöyle dedi: "Boynunda çıban yoksa, niçin başını kaldırıp onu gökte görmüyorsun?" Evhadüddin: "Bugünden itibaren sana tâbi olmak, ne dersen onu yapmak istiyorum." dedi. Şems, tıpkı yüzyıllar önce Hızır'ın Hz. Musa'ya dediği gibi: "Sen benim arkadaşlığıma tahammül edemezsin." diye cevap verdi ve yoluna devam etti.[170]

Şems anlatıyor: "Yüce Allah'a yalvardım: 'Beni sohbet edebileceğim bir Allah eri ile buluştur.' Rüyada dediler ki: 'Seni bir Allah dostuyla görüştüreceğiz.' Sordum: 'Nerededir?' Ertesi gece tekrar rüyamda, 'Anadolu'da' diye cevap verdiler. Aradan bir müddet geçtikten sonra Mevlâna'yı gördüm ama dediler ki: 'Henüz buluşma zamanı gelmedi, her işin bir zamanı, vakt-i merhûnu var."[171] Demek ki Mevlâna ile buluşmalarından bir süre önce Şems Mevlâna'yı görmüş, ama buluşma zamanlarının gelmediğini anlamış olmalı.

"Bende Kimsenin Görmediği Şeyi Mevlâna Gördü"

Mevlâna ile buluştuktan sonra bütün o huzursuzlukları, arayışları, yerini mutlak bir huzura bırakmıştı. İçinde kimsenin anlayamadığı o mânayı Mevlâna anlamıştı. Sultan Veled anlatıyor: "Bir gün Şems-i Tebrizî babama şöyle diyordu: 'Benim Tebriz'de Ebu Bekr adında bir şeyhim vardı. Sepet örer, onunla geçinirdi. Bütün velâyetleri ondan aldım. Fakat bende öyle bir şey vardı ki, şeyhim görmemişti onu. Kimse de görmemişti ya zaten. İşte o şeyi, şimdi Hudâvendigârım Mevlâna gördü.'"[172]

---

[170] Ahmed Eflâkî, *Âriflerin Menkıbeleri*, I-II, (çeviren: Tahsin Yazıcı), 1973, II, 77-78.

[171] Makâlât, I, 274; Eflâkî, II, 125-126; William Chittick, *Me&Rumi: The Autobiography of Shams-i Tabrizi*, 2004, Kentucky-Kanada, 179; Erkan Türkmen, 46.

[172] Eflâkî, II, 123; A. Gölpınarlı, 50.

Çok Allah dostu gördü Şems, ama hiçbirinde Mevlâna'da bulduğunu bulamadı: "Birçok erenleri içten severim ve onlara olan sevgimi pek belli etmem. Birkaç kişiye içimdeki sevgiyi dışarıya vurdum, onlar benimle beraber iken sohbetimi ve beni anlayamadılar. Dostluk bozulmasın diye kusuru hep kendime yükledim. Ama sevgimi Mevlâna'ya açınca arttı ve hiç eksilmedi." [173]

Şems, Mevlâna'nın kendisine karşı olan muhabbetini ve ilgisini daima takdirde andı, o sevgiyi başka hiçbir yerde göremedi: "Bana ne babam, ne anam, onun gösterdiği ilgiyi gösterdi. O benim sözlerimi en hoş biçimde söyler. O, benim kendisine yapmadığım iyilikleri yapmıştır."[174]

Mevlâna sevgisi öyle bir şeydi ki, her türlü yorgunluğa, sıkıntıya değerdi. İhtiyar Şems Mevlâna'ya hitaben diyor ki: "İki yıldır yol yorgunluğu çekiyorum, ağrılarım var hâlâ geçmedi. Şimdi tekrar Konya'dayım, ağrılarım da arttı. Bu şehri altınla doldursalar da bu çektiğim zahmetlere değmez. Ama senin bu sevgin var ya, o buraya çekiyor." [175]

Şems için maksat hal ehli, birbirini anlayan iki dostun kavuşmasıdır, gerisi lâf ü güzaftır: "Bu iki cihanın yaratılma gâyesi iki dostun kavuşmasıdır. Bu iki dost Allah için gösterişten, her türlü hevesten uzak yüzyüze gelmeli. Ekmek, fırın, kasap gibi [dünyevi] gaileler olmamalı. Şimdi Mevlâna'nın huzurunda öyle mutluyum ki!"[176]

Şems mi Mevlâna'nın mürşidiydi, Mevlâna mı Şems'in? Hakikat şu ki, iki güneş birbirine ayine oldu. Şems ne diyor kulak verelim: "Mevlâna'ya geldiğimde ilk şartım ona şeyhlik etmemekti çünkü Mevlâna'ya şeyhlik yapacak kişiyi Allah henüz

---

[173] Erkan Türkmen, 60.
[174] MAKÂLÂT, I, 295.
[175] MAKÂLÂT, I, 297; Erkan Türkmen, 39.
[176] MAKÂLÂT, I, 358; Erkan Türkmen, 48.

yeryüzüne göndermedi. O da insan olamaz. Ben de müritlik yapacak nitelikte değilim, o hal kalmadı bende artık." [177]

"Bana yaraşan, zâhirde bizim hayatımızdaki dostluk ve kardeşlik hangi yolda ise onu korumaktır. Yoksa şeyhlik müridlik gibi ilişkiler hoşuma gitmez…"[178]

Şems coşkun bir ânında söylüyor: "Hoş söylerim, neşeli söylerim. İçimde aydınlık var, ışık var. Kaynayan bir su gibi içten içe coşuyordum. Mevlâna'nın varlığı bana ulaştı ve bu su akmaya başladı; gürül gürül, taze, âb-ı zülâl gibi."[179]

Şems diyor ki: "Güneşin yüzü Mevlâna'ya dönüktür. Çünkü Mevlâna'nın da yüzü güneşe yönelmiştir." [180]

Şems Mevlâna hakkında uzun ömür duaları ediyor: "Ben 'Yüce Allah Mevlâna'ya uzun ömürler versin' diyeyim, sen de 'âmin' deyiver. Allah onu bize, bizi de ona bağışlasın."[181]

"Allah Mevlâna'ya uzun ömürler versin; o kadar uzun ömürler versin ki, sonsuz gibi olan uzun ve mutlu bir yaşantı olsun onun hayatı." [182]

Şems için Mevlâna biriciktir; dünya bir yana o diğer yanadır. Bir toplantıda birine şöyle diyor: "Eğer sen vefalı bir dost bulmadınsa, ben Mevlâna'yı buldum." Sonra yüzünü Mevlâna'ya çeviriyor: "Sen dünyaya tek geldin ve bütün insanlar arasında meydandan topu kaptın, hepsini geçtin, bütün dünyayı aşkınla sarhoşa döndürdün."[183]

Mevlâna gerçek bir Peygamber vârisidir: "Kim peygamberleri görmek isterse Mevlâna'ya baksın. Peygamberlerin hal ve hareketleri ondadır. Eğer 'Alimler peygamberlerin va-

---

[177] W. Chittick, 212; Erkan Türkmen, 62.
[178] MAKÂLÂT, I, 151.
[179] Erkan Türkmen, 63.
[180] MAKÂLÂT, I, 174; II, 31.
[181] MAKÂLÂT, I, 186.
[182] MAKÂLÂT, I, 298.
[183] Eflâkî, I, 322.

risleridir' sözünün anlamını bilmek istiyorsan, git Mevlâna'yı gör!" [184]

Şems, Mevlâna'yı o denli sahiplenmişti ki, herkesi onunla görüştürmüyordu. Medrese hücresinin kapısı önünde oturur, Mevlâna'yı soranlara: "Mevlâna'yı sana göstermem için ne getirdin? Şükrane olarak ne vereceksin" diye sorardı. Bir gün münasebetsizin biri: "Sen ne getirdin ki bizden bir şey istiyorsun?" dedi. Şems: "Ben kendimi getirdim, başımı onun yoluna feda ettim" diye cevap verdi.[185]

Şems halkın dedikodularından bunalıp Konya'yı terkedip Şam'a gittikten sonra, Sultan Veled onu Konya'ya geri getirmek için yola koyulmuştu. Şam'da Şems'i bulunca ona diller döktü, babasının ona öğrettiği güzel sözleri söyledi. Şems gözünün rahatsızlığını bahane göstermiş, ama Sultan Veled ikna olmamıştı. Gerisini Şems'ten dinleyelim: "O zaman gözümün rahatsızlığından bahsetmiştim; 'Bu benim elimde değil, gaip âleminden gelen bir engeldir. Siz gidin!' Bana yalnız Mevlâna'nın mektubu kâfidir, bana gönderdiği oğlu Sultan Veled dedi ki: 'Siz olmadan geri dönersem Mevlâna bana ne der? 'Behey akılsız! Ben seni gönderdim ki o zatı getiresin. Madem ki sen gittin, onu buldun, sana gözünün ağrıdığını söyledi, o zaman sana yaraşan orada beklemek, ona hizmet etmek, iyice afiyete kavuşuncaya kadar orada kalmaktı.' demez mi?' Delikanlının bu sözlerinden anladım ki o güzel bahaneleri ona Mevlâna öğretmiştir. O sözleri, o alçakgönüllülüğü Mevlâna öğretmiştir. Bu incelik, bu latif cevaplar hep Mevlâna'dan kaynaklanıyor, bana gerçekten büyük ilgi göstermiştir."[186]

---

[184] Eflâkî, I, 308-309.
[185] Eflâkî, II, 125.
[186] MAKÂLÂT, I, 201

Şems'in Mevlâna sevgisi öyle büyüktü ki, gündüz beraberlik yetmiyor, rüyasında dahi onu görüyor, sohbette bir mesaj vermek isterken söze onu da dahil ediyordu: "Rüyamda gördüm ki Mevlâna ile birlikte Kur'an'daki şu ayeti okuyorduk: 'Her şey yok olacaktır, ancak O'nun vechi müstesna.'" Şems sözünü şöyle bağlıyor: "Yani bu varlıktan geri kalacak bir şey varsa, ancak dostların yüzüdür."[187]

Şems, Mevlâna ile aynı şeyleri düşünüyor, aynı şeyleri söylüyor, onun kendininkine aykırı bir görüşü olacağını dahi tasavvur etmeyecek derecede: "Ben konuşurken, söz Mevlâna'nın sözüdür derim. Her ikimiz de şüphesiz aynı şeyi söyleriz. Sonra hiç hatırıma gelmez ki, Mevlâna başka bir şey söylesin." [188]

Mevlâna'yı hep kendinden üstün görür: "Ben Murad, Mevlâna ise Murad'ın Muradı olmuştur."[189]

O varken başka kimseyle yarenlik istemez: "Mevlâna'dan başka hiç kimse ile konuşmayayım, yalnızca Mevlâna ile sohbet edeyim."[190]

Şems'in gözünde, Mevlâna'nın kıskançlığı da güzeldir: "Kira Hatun kıskançtır, Mevlâna da kıskançtır. Ama insanı cennete götüren o kıskançlıktır."[191]

Bir başka mecliste de, bu güzel kıskançlığı şöyle açıyor: "Kıskançlığın iki mânası vardır. Biri insanı cennete götüren kıskançlıktır. Bu, hayır işinde başkalarından geri kalmamak için gösterilen kıskançlıktır..."[192]

---

[187] MAKÂLÂT, I, 279

[188] MAKÂLÂT, I, 294.

[189] MAKÂLÂT, I, 295.

[190] MAKÂLÂT, I, 233.

[191] MAKÂLÂT, I, 305.

[192] MAKÂLÂT, I, 305.

Mevlâna'nın da hazır bulunduğu bir sohbet meclisini şu sözlerle terkeder Şems: "Mevlâna'nın sohbetinden, onun şerefini omuzlarımda taşıdığım halde ayrılayım, tekrar teşekkürler sunayım..."[193]

Birini övdüğünde, bir meseleyi açtığında Mevlâna'yı da şahit göstermek, sözüne onu da katmak ister: "...Muhammed Gazâlî özellikle türlü ilimlerde eşsizdi. Yazdığı eserler güneşten daha parlaktır. Bunu Mevlâna da bilir..." [194]

Şems'e göre Mevlâna, Şems'in sözünü dahi daha iyi aktarır başkalarına: "Yüce Allah'ın zatına and içerim ki, Mevlâna eğer benim sözlerimi başkalarına aktarmak istese, benden daha iyi aktarır. Bunu daha güzel nükteler ve mânalarla süsler..." [195]

Mevlâna'nın iyiliklerini asla unutmaz: "Bir kimse birini gerçekten sevdiğini iddia ederse, ondan delil istenir. O delil ise bağışta bulunmaktır. Nasıl ki Mevlâna da beni sevdiğini iddia etti, geldiğim zaman binlerce ihsanda bulundu, beni korudu. Bunların hepsini Allah'ın bir lütfu sayarım."[196]

Mevlâna ile Şems. Böyle bir dostluğu, böyle lâhûtî bir muhabbeti tarih çok az kaydetmiştir şüphesiz.

Şems, bir velidir. Ancak bizim alışageldiğimiz veli tiplerinden değişik bir özelliğe sahiptir. O; yerinde duramayan, sessiz kalamayan, her söze tahammül edemeyen, "aykırı tip" diyebileceğimiz bir yapısı vardır. Hani hep karşılaşırız ya; "gassal elinde meyyit" tiplere! Şems, bunun dışında bir insandır. Onun kişilik karakteri, tam da Kur'an'ın belirttiği karaktere uygundur. Veliler, kerametler gösterir. Şems'in de bu bağlamda kerametleri vardır.

---

[193]   MAKÂLÂT, 305.
[194]   MAKÂLÂT, I, 308.
[195]   MAKÂLÂT, I, 308.
[196]   MAKÂLÂT, 262.

Bir gün Mevlâna evinde oturuyordu. Etrafında öğrencileri, kitaplar hazır iken ansızın Şems-i Tebrîzi Mevlâna'nın meclisine girerek selam verip oturdu. Mevlâna'ya kitapları işaret ederek; "bunlar nedir?" diye sordu. Mevlâna, "sen bunları bilmezsin" dedi. Mevlâna sözü henüz bitirmemişti ki, evinde kitapları arasında bir ateş belirdi. Mevlâna da Şems'e "bu ne hal?" diye sorunca, Şems, "sen de bunları bilmezsin" dedi ve kalkıp gitti.

Şems, Konya'ya eriştiği vakit Mevlâna'nın meclisine geldi. Mevlâna bir havuz kenarında oturmuş, önüne birkaç kitap koymuştu. Şems sordu; "bunlar nedir?" Mevlâna; "buna kıl ü kal (Dedikodu) derler" şeklinde cevap verince, "senin onlarla ne işin var?" diyerek şems elini uzatıp bütün kitapları suya attı. Mevlâna üzüntüyle; "be hey derviş, neyledin? Onların bazısı babamın faydalı sözlerinden toplanmış yazılardır, bulunur şeyler değildir." dedi. Şems, elini sokup o kitapları birer birer çıkardı, hiçbirisine su tesir etmemişti. Mevlâna, "bu nasıl sıdır?" diye sordu. Şems; "bu zevktir, haldir, senin bundan haberin yoktur." Karşılığını verdi. [197]

Kendimi bir bağda gördüm, kendimden geçmiş bir vaziyetteydim. Bana bir ateş geldi, yüksek bir ses işittim. Tekrar bir nara atarak kendime geldim. Çizmelerimi giymek istedim, gözüme başka bir şey göründü, yine kendimden geçtim. Bütün evlerin üstünde dolaşıyordum, gökten yedi kapı açıldı. Yerden göğe kadar uzanan direkler gördüm. Anladım ki, o direkler mümin kulların ibadetleridir. Sonra Mevlâna'yı bir minber üzerinde gördüm. Yanına havadan iki kişi geldi. Alevilerin büklüm büklüm saçları gibi kıvırcık saçları, ışık saçan iri gözleri vardı. Ellerinde üst üste konmuş içleri mücevherlerle dolu tabaklar getirdiler, Mevlâna'nın önüne

---

[197] ÜRKMEZ, a. g. e. s. 114

koydular. Bir toprak çömlek ki, yere vurulsa kırılmaz, şaşıla-
cak bir şey değil, öyle bir toprak çömlek ki, elli kere kayalara
çarpılsa bile kırılmazdı. Ama yumuşak bir kum üstüne düş-
tü kırıldı. Hayret ettim. Eğer onlara, "bir ölü için verin" de-
sen mezara kaçarlar. "diriler için verin" desen külhandan
külhana gizlenirler.[198]

Mevlâna'nın Şems'e Mektubu:

Güller Şems diye açmıyorsa, gülün kokusunu neyleye-
yim, Ayrılığı ağlatamayan gecenin karanlığını neyleyeyim.
Şems'siz sofranın balını böreğini neyleyeyim, Beni kavur-
mayan acıyı neyleyeyim. Gözümü yakmayan gözyaşını ney-
leyeyim.

Karanlığıma Şems olamayan yari neyleyeyim. Canını yo-
luma post eylemeyen dostu neyleyeyim, Şems gibi bakma-
yan gözü neyleyeyim. Yârenin yüreğine merhem olmayan
sözü neyleyeyim, Kır kalemimi ey felek! Şems yoksa ne diye
devran edersin alemde, Zerrede alemi, alemde aşkı yaşama-
yan Adem'i neyleyim.

Sensizliğe alışmak, her türlü teselli sözü, bir ihanet geli-
yor kulağıma. Ne tuhaf ki, dün seni bana kötüleyen diller,
bugün sensizliğin efkârındaki Mevlâna'yı teselli için dil dö-
küyorlardı. Her türlü teselli sözü bir ihanet geliyor kulağı-
ma. Parmaklarım alev alev yanıyor. Kâğıt tutuşacak, mektup
yanacak diye çekiniyorum. Cehennemden betermiş, seni ka-
zanmak için senden uzaklaşmak.

Kırk senedir beklediğimdin, geç bulduğumdun, şimdi
yoksun. Daha kaç sene bekleyeceğim. Çöldeki kumlar kadar
susuzum, gelişin nisan yağmuru olsun. Hani dergahımızın
avlusuna bakırdan koskoca bir tas koymuştun. Nisan yağ-
murları dolsun da orucumuzu bin bereketli yağmurla açalım

---

198 MAKALAT, s. 45

diye. Gönlümün nisan yağmurlarıyla ıslanan gülü açmayacak mısın halâ?

Sözlerin kulaklarımda halâ taze, kelimeler yıldız yıldız, cümlelerin mehtapların en şahanesi. Tebessümün geliyor gözümün önüne, vuslat gibi güzel bir sabah güneş gülüşlerin. Biz birbiriyle genişleyen, kenetlenen ve sonsuzlaşan tek ruhuz.

Gel Şems, ayakların kudüm olsun, kolların rebap, soluğun ney olup vuslat müjdesini üfleyerek gel. Nasıl bir pınarsın sen Şems? İçtikçe susadığım. Nasıl bir ateşsin sen ey Şems? Yandıkça serinlediğim. Sen görünüşte etten kemikten ibaret bir insan; ama bütün insanlığı kalbinde taşıyan.

Senin yüzünü görmedikten sonra, varsayalım ki yüzlerce dünya görmüşüm, ne çıkar? Güzelliğini kimlere sorayım senin, say ki herkese sormuşum, kim anlatacak? Sana kavuşmadıktan sonra tut ki, cennette ebediyim, hurilerle eşim, devlet yar olmuş bana, ne çıkar bunlardan?

Ayrılık bulutu senin ay yüzünü örttükten sonra, o bulut tut ki başıma inciler mücevherler yağdırmış, ne kârım olur bundan?

Şu aşağılık büyücü karı olan dünya, madem ki yok olup gidecek bir gün, tahtını, bahtını, dünya hazinelerini bana bağışlamışlar kabul et, ne olur ki yani?

Senin aşkın yüzünden bütün dünya beni kötülese pervam olmaz, say ki gerçek hakkında yüzlerce yalan söylenmiş, ne önemi olur bunların?

Aşk suskunluğumdu benim,

Aşk yangınımdı benim,

Aşk vurgunumdu benim,

Aşk yazımdı benim,

Aşk yasağımdı benim,

Aşk itirafımdı benim,

Aşk heyecanımdı benim!

Tek varlığım ve tek yokluğum,

yaram ve merhemim,

kazanmadığım ama hep kaybettiğim.

Evet, buydu aşk!

Özledim, ey Şems özledim, çık gel Allah aşkına!

Aşkın insanı büyüttüğünü, olgunlaştırdığını da öğrendim artık. Bu yaşıma kadar kimse öğretmedi bana aşkın karşılıksız olduğunu. Sadece gönülden sevenin bu acıyla kavrulacağını, sevilenin ise sevildiğini bilmeyeceğini.

Şükürler olsun "Sana" bana hayatta öğretilmeyenleri hissettirdin. Hiç kimse için yapamayacaklarımı yaptım. Pişman mıyım? Hayır, hiç pişman olmadım ve aşkı sonsuzluğuma saklarken bile mutluyum. Hayatımın son basamaklarında bana böyle bir aşkı yaşattın. Seni sevmeme izin verdiğin için teşekkür ederim.[199]

---

[199] mevlanadan-semse-mektup-ask-suskunlugumdu-benim

SON SÖZ

"Şems-i Tebrîzî'nin Evrensel mesajları" bizi aşağıda anlatmaya çalıştığımız güzelliklere götürmelidir. Zaten kitaplar mesaj yüklüdür. Okunan bir şeyden ders alınmıyor, hayatımızı düzene koymuyorsa ne "oku" emrinin bir anlamı olur, ne de inancın. İslâm büyüklerini anlatmak, tasavvuf ehlinden söz etmek, Peygamber ve keramet sahiplerinin hayat hikâyelerini dile getirmekteki amaç budur.

Bunlar; Kur'an'ın en iyi uygulayıcıları oldukları için bize rehberlik yapmaktadırlar. Ne mutlu bu rehberlikte sabit kadem olanlara!

Şahsiyetin Gelişmesi

İslâm; öncelikle şahsiyetin gelişmesine önem verir. İslâm; teslim olmak olunca kendisine teslim olana mutlaka şahsiyet verecektir. Şahsiyetin oluşumunda ibadetler çok büyük önem arz eder.

Namaz kılmak, bütün dini ibadetleri yerine getirmek olmasaydı insan gerçek bir yaşama tehlikesine uğrardı. Bu tehlikeyi önlemek için Müslüman, ruhi bir hayat ve ikili bir aşkla; Allah ve insan aşkıyla kendini aşmaya çağrılmıştır. Varlığımızın şahsiyet kazanması, bir çeşit yücelme ile olmaktadır.

Şahsiyet, imanla kazanılır, iyi tavır sergilemekle devam eder. Bunu şu şekilde formülleştirebiliriz; iman+ibadet+ahlak= İnsan. İman+ameli Salih+Şahsiyet oluşumu= eşrefi mahlukat. Bezm-i Elest+Lâ'dan İlla'ya yükseliş+Akıl+Ya olduğun gibi görün, ya göründüğün gibi ol+kararlılık = Adam.

Şahsiyetin İnşası

Kur'an, ilahi mesajlarla yüklü olduğu için insanlara yönelik hükümleri içine alır. Dinlerin, kutsal kitapların, peygamberlerin gönderiliş amacı budur. Allah dünyayı insan için yaratmıştır. Bu bakımdan iyi bir dünya, iyi insanla, iyi insan da düzgün şahsiyetle imar edilir.

Şahsiyet; iman, ameli Salih, ahlaklı davranış, sözünde durmak, emanete riayet etmek, ibadette devamlılık, kararlılık, elest bezmine uymak, yanlışlara tepki göstermek, akıllı hareket etmek, Allah ile diyalog içinde olmak, samimi tavır sergilemekle oluşur.

Bu konu ile ilgili ayetlere bakalım;

"İman edip Salih amel işleyenlere, kendileri için; içinden ırmaklar akan Cennetler olduğunu müjdele..."[200]

"İman edip Salih ameller işleyenler ise cennetliklerdir. Onlar orada ebedi kalacaklardır."[201]

"Şüphesiz iman edip Salih ameller işleyen, namazı dosdoğru kılan ve zekâtı verenlerin mükâfatları Rableri katındadır. Onlara korku yoktur. Onlar mahzun da olmayacaklardır."[202]

"İman edip salim ameller işleyenleri ise, içinden ırmaklar akan, içlerinde ebedi kalacakları cennetlere koyacağız. Onlara orada tertemiz eşler vardır. Onları, koyu gölgeler altında bulunduracağız."[203]

Kur'an; şahsiyetin oluşmasında kişisel çabaya önem verir. Kişisel çaba olmadan hiçbir sonuç alınmaz. Dinin tanımında, inançta, ibadette hep kişisel çaba öne çıkar. Bununla ilgili olarak;

---

[200] Bakara/25
[201] Bakara/82
[202] Bakara/277
[203] Nisa/57

"Bu böyle. Kim Allah'ın hükümlerine saygı gösterirse, bu, Rabbi katında kendisi için bir hayırdır..."[204]

Baktığımız zaman; "kim Allah'ın hükümlerine saygı gösterirse" ifadesinde; insanların şahsi gayreti, özel çabası ortaya çıkıyor.

"Onlar öyle kimselerdir ki, şayet kendilerine yeryüzünde imkân ve iktidar versek, namazı dosdoğru kılar, zekâtı verir, iyiliği emir eder ve kötülüğü yasaklarlar. Bütün işlerin akıbeti Allah'a aittir."[205]

"Ancak iman edip Salih amel işleyen, Allah'ı çok anan ve haksızlığa uğratıldıktan sonra öçlerini alanlar başka. Zulmedenler hangi akıbete uğrayacaklarını göreceklerdir."[206]

"Öyleyse Allah'a tevekkül et. Çünkü sen apaçık bir hak üzere bulunuyorsun."[207]

"Her kim iyi amel getirirse, ona ondan daha hayırlısı vardır. Onlar o gün korkudan emindirler."[208]

Kur'an'da; "iman edenler" deniyor, "iman ettirilenler" denmiyor. "namazı kılın, zekâtı verin, hacca gidin, orucu tutun deniyor. Aksine; haccınıza gidilsin, namazınız kılınsın, orucunuz tutulsun şeklinde bir pasiflik söz konusu değil. Kur'an, etken olmayı ister. Edilgenliğe hoş bakmaz. Zaten edilgen olarak yapılan iş değerli değildir.

Resulullah (SAV); "bir kötülük gördüğünüz zaman onu elinizle değiştirin. Buna gücünüz yetmezse dilinizle değiştirin. Buna da gücünüz yetmezse kalbinizle değiştirin. Kalp ile değiştirmek, imanı zayıf olanların işidir" der. Dikkat edilirse, kalp ile değiştirmeye yöneliş, pasiflik işareti olup pek

---

204 Hac/30
205 Hac/41
206 Şuara/227
207 Neml/79
208 Neml/89

tasvip edilmemektedir. En etkin olan; el ve dil ile yapılan tavsiyeye şayandır.

Şahsiyetin oluşumunda; akıl, irade, istek çok önemlidir. "ey iman edenler, iman ediniz" denirken, kişisel çaba sergileyin, kendi gayretinizle, çalışmanızla imanın gereklerini yerine getirin.

Kimseye başkasının çalışması fayda sağlamaz. "kim zerre miktarı iyilik ederse onu görür, kim zerre miktarı kötülük yaparsa onu görür.". herkes kendinden sorumludur. "şeytanın adımlarını takip etmeyin" ifadesi, şahsiyetin gelişmesinde çok büyük paya sahiptir. Şöyle denmiyor, "şeytan sizi kovalamasın". Eğer öyle olsaydı o zaman şahsi çaba geçersiz olur Allah'a, " ne yapalım şeytan bizi kovaladı, günaha sürükledi" der, mazeret beyan ederdik. Ama iş, öyle değil, aklımızı, irademizi, isteğimizi öne alıp yapıp yapmamakta özgür durumdayız.

Şahsiyet oluşumunda veya kişiliğin inşasında; kalp, gönül ve beyin ortak hareket etmek zorundadır. Kalp ve gönül işini iman yerine getirir. Beyin de bunu akılla tezyin eder.

Bunun için Kur'an'da; akıl ve düşünceye önem verilir. Akıl olmadan şahsiyet gelişimi olmaz. Şahsiyetsiz insanlar akılsız insanlardır. Akıl sağlığı yerinde olmayanların sorumlulukları yoktur.

"Onlar, sabreden ve yalnız Rablerine tevekkül eden kimselerdir."[209]

"İnsanların kendi işledikleri (Kötülükler) sebebiyle karada ve denizde bozulma ortaya çıkmıştır. Dönmeleri için Allah, yaptıklarının bazı (kötü) sonuçlarını (Dünyada) onlara tattıracaktır."[210]

---

[209] Ankebut/59
[210] Rum/41

"Şüphesiz, iman edip Salih amel işleyenler için içlerinde ebedi kalacakları Naim Cennetleri vardır. Allah, (Bu konuda) gerçek bir vaade bulunmuştur. O, mutlak güç sahibidir, hüküm ve hikmet sahibidir."[211]

"Şüphesiz; "Rabbimiz Allah'tır" deyip de, sonra dosdoğru olanlar var ya, onların üzerine akın akın melekler iner ve derler ki; "Korkmayın, üzülmeyin, size (Dünyada iken) vaat edilmekte olan cennetle sevinin."[212]

İslâm; hayat nizamıdır. İnsana şahsiyet kazandıran, alnı ak, başı dik olarak diğer insanlar tarafından sevgiye, saygıya, itibara mazhar olması için hayat gaileleri içinde yılmadan, usanmadan sabırla, dosdoğru olmak zorunluluğu vardır. Bunun için olsa gerek, sevgili peygamberimizin; "beni Hud suresindeki; "emir olunduğun gibi dosdoğru ol" ifadesi kocalttı" buyururken, kişilik gelişiminde şahsi gayretin önemine vurgu yapılmaktadır.

Atalar sözü olmuştur; "sağ gözün sol göze faydası yoktur." "yattığımız yerden gökten ne altın yağar, ne gümüş." "taşıma suyla değirmen dönmez."

"Kendi elinizle kendinizi tehlikeye atmayın", "kim zerre miktarı iyilik yaparsa onu görür, kim de zerre miktarı kötülük yaparsa onu görür" ilahi emirleri, tek tek, fert fert elimizi taşın altına sokmamızı ister.

Şahsiyetin Temelleri

Şahsiyet, belli temellere oturmak zorundadır. Nasıl temelsiz bina yıkılmaya mahkum ise, temelsiz şahsiyet de şahsiyetini kaybetmeye, kişilikten uzak kalmaya ve insan özelliğini sıfırlamaya mahkumdur. Her şeyin bir özü vardır. Özler, bir başlangıç niteliğindedir.

---

[211] Lokman/8-9
[212] Fussılet/30

Şahsiyetin oturabilmesi için şunlar mutlaka yerine getirilmelidir;

Bezm-i Elest (Kâlu Bela) (Elestü Birabbiküm)

Çocuk iken ilk defa Kur'an öğrenmek için camiye gittiğimiz zaman hocanın bize sorduğu soru şudur: "Ne zamandan beri Müslümansın?" biz de, bunun ne anlama geldiğini bilmediğimizden yine cevabını hoca verir: "Kâlu belâdan beri Müslümanım".

"Kâlu Bela" ne demek? "elestü bi rabbiküm" hitabının cevabıdır diye tekerleme şeklinde beynimize kazınır.

Kâlu belâ, insanların, Yüce Allah'ın birliğini ikrar, Rablığını tasdik ettikleri vakittir. Elest bezmi, bu anlaşmanın yapıldığı toplantıdır. Allahu Tealâ, kıyamete kadar gelecek bütün insanların ruhları ve baba sulbündeki zerreleriyle bir anlaşma yapmıştır.

Allahu Tealâ'nın kulları ile yaptığı bu misakı (ilahi sözleşmeyi), şimdilik hatırlamıyor olsak bile, Yüce Rabbimizin hatırlatmasıyla, bizim O'nunla böyle bir sözleşme yaptığımızı kesin olarak kabul ederiz. Biz unuturuz, fakat Rabbimiz unutmaz, biz yanılırız, ancak O yanılmaz. Biz zamana bağlıyız, O ise zamanı yoktan var edendir, zaman ve mekan onu bağlamaz.

İnsanoğlunun varlık alemine ilk adımı, ruhuyla oldu. İlahi ilimde bilinen ve ezelde takdir edilen insan vücudunun, yokluktan varlığa geçişi ruhuyla gerçekleşti. Ruh, dünya aleminde kendisini taşıyacak vücutla ana rahminde buluştu. İnsanın ilk zerreleri, ilahi kudretle belli bir kıvam ve şekil aldıktan sonra, ruhla ayrı bir güzellik ve özellik kazandı; böylece insanın madde alemindeki hayatı başladı. Ruhla bütünleşen bu et ve kemikten meydana gelen vücutta, insani özellikler ve kabiliyetler oluştu. İnsanın bünyesine, hayvanlardan ayrı olarak, kalp, akıl, düşünce, hafıza, şuur, sevgi gibi insanı insan yapan özellikler yerleştirildi. Bütün bu özellikler ona Rabbini tanıması için verildi.

Her insan, Yüce Yaratıcısını tanıyacak özellik ve kabiliyette yaratıldı. Yani Allahu Tealâ, ana rahminde şekil verdiği insanla ikinci anlaşmayı yaptı. Ona, benliğini verirken, bir benlik şuuru da verdi. Ayrıca onu, varlığının sahibini tanıyacak, onu hissedecek ve sevecek bir özellikle donattı. Böylece Allah, kulu ile yeni bir anlaşma yapmış oldu. Sanki insana "sana bunları verdim, onların gereği şunları isterim" dedi. İnsanın bu şekilde iman ve İslâm fıtratı üzere yaratılması, insani özelliklerle donatılması, kendisinden iman ve İslâm'ın gereklerinin beklenmesi için bir sebep oluşturdu.

Bu sıfat ve özelliklerle dünyaya gelen insana, Allah, onun zerreleriyle ve fıtratıyla yaptığı anlaşmaları hatırlatacak ve gereğini öğretecek peygamberler gönderdi. Peygamberlerin gelmesiyle üçüncü bir sözleşme gerçekleşti. Bu tebliğ, uyarı ve fiili anlaşma buluğ çağında yapıldı. Yani buluğ çağına gelen her insana Allah'ın daveti ulaştırıldığında, artık ruhuyla verdiği sözü tutması istendi ve vicdanına yerleştirilen Allah inancına uygun hareket etmesi. Allah'ın davetine uyması ve fıtratındaki gerçekle zıtlaşmaması gerektiği hatırlatıldı. Aksi durumda insan mesul olacak, hesap verecek ve ceza çekecektir.

Hz. Peygamberin (A.S.) başında bulunduğu İslâm daveti kendisine ulaşan buluğa ermiş her akıllı insan, ilk iki sözleşmenin gereği olarak bu davetten sorumludur.

Akıllı olup buluğa erdiği halde, Rabbiyle yaptığı sözleşmelerin hiç birisine sahip çıkmayan, fıtratını bozan, insanlık değerlerini kaybeden ve Rabbini unutup eşyaya tapan insanlık, dünyada ve ahirette mutlu olamayacaktır. Çünkü imansızlık ve şirk, insan kalbi ve fıtratı için en büyük kötülüktür. Tevbe edilmezse bunun cezası da büyük olacaktır.

Bezm-i Elest; insanların Allah ile ilk olarak yaptıkları iletişimdir. Bu iletişime göre insanlar Allah'a söz vermiş oluyorlar. Bundan sonra gelen insan nesli, verdiği sözde kararlılığın ortaya koyacak, istikrarlı bir tavır sergileyecektir. Bu, insanın; insanlığını koruyabilmesi için Allah'a olan sözüne sadık olması gerekmektedir. Aksi, yaratılış özelliğini inkâr anlamı taşır.

Bezm-i Elest; Farsça'da; "sohbet meclisi" anlamına gelen "bezm" kelimesiyle, Arapça'da "ben değil miyim?" manasına çekimli bir fiil olan "elestü"den oluşan "bezm-i elest" terkibi; "ben sizin Rabbiniz değil miyim?" hitabının yapıldığı ve ruhların da; "evet" diye cevap verdikleri meclis anlamını ifade eder.

Allah ile insanlar arasında meydana gelen bir sözleşmeye; "misak", "kalu bela", "ahit", "bela ahdi", "ruz-i elest", "bezm-i ezel" ve "bezm-i elest" gibi çeşitli adlar verilmiştir.

Dilimize ve kültürümüze; "bezm-i elest" olarak yerleşmiştir. Buna göre Hak dinin Allah tarafından insan fıtratına tevdi edildiği ve onun bu temel özelliğinin değişmeyeceği ifade edilir. Peygamberler tarihinde tevhid inancının büyük savunucusu Hz. İbrahim başta olmak üzere diğer peygamberler de tebliğ hayatında din-i kayyim denilen bu ilahi, fıtri inancı bir irşat aracı olarak kullanmışlardır.[213]

Akıllı insan bunu düşünerek her zaman ve zeminde elest bezmi yönünde hareket etmek zorundadır. Zaten her gün kıldığımız namazda Fatiha suresinde tekrar ederek sözümüzün arkasında durduğumuzu ispat ediyoruz. Kur'an bu açıdan baştan sona insanın Allah ile iletişim mecmuasıdır. Aynı zamanda da sözünde duran insan akıllı insandır.

---

[213] YAVUZ Yusuf Şevki, TDV İslâm Ansiklopedisi, İstanbul 1992, c. 6, s. 106

Kişisel Çaba

Kişi; şahsiyet, kimlik sahibi olmak, bir yere mensubiyet, var olma idraki olarak belirtilmişti. Kişisel çaba da; bu konuda devamlılık, azimli oluş, sabır içinde davranmak, Allah'ın yolunda tek başına mücadele etmek.

"her koyun kendi bacağından asılır", "insan yalnız doğar, yalnız düşünür, yalnız ölür", "kim ne yapar kendine yapar", "kim zerre miktarı iyilik yaparsa onu görür, kim zerre miktarı kötülük yaparsa onu görür", "kendi ellerinizle kendinizi tehlikeye atmayın" bütün bu ilkeler; insanları teker teker olgunluk mertebelerine ulaştırmak, hayatı anlamlı kılmak içindir.

Kur'an'a baktığımız zaman; günde beş vakit namaz, yılda bir ay ramazan orucu, iman konusunda devamlılık, istikrarlı tavır sergilemek, dün dediklerinin, bugün ve yarın arkasında durmak hem kişisel bir çaba hem de kararlılık göstermeyi gerektirir.

Kişisel çaba olmadan; toplum, kişisel çaba olmadan; barış ve kardeşlik mümkün değildir. Kişisel çaba aynı zamanda ruhen temizliği de gerekli kılar. O yüzden; ahlak devreye girer. Bunun için sevgili peygamberimiz; "İslâm güzel ahlaktan ibarettir" demiştir.

Kişisel çaba olmadan ne iman, ne din, ne ibadet olur. Durduğumuz yerden, hiç çalışmadan gayret göstermeden hayat sürmek imkansızdır. Tevekkülde kişisel çaba vardır. "kula bela gelmez Hak yazmadıkça, Hak bela vermez kul azmadıkça" güzel sözü; hayat boyu güzel iş yapmak, itibar elde etmeye çalışmayı anlatır.

Kişisel çaba sonucunda sevap ve günah, kişisel çalışmalar sonucunda; cennet ve cehenneme girmeye hak kazanırız. Kur'ân'dan kişisel çaba örnekleri;

"Yoksa sizden öncekilerin çektikleriyle karşılaşmadan cennete girebileceğinizi mi sandınız? Onlar öylesine yoksulluk ve sıkıntı çekmişler, öyle sarsılmışlardı ki peygamber ve yanındakiler; "Allah'ın yardımı ne zaman gelecek?" diye niyaz ettiler. Bilesiniz ki Allah'ın yardımı yakındır."[214]

Burada müminlere, nihai başarının, iyilikler uğrunda gösterilecek özverilere bağlı olarak ilahi yasa hatırlatılmakta, ömür olduğu sürece Allah yolunda gidenlerin çeşitli badirelerle karşılaşacağı, Allah'ın verdiği emanetleri yine O'nun yolunda kullanmak için her türlü zaman zaman sıkıntıların olacağı belirtilmektedir. Kişisel çabanın özünü sabır oluşturur.

"Muhakkak ki Allah; adaleti, ihsanı, akrabaya karşı cömert olmayı emir eder. Hayasızlığı, kötülüğü ve zorbalığı yasaklar. İşte Allah, aklınızı başınıza alasınız diye size böyle öğüt veriyor. Antlaşma yaptığınız zaman Allah'a verdiğiniz sözü yerine getirin. Allah'ı kendinize kefil tutarak kesinliğe kavuşturduktan sonra yeminlerinizi bozmayın. Unutmayın ki yaptıklarınızı Allah bilmektedir."[215]

Yukarıdaki ifadeler; kişisel çabada zirve durumdadır. Çünkü; adalet olmadan toplum olmaz. Toplum olmadan da insanın kişisel çaba göstermesinin bir anlamı bulunmaz. Zira kişisel çabalar, aileleri, aileler kabileleri, kabileler de toplumları oluşturur. Kenetlenmenin yolu; elimizi taşın altına sokmaktan geçer. Her şeyi başkalarından beklemek, kişisel olarak biz bir şey yapmaksızın yükü başkalarının sırtına sarmak, kendimizi la yüs'el telakki etmek kişisel çabada başarısız olmak demektir. Aslında buna kişisel çaba denmez, asalaklık, tembellik, aymazlık denir.

---

[214] Bakara/214
[215] Nahl/ 90-91

Kişisel çaba içinde olanlar; dertli olanlardır. Dertli insan değerli insandır. Bunu şu söz güzel anlatır; "eğer cennete bir kişi girecek dense, "ben miyim" diye sevinir, cehenneme bir kişi girecek denilince; "ben miyim" diye üzülürüm". İnsan; toplumun deriyle dertlenmeli, sevinciyle sevinmelidir. Değilse sadece menfaatini düşünüp, başkaları ile ilgilenmemek, toplumsal meselelere duyarsız kalmak şahsiyetin gelişmediğinin işaretidir.

Tebliğ sorumluluğu Müslümanların "marufu emir ve münkerden nehiy" görevleri ile birlikte ele alınması gereken bir konudur. Kuran'da buna dikkat çeken pek çok ayet bulunmaktadır. Yine Hz. Peygamber'in ve ashabının güzel örnekliği de konunun nasıl anlaşılması gerektiğine ışık tutmaktadır.

Sahip olduğumuz İslâmi doğruları geniş kitlelere aktarmanın ve bu kitleler nezdinde bir toplumsal değişimin gerçekleşmesi için çaba göstermenin öncelikli sorumluluklarımızdan olduğunu bilmekteyiz. Bu sorumluluk hayatımızın bütününü kapsar. Şekli farklılık arz etse de, özü aynı kalır. İşte yahut tatilde; evde yahut misafirlikte değişmez. Rabbimizin bizlere bir lütfü olan İslâmi kimliğimizi her zaman ve mekânda ortaya koymak, bunun gerektirdiği ölçüler içinde tavırlar göstermek ve muhatap olduğumuz insanlara bu doğruları aktarmak vazgeçemeyeceğimiz, erteleyemeyeceğimiz vazifemizdir.

Kuran-ı Kerîm'de Rabbimiz Müminlere hayra çağırma, iyiliği emredip, kötülükten sakındırma görevini yüklemektedir. Al-i İmran suresinde Müminlerden bunları yerine getirecek bir topluluk olmaları/oluşturmaları istenmektedir. Burada dikkat çekilen görevin tüm müminlerin üstlenmeleri gereken bir sorumluluk olmayıp, birilerinin yerine getirmesiyle diğerlerinin sorumluluktan kurtulacakları bir vazife olduğuna dair Müslümanlar arasında oldukça yaygın bir kanaat mevcuttur. Yani bazı meallere kadar yansıdığı şekliyle bir nevi "irşat kurumu" oluşturmaktan ibaret farz-ı kifaye türünden bir sorumluluk! Oysa bu görevi Kuran hiç de böyle tanımlamıyor. Evet, "sizden bir topluluk oluşturulsun" diyor ama "kurtuluşa erenler"in de "bunlar" olduğunu açıkça bildiriyor. (Al-i İmran, 3/104).

Yine Araf suresinde Cumartesi (Sebt) günü av yasağıyla imtihan edilen bir topluluğa ilişkin kıssada aktarıldığı şekliyle, tebliğ sorumluluğunun ifasından kaçınmanın helake götüren bir tutum olduğu hatırlatılmaktadır. Öyle ki, sözün fayda vermesinin neredeyse imkânsız hale geldiği bir ortamda dahi Müminlerin, ilahi emirlere aykırı eylemler içinde olan topluluğa karşı uyarı vazifesini yerine getirmeleri kaçınamayacakları bir yükümlülük olarak vurgulanır. (Araf, 7/164–5)

Kısacası, ilahi hakikatlerin aktarımı, yani tebliğ, müminlerin hayat içinde temel bir kulluk vazifesidir. Tebliğ, hakka ve adalete şahitlik yapma misyonuyla yeryüzünde var kılınmış müminlerin ihtiyari, seçimlik bir faaliyeti değil; hayatlarının her safhasında ve kesintisiz biçimde sürdürmeleri gereken bir yükümlülüktür. İmkânlar, taktikler, gündemler değişebilir ama davet ve uyarı sorumluluğu değişmez.

KAYNAKÇA

Ankebut/59

www.antoloji.com/kazim_ozturk

Bakara/25

Bakara/82

Bakara/277

Bakara/214

Başar Hasan, Burhan dergisi, 01 Nisan 2010

www.burhandergisi.com

Cebecioğlu Ethem, TASAVVUF TERİMLERİ VE DEYİMLERİ SÖZLÜĞÜ

CEYHAN Semih, TDV, İslâm Ansiklopedisi, İstanbul 2010, c. 38

Eflâkî Ahmed, Âriflerin Menkıbeleri, I-II, (çeviren: Tahsin Yazıcı), 1973, II, 77-78.

EVLİYALAR ANSİKLOPEDİSİ, İhlas Gazetecilik, İstanbul 1993, c.11

Fussılet/30

GÖLPINARLI, Abdülbaki, Mevlâna, İstanbul, 1996

Hac/30

Hac/41

www.ismailhakkialtuntas.com

KABAKLI Ahmet, Mevlâna, İstanbul, 1991

www.konyakultur.gov.tr

Lokman/8-9

MAKALAT, Şems-i Tebrîzi, çeviren: Mehmet Nuri Gençosman, İstanbul 2009

MAKALAT, Yayına hazırlayan; Celalettin Aksu- Sinan Yağmur, Konya 2010, s. 246

Müminun/115

Nahl/ 90-91

Neml/79

Kaynakça

Neml/89
Nisa/57
Rum/41
www.semazen.net/ onk. Dr. Haluk Nurbaki
Şems-i Tebrizî, Makâlât, (çev: Nuri Gencosman; 1974-1975) I
Şuara/227
www.tasavvufnedir.com
www.tevbe.org
TÜRKMEN Erkan, "Şems-i Tebrîzi'nin Öğretileri", NKM Konya 2009
Türkmen Erkan, Şems-i Tebrizî'nin Öğretileri, Konya, 2005
ULUDAĞ Süleyman, TDV islâm Ansiklopedisi, İstanbul 1991, c.4
ÜRKMEZ Melahat, Şems-i tebrizi, NKM yayınları, Konya, 2009
YAVUZ Yusuf Şevki, TDV İslâm Ansiklopedisi, İstanbul 1992, c. 6

www.ingramcontent.com/pod-product-compliance
Lightning Source LLC
LaVergne TN
LVHW041458170726
843492LV00005B/1284